스타니슬랍스키 시스템의 지형학 연구

시스템에서
메소드로의 진화를
중심으로

본 연구는 연구자의 지적 의문과 호기심에서 시작되었음을 고백한다.
학부에서부터 연기를 전공하면서, 스타니슬랍스키 시스템은
가장 많이 공부한 것이면서도 가장 이해하기 어려운 개념이었기 때문이다.
본 연구가 시스템을 공부하고, 이를 바탕으로 연기하고자 하는 배우들에게
연구자와 같은 어려움을 겪지 않도록 이끌어 주는 시스템 안내서가 되기를 희망한다.

스타니슬랍스키 시스템의 지형학 연구

시스템에서 메소드로의 진화를 중심으로

초판 인쇄 2023년 6월 7일
초판 발행 2023년 6월 9일

지 은 이 배민희
펴 낸 이 김재광
펴 낸 곳 솔과학
등   록 제10-140호 1997년 2월 22일
주   소 서울특별시 마포구 독막로 295번지 302호(염리동 삼부골든타워)
전   화 02-714-8655
팩   스 02-711-4656
E-mail solkwahak@hanmail.net

I S B N 979-11-92404-48-6 (93680)

값 20,000원

※ 이 책의 내용을 상업적으로 이용하려면
　　반드시 저작권자와 도서출판 솔과학의 서면동의를 받아야 합니다.

스타니슬랍스키
시스템의
지형학 연구

Stanislavsky's System

시스템에서
메소드로의 진화를
중심으로

배민희

솔과학

목차

Ⅰ **서론** _7
1. 연구의 목적과 구성 _8
2. 선행 연구 검토 _13

Ⅱ **스타니슬랍스키 시스템의 이론적 고찰** _19
1. 시스템의 탄생 배경 _20
2. 시스템의 발단: 예술—문학 협회(The Society of Art and Literature) _32
3. 시스템의 실천과 검증: 모스크바 예술극장(Moscow Art Theatre) _43
4. 시스템 관련 스타니슬랍스키 저술의 분석과 이해 _58
5. 시스템 관련 스타니슬랍스키 저술의 출판과 번역 _70

Ⅲ **아메리칸 액팅 메소드의 이론적 고찰** _81
1. 메소드의 탄생 배경: 모스크바 예술극장의 미국 순회공연 _82
2. 메소드의 발단: 미국 실험극장(American Laboratory Theatre) _98
3. 메소드의 형성: 그룹 시어터(The Group Theatre) _114
4. 메소드의 핵: 액터스 스튜디오(The Actors Studio) _134

IV **스타니슬랍스키 시스템과 아메리칸 액팅 메소드 비교분석** _153
1. 체험(Experiencing)과 이중 의식(Double consciousness) _154
2. 정서 기억(Emotion memory) _176
3. 행동(Action) _205

V **결론** _233

참고 문헌 _242

부록 _253
1. 시스템 도표(스타니슬랍스키, 루이스, 베네데티, 멀린) _254
2. 스타니슬랍스키 관련 국내출판 현황 _258
3. 스타니슬랍스키 관련 국내연구 현황 _265

표 목차

[표 1] 스타니슬랍스키의 시스템 체계 구상 _64

[표 2] 시스템 도표 _67

[표 3] 러시아, 미국, 한국의 시스템 관련 주요 서적 출판 상황 _74

[표 4] 미국 실험극장의 교육 과정 _106
(Gordon, *Stanislavsky in America* 184 참조)

[표 5] 스타니슬랍스키의 시스템 도표 _254
(Carnicke, *Stanislavsky in Focus 2nd Edition* 123 재인용)

[표 6] 루이스의 시스템 도표 _255
(Lewis, *Method − or Madness?* 34–35)

[표 7] 베네데티의 시스템 도표 _256
(Benedetti, *Stanislavski: An Introduction* 58)

[표 8] 멀린의 시스템 도표 _257
(Merlin, *Konstantin Stanislavsky* 81)

[표 9] 스타니슬랍스키 관련 국내출판 현황 _258

[표 10] 70년대 이후 스타니슬랍스키 관련 국내연구 현황 _265

[표 11] 70년대 이후 스타니슬랍스키 관련 국내연구 현황 분석 _304

I

서론

1. 연구의 목적과 구성

시대의 흐름에 따라 인간의 삶과 의사소통 방식은 변화하고, 인간의 삶을 담아내는 연기도 그에 따라 양식이 변화하고 있음은 당연하다. 지금도 세계 각국에서 연기에 관한 다양한 실험들이 이어지고 있으며, 앞으로도 시대 변화에 따라 새로운 연기론은 계속해서 탄생하게 될 것이다. 그러나 아무리 새로운 연기론이라 할지라도 콘스탄틴 스타니슬랍스키(Konstantin Stanislavsky)의 시스템(System)을 만난 근대 이후 연기론은 그의 영향권을 완전히 벗어나기는 힘들다. 이 같은 현상은 그의 러시아 제자들과 시스템의 미국 계승이라 하는 아메리칸 액팅 메소드(American Acting Method)뿐만 아니라, 그에게 반대된 의견을 제시했던 예지 그로토프스키(Jerzy Grotowski)나 표세볼로트 메이어홀드(Vsevolod Meyerhold)의 연기론도 그 바탕에는 시스템에 관한 연구가 있다는 것에서 드러난다. 또한, 시스템은 계속해서 변형·발전하면서 지금까지 무대, 영상 연기 작업에 적용되고 있다. 현재 우리나라를 포함한 세계에서 가장 널리 쓰이는 연기 훈련법 대부분은 시스템의 일부분, 또는 변형적 적용으로 볼 수 있기 때문이다.

스타니슬랍스키의 절대적이고 광범위한 영향력은 수많은 연구를 탄생시켰다. 특히 연극과 영상 연기 모두에서 스타니슬랍스키의 영향을 받은 우리나라의 경우 더 말할 것도 없을 것이다. 그러나 우리나라의 연구는 여러 단계를 거친 중역본의 절대적 수용과 기간의 격차들을 두고 여러 경로로 유입된 관련 연구 자료의 영향 아래 기형적인 연구 지형을 이루고 있다. 시스템의 인기 있는 특정 요소에 관한 훈련과 적용사례, 심리·신체적 측면 간이나 다른 연기론과 단순 비교 등에 부분적으로 비대해진 연구들이 해외 자료의 유입에 따라 불균형적으로 발전된 것이라 하겠다.

본 연구는 이러한 우리나라의 스타니슬랍스키 시스템 연구 지형을 이해하고, 새로운 시각의 논의에 바탕이 되기 위한 시스템의 지형학(Geography) 연구이다. 그중에서도 시스템의 형성과 발전, 그리고 메소드로의 변화에 집중하여 시스템을 분석·정리하고자 한다. 이 과정은 현재까지 큰 영향력을 미치는 연기론에 속하는 시스템과 메소드의 탄생과 진화를 연구하는 것으로서 양자를 온전히 이해하고자 하는 것이며, 앞으로 만들어질 새로운 연기론의 방향성을 제시할 수 있는 시도라고도 할 수 있다. 본 연구의 목적과 의의는 다음과 같이 정리할 수 있다.

첫째, 시스템부터 메소드까지의 연구를 지형학적 시각으로 분석·정리하여 시스템과 메소드의 통시적(通時的)·공시적(共時的) 이해를 돕고, 이상적인 연기론의 방향성에 대해 고민하는 계기를 만든다.

둘째, 우리나라에서 본격적으로 연구된 적 없는 스타니슬랍스키의 작업과 메소드로의 진화에 영향을 준 사건들을 논의하여 시스템과 메소드의 새로운 연구 계기를 마련한다.

셋째, 부록으로 첨부된 출판물과 선행 연구에 관한 도표 등으로 시스템
연구 발전을 위한 자료가 된다.

넷째, 배우들이 시스템을 이해하고 실제 적용하는데 바탕이 되는 시스템
안내서로 존재한다.

이를 목표로 본 연구는 '스타니슬랍스키 시스템의 지형학 연구: 시스
템에서 메소드로의 진화를 중심으로'라는 제목하에 진행한다. 시스템
탄생부터 메소드의 형성까지를 분석·정리하면서 시스템에서 메소드로
의 변화를 이끈 변곡점을 논의하여 시스템 지형의 이해를 구축하고자
한다. 서론과 결론을 포함하여 총 5장으로 구성된 본 연구의 범위는 다
음과 같다.

연구의 서론인 Ⅰ장에서는 연구 목적과 구성, 선행 연구를 검토하여
본격적인 연구 이전에 그 범위와 구성을 안내하고 연구의 의의를 확인
한다. 이어지는 본론의 시작인 Ⅱ장에서는 스타니슬랍스키 시스템의 이
론적 고찰을 시도한다. 시스템의 형성 배경, 형성 과정, 연기론으로서
의 개요, 스타니슬랍스키 저술 출판과 번역으로 나누어 시스템을 검토한
다. 먼저 스타니슬랍스키 시스템이 탄생할 수 있었던 이론적 배경을 살
피고, 그 발단이라 할 수 있는 '예술-문학 협회(The Society of Art and
Literature)'와 실천과 검증 과정이었던 '모스크바 예술극장(Moscow Art
Theatre)'의 스타니슬랍스키 연극 작업을 확인하여 시스템의 형성 과정을
논의한다. 이어서 스타니슬랍스키 저술 분석을 통해 시스템의 개요라 할
수 있는 시스템의 구조를 검토하고, 메소드로의 변화를 이끈 스타니슬랍

스키 저술의 출판과 번역까지를 확인하여 메소드 연구 이전에 시스템의 이해를 마련한다.

Ⅲ장에서는 스타니슬랍스키의 미국적 계승이라 할 수 있는 아메리칸 액팅 메소드를 살핀다. 그 탄생 배경으로 1900년대 초 미국 연극계의 상황과 모스크바 예술극장의 미국 순회공연 영향을 논하는 것을 시작으로, 미국에 시스템을 처음 교육하기 시작한 '미국 실험극장(American Laboratory Theatre)', 시스템의 계승을 자처한 미국인들의 첫 극단인 '그룹 시어터(The Group Theatre)', 메소드를 절정에 이르게 한 '액터스 스튜디오(The Actors Studio)'로 이어지는 미국 시스템 계승의 흐름이자 메소드의 형성 과정을 차례대로 검토하여 메소드에 관한 이해를 구축한다.

본문의 마지막 Ⅳ장은 시스템과 메소드의 비교분석이다. 이전 장들에서 시스템의 형성부터 메소드까지의 흐름을 살폈다면, 이 장은 그 흐름의 연유를 파악하는 것이다. '체험(Experiencing)'과 배우의 '이중 의식(Double consciousness)', '정서 기억(Emotion memory)', '행동(Action)'을 중심으로 시스템에서 메소드로의 변화 지점과 그 원인을 확인한다. 이것은 시스템에서 메소드로의 변화를 이해하는 것으로, 시스템 지형 연구의 마지막 단계라 할 수 있다. 또한, 두 연기론을 전제, 내용, 전달 언어로 나눠 구조와 차이를 비교분석 하는 것이므로 연기론으로서 양자의 내·외적 측면 모두를 들여다보는 일이 될 것이다.

Ⅴ장의 결론에서는 이제까지 연구를 시스템과 메소드의 차이와 그 연유, 그리고 시스템에서 메소드로의 진화가 의미하는 바를 정리하여 본 연구의 의의를 확인하는 것으로 마무리하고자 한다.

본문 이외에 시스템의 연구 자료로서 가치를 더하기 위해 연구의 부록으로 선행 연구의 시스템 도표들과 메소드를 포함한 시스템 관련 우리나라의 출판물 및 연구 현황에 관한 도표를 첨부할 것을 밝혀 둔다.

현재 우리나라 배우의 작업과 교육 대부분은 스타니슬랍스키 시스템의 영향권 안에 있으면서도, 시스템을 철 지난 연기론으로 치부하며 새로운 연기론을 갈망하는 이들이 있다. 그래서 혹자는 이 주제에 대해 "또 스타니슬랍스키"라 할지도 모른다. 그러나 스타니슬랍스키 학자인 소냐 무어(Sonia Moore)가 시스템은 연극 예술의 과학으로서, 항상 제자리에 머물지 않으며 무한한 실험과 발견의 가능성을 지니고 있다고 했듯이 시스템은 계속해서 변형 발전되고 있기에 이에 관한 연구는 멈출 수 없다(*The Stanislavski System* 6). 본 연구가 시스템이 끊임없이 변화하고 발전해 나가는 과정 중에 속하는 실험과 발견이 되어, 앞으로의 시스템 가치 평가와 재인식, 그리고 연구 발전을 위한 밑거름이 되기를 기대한다.

2. 선행 연구 검토

　우리나라에서 지금까지 이루어진 메소드를 포함한 스타니슬랍스키 시스템 관련 선행 연구 검토를 위해서는 연구 활동에 직접적 영향을 미치는 출판 상황의 검토가 먼저 이루어지는 것이 당연한 순서일 것이다. 현재 우리나라에서 이루어진 아메리칸 액팅 메소드를 포함한 시스템 관련 번역서와 저술 전체를 대상으로 출판 상황에 대해 논의하기로 한다.

　시스템 관련 번역서는 1970년에 오사량이 스타니슬랍스키의 『배우 수업』 일본판을 중역한 것으로 시작된다. 이후 10년이 넘는 기간 동안 스타니슬랍스키에 관한 서적은 오직 오사량이 일본을 통해 중역한 두 권만이 존재한다.[1] 1986년 『메소드 연기』가 이강렬에 의해 번역되고, 이후 1993년 김석만이 시스템에 관한 미국의 연구를 편역한 『스타니슬랍스키 연극론』

1　이 외에 한재수의 『신·배우술』(한일출판사, 1967), 양광남의 『연기론』(창안사, 1971), 김흥우의 『현대연기론』(동학출판사, 1973), 한국문예진흥원의 『연기』(우성문화사, 1980), 이광래 공역의 『새론 배우예술』(우성문화사, 1985), 김민채 역의 『배우훈련』(동인, 2017) 등에서도 시스템이나 메소드에 대한 간략한 소개, 또는 관련 해외 출판물의 부분적인 번역이 이루어졌으나, 연기의 역사나 여러 연기론을 논하는 과정에 일부일 뿐 주된 내용이라 할 수 없으므로 논의의 대상에서 제외한다.

과 하태진 번역의『연기의 방법을 찾아서』가 출판되면서 일본의 시각을 거치지 않은 스타니슬랍스키 시스템 관련 서적을 처음으로 만나볼 수 있게 된다.

1999년 이후 스타니슬랍스키 관련 번역물 출판은 러시아 유학파들의 대거 등장으로 새로운 변화를 맞이한다. 김태훈 번역의『스따니슬랍스끼의 삶과 예술』을 시작으로 여러 단계의 중역이 아닌 러시아판 번역본으로 스타니슬랍스키의 이론들을 만날 수 있게 된 것이다. 또한, 스타니슬랍스키나 리 스트라스버그(Lee Strasberg)에 관한 서적뿐 아니라, 메소드의 다른 흐름이라 할 수 있는 스텔라 애들러(Stella Adler) 등에 관련된 출판물들이 생겨난다. 그러나 미카엘 체홉(Michael Chekhov) 등의 스타니슬랍스키 제자들에 저서까지를 포함하여 그 범위를 확대하여 잡는다고 하여도, 현재까지 관련 번역서는 30여권 정도이므로 스타니슬랍스키의 세계적인 영향력을 생각했을 때 번역본은 턱없이 부족한 실정이다.

저술에서는 오사량 중역본의 절대적 영향 아래 놓여있던 스타니슬랍스키에 대한 새로운 시각을 제공하고자 한 1996년 나상만의『스타니슬랍스키, 어떻게 볼 것인가?』가 스타니슬랍스키와 관련된 본격적인 첫 저술이라 할 수 있다. 그 이후 2000년에 들어서면서 김태훈, 박상하, 신대식, 오순한 등의 러시아 유학파들이 스타니슬랍스키에 관한 연구를 저술하였으며, 미국에서 메소드를 경험하고 돌아온 강만홍, 김준삼, 장정식, 한진수 등이 메소드와 결합한 자신만의 연기론에 관한 저술을 출간한다. 이 외에도 정인숙은 우리나라에서 처음으로『아메리칸 액팅 메소드 1』(2008),『아메리칸 액팅 메소드 2』(2008),『아메리칸 액팅 메소드의 이해』(2014)로 메소드를 정리하였고, 홍재범은『스타니슬랍스키 시스템과《조선예술》』(2017)이라는 이름으로 북한의 스타니슬랍스키 관련 연구를 소개한다. 그러나 이와 같은 새로운 시도는 소수일 뿐이므로 저술 역시 번역본과 마찬가지로 부족하다 할 것이다.

이제 번역서가 출판되기 시작한 1970년대를 본격적인 연구의 시작으로 놓고 아메리칸 액팅 메소드를 포함한 우리나라의 시스템에 관한 선행 연구를 분야별로 세분화해서 검토하기로 한다.[2] 시스템에 관한 연구는 해외 연구 수용을 바탕으로 연극 분야에서 먼저 이루어진다. 1973년 에릭 벤틀리(Eric Bentley)와 데이비드 마가샥(David Magarshack), 1975년 제임스 루스-에반스(James Roose-Evans), 1976년에는 무어의 연구가 번역 출판된다. 이어서 1980년 김윤철을 시작으로 이윤희, 장민호, 이종한 등의 우리나라 연구가 발표된다. 이 연구들은 오사량 번역본의 영향 아래 스타니슬랍스키 시스템의 심리적 측면에 집중된 연구라 할 수 있다. 이후 1996년 홍인표의 「피터 브룩의 「한 여름밤의 꿈」에 나타난 신체적 접근을 통한 역할 창조 연구: 스타니슬라브스키의 〈신체적 행동법〉과 관련하여」와 1997년 박용수의 「Stanislavsky System에 나타난 신체적 행동의 방법 연구」가 발표되면서 시스템의 신체적인 측면에 관한 연구도 시작된다.[3]

2000년대에 들어서면서 러시아 유학파들의 영향 아래 수많은 연구가 탄생한다. 그러나 이러한 논문들은 그 양에 비해 다양한 시각들을 제공하지는 못한다. 대부분의 연구는 '에쮸드(étude)', '주어진 상황(Given

---

2　1970년 이전 연구로는 한재수의 「Stanislavski와 현대극에 미친 영향: 그 생애와 업적을 통해 본」(『연극학보』, 1967)이 있다.

3　시스템의 신체적 측면에 관한 연구가 시작되기 이전에 심리와 신체의 관계를 논의한 연구는 다음과 같다. 김정례, 「연기에 있어서 정서와 신체적 행동의 상호의존관계에 대한 연구: 스타니슬라브스키의 역할 창조기법을 중심으로」(동국대학교, 1981), 안민수, 「연기양식에 있어서 정서와 외적 행동의 상호관계」(『한국연극학』, 1985).

circumstances)', '정서 기억'과 같은 훈련이나 시스템의 요소들에 관한 적용사례 연구, 또는 심리·신체적 측면 간이나 다른 연기론과의 단순 비교 연구가 대부분이다. 또한, 시스템과 비교해 볼 때 메소드에 관한 연구는 상대적으로 부족하다. 이러한 상황은 메소드의 주요 인물인 로버트 루이스(Robert Lewis)의 단독 연구가 아직 시도조차 되지 않았고, 이 시대에 맞게 변형된 메소드 교사라 할 수 있는 이바나 처벅(Ivana Chubbuck)의 연구[4]도 소수일 뿐이라는 것에서 알 수 있다. 이렇듯 연극 분야의 1970년대 이후의 연구들은 대부분 시스템에 치우쳐 있으며, 그중에서도 인기 있는 요소들에만 집중된 파편적 연구라 할 수 있다.

영상 분야로 범위를 한정하여 다시 살펴보면, 2005년까지는 1998년 발표된 최진석의 「현대 영화 연기에 적용된 Method Acting에 관한 연구」만이 존재한다. 2006년 조성덕의 「연기이론의 유동성에 대한 고찰: 후기 메소드 연기이론의 방향과 응용연기 이론의 몇 가지 예를 통해」와 「영화 연기로서의 '메소드'」를 시작으로 점차 그 수가 늘어나고 있다.

연극에서 시스템 연구가 월등한 비율로 존재했던 것에 비해 영상에서는 할리우드의 영향으로 메소드 연구가 더 활발하게 진행되었다. 그러나 영상 역시 연극과 마찬가지로 메소드의 역사나 개괄적인 소개, 배우들의 작품 분석 등에 한정된 연구에만 집중하고 있고, 실제적 적용사례나 활용방안에 관한 연구가 부족한 것이 그 한계이다.

---

4   주요 논제로 처벅을 다룬 연구로는 연극에서 양훈철의 「이바나 처벅(Ivana Chubbuck)의 연기훈련법을 활용한 역할 창조 연구: 연극 〈시선〉을 중심으로」(중앙대학교, 2022), 영상에서 손보민의 「이바나 처벅(Ivana Chubbck)의 연기방법론에 관한 연구: 공포, 섹슈얼 케미스트리에 대한 훈련 방법을 중심으로」(『연기예술연구』, 2021)가 있다. 이 밖에 적용 사례 연구들이 점차 늘어나고 있는데, 그 수는 연극에 비해 영상이 월등하다. 연구뿐만 아니라, 최근 처벅의 저서도 Elise Moon에 의해 『배우의 힘』(퍼스트북, 2023)이란 제목으로 번역·출판되었다.

이 외에 연구로는 시스템이나 메소드를 무용,[5] 실용음악,[6] 종교철학,[7] 연극치료[8]에 적용한 연구와 인지과학[9]이나 페미니즘[10]의 관점으로 접근한 연구 등이 새로운 시도라 할 수 있다.

번역서와 저술을 시작으로 지금까지 살펴본 선행 연구에 대해 정리하자면, 2000년대 이전까지의 연구 대부분은 스타니슬랍스키 시스템의 심리적인 면에 집중된 연구였고, 2000년대 이후의 연구는 신체와 메소드까지를 포함하기는 하나 그 연구는 한정된 몇 종류에만 집중되어 있다. 또한, 연극은 시스템, 영상은 메소드로 기울어진 채 불균형적으로 발전되었다. 이 같은 결과는 메소드까지를 포함한 시스템 이해를 위한 연구이자 무대와 영상을 고르게 아우르는 시스템의 실제 적용을 위한 밑바탕으로써 수많은 연구가 이미 존재함에도 본 연구가 필요함을 의미한다.[11]

---

5   안혜정의 「Constantin Stanislavski 연기론이 극적 발레에 미친 영향」(이화여자대학교, 1991)을 시작으로 무용에서는 총 21건의 시스템 관련 연구가 시도되었다.

6   박유나. 「보컬 교육의 감정 표현 기술 연구: '콘스탄틴 스타니슬랍스키'(Konstantin Stanislavskii)의 '에쮸드'(etude)를 활용하여」(한양대학교, 2017).

7   서민정이 다음의 4건에 연구를 진행하였다. 「스타니슬랍스키의 '인물 구축'으로 접근한 성경 읽기의 신학적 조망: 케빈 밴후저의 삼위일체 소통 원리를 중심으로」(『기독교철학』, 2017), 「성격의 연극적 읽기」(백석대학교, 2017), 「메타이야기로서의 성경과 연극적 접근의 신학적 이해」(『영산신학저널』, 2019), 「삼위일체 해석원리를 구현하는 성경의 연극적 읽기 원리: 밴후저의 삼위일체 소통원리와 스타니슬랍스키의 연기방법론을 중심으로」(『신앙과학문』, 2019).

8   홍재범. 「에쮸드 연행의 자기치료 과정과 문학적 상상력」(『겨레어문학』, 2012), 여영주·홍재범. 「에쮸드 연행 체험과 치료적 자기이해」(『한국연극학』, 2019), 박시현. 「샌포드 마이즈너(Sanford Meisner) 훈련의 심리치료적 특징 고찰: 충동과 교류의 개념을 중심으로」(중앙대학교, 2020).

9   이강임. 「연기 예술에 있어서의 영감의 과학: 영감의 원천인 상상력과 이미지에 대한 과학적 접근을 통한 연기 방법론과 훈련 모델 계발」(『한국연극학』, 2014), 「인지과학의 패러다임으로 살펴본 연기예술의 창조과정과 방법론 연구: 체계적이고 과학적인 공연학의 정립을 위하여」(『한국연극학』, 2009).

10   서나영. 「배우 훈련과 젠더: 페미니즘의 관점에서 살펴본 연기 언어」(『한국연극학』, 2018).

11   이 외에 선행 연구는 부록의 '스타니슬랍스키 관련 국내연구 현황' 참조.

콘스탄틴 스타니슬랍스키

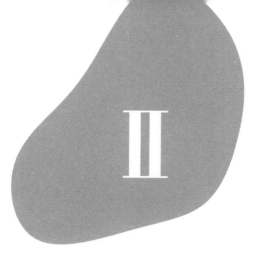

II

스타니슬랍스키 시스템의 이론적 고찰

1. 시스템의 탄생 배경

　인류의 탄생과 함께 제의와 축제 속에 존재하던 연기의 구성 요소인
춤, 낭송, 노래 등이 본격적으로 극 구조로 들어온 것은 기원전 6세기 그
리스부터다(Cole 3). 기나긴 역사에도 불구하고 연기에 관한 논의가 오랫
동안 발견되지 않은 것은 연극이 문학과는 달리 관객의 경험으로만 남은
채 휘발되고, 그 과정에서 연기 역시 운명을 함께했기 때문일 것이다. 그
러나 연극이 희곡을 중심으로 문학의 영역에 종속되어 연구된 이후에도
연기는 연구의 중심에서 배제된 채 부차적인 것으로 취급되었고, 배우는
"영원히 눈으로 된 조각상을 만들고 있다"(xiv)라는 로렌스 배럿(Lawrence
Barrett)의 말처럼 연기는 순간에만 존재하고 사라져 버리는 신비의 영역,
또는 설명하거나 규정지을 수 없는 무언가로 모호하게 정의될 뿐, 본격적
으로 논의되지는 않았다.

　혹자는 극 이론의 시작으로 아리스토텔레스(Aristotle)의 『시학
(Poetics)』을 논하면서 '미메시스(Mimesis)'가 행위의 모방을 말하는 것이
고, 모방은 연기의 시작이므로 연기에 관한 논의가 여기서부터 시작된 것

이라 한다. 그러나 『시학』은 그 당시 예술이란 개념을 뛰어넘는 철학에 가까운 이상적 개념으로 '비극'을 설명하는 글이고, 그중 '미메시스'는 단순한 현실 모방이 아닌 실재(實在)에 대한 자유로운 접근으로서 자연의 여러 요소에 근거를 둔 예술 작품의 창조를 말하는 것으로 연기 행위로서 모방보다는 훨씬 더 큰 의미이다(타타르키비츠 325-326). 또한, 『시학』에서 거론되는 좋은 목소리에 관한 문제는 연기가 관객의 관점에서 수사학(修辭學)적 낭독으로만 취급되었음을 드러내는 부분일 뿐, 이 역시 연기에 관한 논의라 할 수 없다. 그러므로 『시학』이 연기에 관한 논의라는 해석을 막을 수는 없으나, 이것을 명확히 연기에 관한 논의의 시작이라 보기는 힘들다.[12]

『시학』을 바탕으로 한 극작에 대한 연극 이론이 대부분인 상황에서 18세기 예외적으로 드니 디드로(Denis Diderot)가 『배우에 관한 역설(The Paradox of the Actor)』(1773)로 배우의 연기에 관한 이론적 접근을 최초로 시도한다(루빈 5-6). 그는 배우가 "냉정하고 침착한 관찰자"(디드로 19)로서 이성적인 자기 통제를 통해 감성이 조절된 보편적인 인물을 만들어 낼 수 있으며 연습을 통해 일관되게 그 역할을 유지할 수 있게 되고, 이는 곧 연극 전체의 균형을 만들어 낸다고 주장한다. 이때 배우는 '이상적인 모델'을 추구해야 하는데, 이것은 글 전체에 총 12번이나 등장할 정도로 디드로가 강조한 부분이다. 관찰과 모방을 통해 보편성 있는 존재를 형상화하여 희곡의 이상적 모델로 향하는 것이 배우의 최종 목표라는 것

---

12 오순한은 『시학 & 배우에 관한 역설』(유아트, 2013)에서 연기의 모방 본능과 미메시스를 연결해 『시학』을 연기 논의의 시작으로 바라본 기존 연구에서 한발 더 나아가 "나는 『시학』을 배우 기술로 본다"(19)라고 하며 시학을 철저히 배우의 관점에서 해석하였다.

이다. 그러므로 『배우에 관한 역설』은 제목이 지시하듯 배우의 연기에 집중하고 있는 글이 아닌, 배우의 연기라는 논제를 빌어 당시 연극에 대한 비판과 함께 궁극적으로 연극 미학이 추구해야 하는 방향성에 관한 주장을 드러낸 것으로 봐야 한다. 다시 말해, 디드로는 18세기 계몽주의 (Enlightenment) 사상에 따라 관객을 위한 이상적인 연극의 '도구'로서 배우의 연기를 거론하고 있을 뿐, 배우의 연기가 직접적인 분석 대상은 아니다. 이전에 부차적인 요소로 배우의 연기를 취급하던 것과 크게 다르다 할 수 없으므로 디드로의 시도 역시 연기 논의로서 한계가 분명하다 할 것이다. 그럼에도, 논제로서 배우의 연기를 연극의 중심으로 끌어내 연기가 주목할 만한 대상이 되었다는 것만으로도 연기 이론 연구사에 있어 디드로의 글은 충분한 의의를 부여할 수 있다.

이후 스타니슬랍스키[13], 베르톨트 브레히트(Berthold Brecht), 앙토냉 아르토(Antonin Artaud), 메이어홀드, 그로토프스키 등에 의해 연기에 관한 논의가 시도되었다. 그중에서도 배우 중심에 연기 논의의 선두는 본 연구의 주제인 스타니슬랍스키로 볼 수 있다. 그는 다음과 같이 연기 연구

---

13 러시아어로 'Константи́н Серге́евич Станисла́вский(Konstantin Sergeevich Stanislavskii)'인 그의 이름은 영어권에서는 Constantin Stanislavski, Konstantin Stanislavsky, Konstantin Stanislavski 등의 다양한 조합으로 쓰이고 있다. 샤론 마리 카르니케(Sharon Marie Carnicke)는 *Stanislavsky in Focus* (1998)에서 그의 이름에 마지막을 'i'로 표기하는 것은 폴란드어처럼 번역한 것이고, 미국 슬라브어 및 동유럽어 교사 협회(The American Association of Teachers of Slavic and East European Languages)에서 제정한 지침에 따라 로마자로 표기한 것은 'Stanislavsky'라 한다(xiii). 러시아판과 영역판의 번역이 모두 존재하는 우리나라에서는 위와 같은 다양한 로마자 표기와 함께 스타니슬라프스키, 스타니슬라브스키, 스타니슬랍스키, 스따니슬랍스끼 등의 여러 가지 우리말 표기가 존재한다. 본 연구에서는 이해의 혼란을 막기 위해 직접 인용과 인용의 출처를 밝히는 부분을 제외하고는 로마자 표기는 'Stanislavsky', 우리말 표기는 '스타니슬랍스키'로 통일하여 사용하기로 한다. 또한, 같은 저작이나 여러 제목으로 번역된 4종류의 스타니슬랍스키 저서도 『나의 예술인생』, 『배우 수업』, 『성격 구축』, 『역할 창조』로 통일하여 표기한다. 미국과 러시아 출판물에도 우리나라 출판물과 동일하게 적용하기로 한다.

의 필요성을 말한다.

> 정말로 배우들이 자신의 예술과 그 예술의 본성에 대해 연구하는가? 그렇지 않다. 그들은 이런저런 역들이 어떻게 연기되는지를 연구할 뿐, 그것이 어떻게 조직적으로 창조될 수 있는지를 연구하지 않는다. 그들은 무대에서 어떻게 걷는지, 어떻게 말해야 하는지와 같은 배우 기술을 배울 뿐이다. 진정한 예술은 자신의 무의식 속에 있는 예술적 본성을 어떻게 의식적으로 일깨워 초의식적인 창조 과정 속으로 들어갈 수 있는가를 연구하는 것이다. (『나의 예술인생』 468)

진정한 예술로서 연기를 연구해야 한다는 스타니슬랍스키의 이와 같은 생각은 이전까지 연극의 부차적 요소나 도구였던 배우의 연기를 연극의 중심으로 이동시켰을 뿐만 아니라, 단순 기술을 넘어선 예술 창조로 승화시켰다.[14] 또한, 이를 위해 본인의 연극적 경험과 실험을 통해 연기를 연구하는 과정에서 이전까지 모호하게만 이해했던 연기 구현의 과정을 체계화하였고, 이것은 배우 각자의 능력에만 의존했던 기존의 방식에서 벗어나 훈련이나 교육을 통해 연기가 발전할 수 있다는 것을 입증하게 된다.

스타니슬랍스키가 이전과는 다르게 연기를 예술로 바라보고, 교육될 수 있다는 가능성을 발견할 수 있었던 배경이 무엇인지를 알아보기 위해

---

14   김태훈은 이에 대해 스타니슬랍스키가 인간의 외적인 삶을 구현하는 것을 넘어서 '내면의 정신적 삶'을 '아름다운 양식에 담아 표현'하고자 하면서 연기 행위의 미학적 개념이 생겼으며, 예술의 한 형태가 된 것이라 한다(「연기교육, 기초훈련과정에 대한 연구(2)」 136).

서는 그가 살았던 시대부터 살펴봐야 한다. 스타니슬랍스키는 그의 자서전적 성격의 저서 『나의 예술인생(My Life in Art)』을 다음과 같이 시작하고 있다.

> 1863년의 모스크바, 옛 시대와 새로운 시대의 접경에 나는 태어났다. 아직도 기억하고 있다. 농노 제도의 잔재들과 그을은 양초, 석회 램프, 따란따쓰(러시아의 오래된 여행 마차)와 도르매즈(잠자리가 마련되어 있는 대형 마차), 우편 마차, 화승총, 장난감 같은 대포들. 또한 어느날 눈앞에 나타난, 급행 열차가 달리던 철로를 선명하게 기억하고 있다. 여객선, 꿈을 꾸는 듯한 전깃불, 자동차, 비행기, 대(大)전함, 잠수함, 유선 전화 그리고 곧이어 나온 무선 전화, 전신국, 25구경 권총. 이렇게 그을은 양초는 전깃불로, 마차는 비행기로, 범선은 잠수함으로, 우편 마차는 전신 전화로, 화승총은 대포로, 그리고 농노 제도는 볼셰비즘과 공산주의로.… 진실로 삶은 변화한다는 것, 그때 새겨진 인상은 내 삶의 원칙이 되었고 한 번도 흔들리지 않았다. (3)

1863년에 태어나 1938년 생을 마감한 스타니슬랍스키는 이처럼 사회적 변화가 극심했던 19세기와 20세기를 경험했다. 다시 말해, '근대(Modern)'[15]로의 변화 속에 스타니슬랍스키의 삶이 있었고, 이에 따라 그

---

15 시대적 구분으로서 근대는 르네상스 이후부터 신고전주의(Neoclassicism)와 낭만주의(Romanticism)를 지나 현대로 진입하기 전까지의 시기를 말한다. 그러나 '근대'라는 말은 계몽주의가 나타나기 이전부터 있었다. 5세기 말 기독교적 교양 세계가 고대의 전통과 대비를 이룰 만큼 성장했을 때 처음 사용한 이후 17세기 프랑스의 신구 논쟁에서 그리스적 전통에 대한 반발 의식을 표현하고, 르네상스와 낭만주의 시기에는 고대로의 복귀를 의미하는 움직임을 지칭하기도 하며 '동시대의 감각을 변별'하기 위해 사용되었다. 현대에 이해되고 있는 근대의 개념은 낭만주의에 반대 운동으로 시작한 것이라 하겠다(김상환 358-359).

의 시스템 역시 근대의 영향권 안에 있음은 당연하다. 이제 대표적인 근대의 특징으로 나누어 시스템 형성 배경을 파악해 보기로 한다.

먼저 개인의 존재에 대한 인식의 변화이다. 신에 종속된 중세에서 고대의 인본주의(Humanism)를 되찾고자 하는 르네상스(Renaissance)로 변화하면서 인간 개인에 관한 관심이 시작되었다. 이후 르네 데카르트(René Descartes)의 '나는 생각한다. 고로 나는 존재한다'라는 명제를 거쳐[16] 19세기에 이르기까지 인간의 역사는 집단과 사회에 함몰되어 있던 개인의 위치를 자각하고, 그 존재를 분명히 하는 과정이라 할 수 있다(김대현 「'–되기'의 배역창조와 '행위 현장'의 생성성」 6). 이렇듯 점차 범위를 좁혀온 인간 개인에 관한 관심은 스타니슬랍스키가 연출자와 배우로서 성과를 이뤄낸 평범한 개인의 삶을 드러내는 사실주의(Realism) 연극을 탄생시킨다. 스타니슬랍스키는 연극의 형식뿐만 아니라 연기에 있어서도 인물 개개인만의 내면세계를 발현시켜야 한다고 생각하게 되면서, 이를 위해 시스템을 만들게 된 것이라 하겠다.

두 번째로 예술 개념의 변화 속에 대두된 '법칙'과 '창조성'의 영향이다. 근대는 고대부터 성립된 예술이라는 개념에서 큰 변화를 맞이하는 시기로 기존에 예술의 영역에 존재하던 공예와 학문이 빠지고 기술과 기능을 포함한 인간의 산물로 단일체를 이룬다(타타르키비츠 29–30).[17] 인간에 의해 만들어진 응집된 근대 예술에서는 진리, 자연, 규칙, 인간 행

---

16 스타니슬랍스키가 말한 '나는 있다(I am)'는 '나는 살아있다(I live)', 또는 '나는 존재한다(I exist)'라는 의미이기도 함으로 데카르트의 명제와 직접적으로 연관된다고 볼 수 있다(Moore, *The Stanislavski System* 28).

17 근대 예술 개념에는 기존에 없던 '시'가 추가된다. 일찍이 아리스토텔레스가 시를 하나의 예술로 다룬 바가 있으나, 중세에 와서 잊혔다가 16세기 『시학』이 이탈리아에서 번역되어 주목받기 시작하면서 '시'는 다시 예술로서 인정받게 된다(타타르키비츠 30).

위 등을 지배하는 보편적인 '법칙'과 19세기에 예술 속으로 편입된 '창조성'이 가장 큰 화두로 자리한다(304).[18] 스타니슬랍스키 역시 인생에서 첫 번째 관심사라 할 정도로 이 문제들에 몰두하고 있었음을 자신의 저서 『성격 구축(Building a Character)』 마지막 장에서 연기 교사 토르초프(Tortsov)의 입을 빌어 밝히고 있다.

> 우리가 지금까지 배운 방법을 소위 '스타니스랍스키 시스템'이라 하네. 하지만 적절한 표현이라 할 수 없지. 왜냐하면 이 방법의 진정한 힘은 어떤 한 사람에 의해 만들어지지 않았다는 데 있으니까. 정신적인 측면에서나 육체적인 측면에서나 이 방법은 인간의 타고난 본성의 일부분일 뿐이네. 자연의 법칙에 기초한다고. 아이의 출생, 나무의 성장, 예술적 이미지의 창조는 모두 같은 이치에서 나오네. 우리는 어떻게 이 창조의 본성에 가까이 갈 수 있을까? 이 문제가 내 전생애의 첫 번째 관심사였네. 시스템은 발명할 성질의 것이 아니네. 우리는 창조에 대한 능력을 갖고 태어났으니까. 천부의 능력 말이네. 창조한다는 것은 자연의 요구이기 때문에 우리는 자연 시스템에서 벗어나 창조를 논할 수 없네. [...] 우리가 선택한 접근 방법—역을 살아내는 예술—은 현재 통용되는 여타의 연기 '원칙'을 전면적으로 반대하네. 우리는 이런 원칙과 반대되는 원칙, 다시 말해서 어떤 종류의 창조에도 인간 정신이 그 중심에 와야 한다는 원칙을 따를 뿐이지. 배우와 맡은 역의 삶, 이 둘 사이의 공통된 감정, 잠재의식 속에서의 창조가

---

18 19세기에 이르러 '창조성'이라는 개념은 '무로부터'라는 단서가 사라진 채 '새로운 것을 만들어 내는 것'을 의미하기 시작한다. 고대에 '모방', 낭만주의 시대에는 '표현'이었던 예술이 '창조'로서 인식되기 시작한 것으로, W. 타타르키비츠(W. Tatarkiewicz)는 이전에 '창조자'가 '신'과 동의어였던 것처럼 근대 이후 '창조자'는 '예술가'와 동의어가 되었다고 한다(307-309).

중심이 되는 그런 원칙 말이네. […] 우리는 본성에서 멀어지려는 성향을 바로 잡을 수 있는 방법을 찾아야 하네. 그 방법이 바로 우리 '시스템'의 근본을 이루고 있네. 이 '시스템'은 본성에서 멀어지려는 불가피한 성향을 바로잡고 우리 내부의 본성을 올바른 길로 인도하는 데 그 목적을 두고 있네. 끊임없는 노력과 적절한 훈련과 습관으로 만들어지는 올바른 길 말이네. 이 '시스템'으로 배우는 관객들 앞에서 일을 해야 한다는 상황 때문에 훼손됐던 자연의 법칙을 되찾아 정상적인 인간의 창조적 상태로 돌아가야 하네. (스타니스랍스키 327–329)

스타니슬랍스키는 순간적 영감이나 재능에 기댄 기존의 연기에서 벗어나 자연의 법칙에 기초한 인간의 본성에 따른 창조적 연기를 하기 위해 끊임없는 훈련이 필요하다고 설명한다. 그는 결국, '창조적' 연기라는 것은 자연의 '법칙' 안에서만 존재할 수 있는 것이며, 이를 위해 '시스템'이라는 자신의 연기 체계를 만들었다고 하는 것이다.

세 번째로 과학의 발전이다. 찰스 다윈(Charls Darwin)의 '진화론(Evolution theory)', 이반 파블로프(Ivan Pavlov)의 '신경생리학(Neurophysiology)' 등이 등장한 19세기는 '과학혁명'이라 부를 만큼 과학 분야의 눈부신 발전이 있었으며, 지그문트 프로이트(Sigmund Freud)를 필두로 심리학(Psychology)이 사회과학 분야에서 나타나기 시작하면서 인간의 심리를 과학적으로 분석하고자 하는 현상이 일어났다. 특히, 파블로프의 '조건반사(Conditioned reflex)'와 프로이트의 '잠재의식(Subconsciousness)', 그리고 테오듈 아르망 리보(Théodule–Armand Ribot)의 '정서적 기억(Affective memory)'이 스타니슬랍스키 시스템에 직접적인 영향을 미쳤다.

'아무 의미 없는 꿈일지라도 인간의 의식 세계가 반영된 것'이라는 프로이트의 심리치료를 위한 잠재의식 연구가 시스템에 영향을 끼쳤다는 것은, 그의 저서들에 연기 구현을 설명하는 과정 중 '잠재의식'이 계속해서 등장하고 강조된 것만으로도 충분히 알 수 있다.[19] 또한, 파블로프의 '반복적 외부 자극에 대한 반응'을 연구한 '조건반사' 이론은 행동으로부터 정서를 이끄는 '신체적 행동법(The method of physical action)'의 발견에, '신경 조직에는 모든 경험의 흔적이 남는다'라는 리보의 이론은 '정서 기억'[20]의 시작이 되었다.

또한, 스타니슬랍스키가 플라톤(Plato)부터 디드로까지 '이성, 혹은 정신'과 '신체'로 나누던 이원론에서 절대적 신의 영향 아래 있던 이성을 빼고 신체에 속해 있던 '심리, 혹은 감정'을 끌어내 '감정'과 '신체'로 이원론의 내용을 바꾸어 시스템의 기본 뼈대로 삼은 것은 인간 내면에 대한 과학인 정신분석학(Psychoanalysis)과 심리학의 영향으로 볼 수 있다(김방옥

---

19 스타니슬랍스키가 프로이트의 영향을 받은 것은 사실이나, 두 사람이 말하고 있는 '잠재의식'이 같은 의미는 아니다. 프로이트는 인간의 인식은 '의식'과 '무의식'으로, 무의식은 다시 의식적으로 전환할 수 있는 '전조 의식'과 억눌려서 의식으로 전환될 수 없는 '잠재의식'으로 나뉜다고 한다. 그러나 스타니슬랍스키가 말하는 '잠재의식'은 언제든지 의식적으로 드러날 수 있는 '전조 의식'을 말하는 것에 가깝다. 그는 잠재의식 즉, 전조 의식을 자극하는 도구로서 '정서 기억'과 '신체적 행동'이 있다고 한다(남상식 109-110).

20 리보의 『정서심리학의 문제들(Problèms de Psychologie Affective)』을 『배우 수업』 제9장에 나오는 '정서 기억(Emotion memory)'으로 발전시켰다. 그 밖에도 스타니슬랍스키 서재에서 리보의 『의지의 질병(Les Maladies de La Volonté)』, 『주의심리학(Psychologie de l'Attention)』, 『기억의 질병(Les Maladies de La Mémoire)』, 『일반적 사고의 변천(L'Evolution des Idées Générales)』, 『감정의 논리(La Logique des Sentiments)』 등이 발견된 것으로 보아 시스템 형성에 리보의 영향은 지대하다 할 것이다(베네데티 85).

42–43).[21]

무엇보다도 신경생리학[22]과 심리학의 가장 큰 영향은 인간의 심리와 행동이 과학적으로 증명이 가능하다는 사실을 스타니슬랍스키에게 알려준 것이라 하겠다. 이전까지 논리적으로 설명 불가능했던 연기의 과정 역시 과학적 방법으로 입증하고 체계화할 수 있다는 것을 그에게 보여준 것이기 때문이다. 이를 바탕으로 그는 자신만의 연극적 실험을 통해 '시스템'이라는 이름의 연기 이론을 체계화시킬 수 있었으며 그 교육의 토대도 마련할 수 있게 된다.

근대 예술의 특징인 개인 존재의 인식, 법칙과 창조성의 대두, 과학의 발전 등의 영향이 고스란히 연기 분야에 드러난 스타니슬랍스키 시스템에 대해 샤론 마리 카르니케(Sharon Marie Carnicke)는 *Stanislavsky in Focus* (1998)에서 스타니슬랍스키가 '내적/외적, 감정/행동, 감정 기억/근육 기억, 마음/몸, 영적/육체적, 진실/거짓, 보이지 않는/보이는, 무의식/의식, 잠재의식/초의식' 등의 반대 개념을 끊임없이 만들어 내며 서구 이원론에서 벗어나지 못했다고 하고(144),[23] 서나영은 「스타니슬랍스키 연기

---

21 김방옥은 스타니슬랍스키가 현대 연기 이원론의 원류이기도 하지만, 이 이원론을 극복하고자 노력했다는 역설을 안고 있다고 한다. 그가 정신과 신체를 구분하여 연기에 관해 설명하면서도 정신과 신체가 조화된 심리·신체적인 연기(Psychophysical acting)를 추구하였기 때문이다(19-22).

22 신경생리학자인 P. V. 시모노프(P. V. Simonov)는 *The Method of K. S. Stanislavski and Physiology of Emotion*에서 스타니슬랍스키 시스템을 신경생리학적 관점으로 분석하였다. 시모노프는 현대의 정신 치료법 이론이 신경에 의식적으로 영향을 미칠 구체적 방법을 제시하지 못하는 가운데, 스타니슬랍스키는 '의식적 방법을 통하여 무의식 속으로'라는 전제 아래 '신체적 행동법'을 완벽하게 개발하고 수천 번이나 검증하였다고 한다. 그는 배우들이 시스템을 배우지 않는 것은 마치 작가가 언어의 법칙을 배우지 않는 것과 마찬가지로 위험하다고 말했을 정도로 시스템의 가치를 인정한다(Moore, *The Stanislavski System* 12).

23 카르니케와 마찬가지로 필립 B. 자릴리(Phillip B. Zarrilli) 역시 *Acting (Re)Considered: Theories and practices* (1995)에서 스타니슬랍스키의 제자 무어에 훈련을 예로 들며 시스템의 이원론적 한계를 설명한다(10-13).

론의 비판적 고찰」(2017)과 「배우 훈련과 젠더: 페미니즘의 관점에서 살펴본 연기 언어」(2018)에서 시스템은 근대적 인간관을 바탕으로 배우가 가지고 있는 이데올로기적 주체로서의 특징을 지워버린다고 한다(107-108, 87-88). 또한, 스즈키 타다시(鈴木忠志)는 『스즈키 연극론』(1993)에서 근대적 인간관을 배경으로 역을 창조하는 스타니슬랍스키 연기론은 사실주의 이외에 셰익스피어나 부조리 같은 형식에서 적용이 힘들다는 명백한 한계를 지니고 있다고 비판하기도 한다(66-68).

그러나 근대 없이는 현대의 역사가 있을 수 없듯이 현대 연기론의 근간으로서 시스템이 형성되는데 근대적 특징들은 꼭 필요한 요소들이었다. 스타니슬랍스키 본인이 자신의 시스템은 고정된 것이 아니라는 주장을 본 연구의 논제인 아메리칸 액팅 메소드로의 진화가 증명하듯 시스템은 시대와 상황에 맞춰 계속해서 변형되어 진화 중임으로 시스템에 드러난 근대적 특징만으로 시스템의 가치를 평가 절하하거나 한계 짓는 것은 무리가 있다고 할 수 있기 때문이다.

지금까지 살펴본 근대적 특징 외에도 스타니슬랍스키 시스템 형성에 영향을 준 것들은 무수히 많다. 러시아의 정치적 상황[24]과 함께 스타니슬

---

24 스타니슬랍스키는 러시아 제정 말기에 태어나 두 번의 혁명, 소비에트 연방(Soviet Union)의 출범, 블라디미르 레닌(Vladimir Lenin)과 이오시프 스탈린(Joseph Stalin)의 정권 교체, 스탈린의 철권통치까지 경험하며 러시아의 정치적 격변기에 살았다. 이에 따라 정치적 상황은 그의 연극 활동에 큰 영향을 주었다. 1917년 혁명 이후에는 레닌의 전폭적인 지지 아래 유럽과 미국 순회공연을 진행하였고(르제프스키 439), 이후 그가 건강상의 이유로 은퇴한 것은 정권의 간섭 때문이며(458), '신체적 행동법'은 공산 치하에서 살아남기 위한 변형이라는 주장이 존재한다(김대현 「스타니슬랍스키 연구사」 362). 또한, 그의 사후인 1950년대 스탈린 정권 시절 발행된 전집 8권은 사회주의 리얼리즘의 공식적 교의에 맞게 이데올로기적으로 윤색된 것이라고도 한다(베네데티 148). 이 밖에도 제2차 세계 대전 이후 '냉전(Cold war)'의 시대라 불리는 정치적으로 긴장된 미국과 러시아의 관계는 그의 저작물 간에 출판 시차를 만들어 시스템 이해의 혼란을 일으켰다. 이에 대해서는 스타니슬랍스키의 시스템 관련 저술 출판과 번역을 다룬 II. 5장에서 자세히 논하기로 한다.

랍스키가 경험한 당시 연극계, 마이닝겐 극단(Meiningen Company)의 공연, 그리고 그와 연극 작업을 함께한 예술가들도 영향을 미쳤다. 이는 시스템 형성 과정이라 할 수 있는 예술-문학 협회부터 모스크바 예술극장에서의 스타니슬랍스키에 활동을 논하는 다음 장에서부터 자연스럽게 설명될 것이다.

2. 시스템의 발단: 예술-문학 협회
(The Society of Art and Literature)

     1863년 모스크바(Moscow)에서 콘스탄틴 세르게예비치 알렉세에프(К онстанти́н Серге́евич Алексеев, Konstantin Sergeyevich Alekseyev)라는 이름으로 출생한 스타니슬랍스키는 연극, 서커스, 발레 등을 정기적으로 관람하고, 집안 소유의 영지에 가족극장을 보유하고 있었을 정도로 예술을 사랑하는 부유한 집안에서 자랐다. 가족극장에서 서너 살 무렵 배우로서 무대를 경험한 이후 계속해서 가족극장에서 연기와 연출을 하고, 한편으로는 말리 극장(The Maly theatre)[25]을 자신의 대학교로 부를

---

25   1824년 모스크바에 개관한 극장으로 정식 이름은 '모스크바 국립아카데미 말리 극장'이다. '말리'는 '소(小)'를 뜻하는 말로 당시 오페라-발레 전용 극장인 '크다'라는 뜻의 '볼쇼이 극장'에 대응하여 만들어졌다. 극장에서 최고로 활약했던 배우와 극작가의 이름을 따서 '쉬옙킨의 집', '오스트로프스키의 집'이라 불리기도 한다. 당대 일류 배우들이 연극에 참여하여 고골리, 셰익스피어, 쉴러 등의 고전 작품을 주로 공연했으며, 러시아 사실주의 연극의 시작을 알린 극장이기도 하다. 스타니슬랍스키는 말리 극장에 자주 드나들며 배우들의 공연을 보고, 그들과 대화하고 배우기도 하면서 나중에 자신의 작업에서 기준이 될 것을 추출하였다. 그가 배우로 명성을 얻기 시작하면서 말리 극장의 배우로 들어오라는 제안을 받기도 했으나 거절하고 대신 객원 배우로 참여한다(베네데티 23, 30, 68).

정도로 자주 드나들었던 그가 연극인의 길로 들어선 것은 어쩌면 당연한 듯하다. 그는 전문 연극인이 아니었던 이 시기부터 연극에 대해, 특히 연기에 대해 진지하게 고민하기 시작한다.

나는 나의 천성적인 조건들과 싸우기 시작했다. 목소리, 발음, 제스처를 바로잡으려고 노력했다. 나는 예술적인 고통을 찾았고 그것 때문에 괴로웠다. 나 자신과의 싸움은 나를 거의 미칠 지경에까지 몰고 갔다. (『나의 예술인생』 89)

이후 1885년 연극 학교에 입학하여 잠시 공부하던 시절[26]이나 '스타니슬랍스키'라는 예명[27]으로 클럽 공연과 러시아 음악협회 및 음악원(The Russian Musical Society and Conservatory)의 감독직을 병행하던 시기에도 계속된 연기에 관한 그의 고민은 1887년 예술-문학 협회의 설립으로, 다시 전문 연극인의 길로 들어선 1897년 모스크바 예술극장으로 이어진다. 그는 1938년 8월 7일 사망 직전까지 모스크바 예술극장과 이에 부속

---

26   1885년 3주간이라는 짧은 기간에만 참여했던 것은 집안 사업으로 학교 수업에 계속 참여할 수 없었을뿐더러, 스타니슬랍스키가 원한 체계적인 수업이 아니었기 때문이다(Benedetti, *Stanislavski: An Introduction* 4).

27   스타니슬랍스키는 자신의 예명이 음악협회 감독 재임 시절 본인의 신분을 숨기고 클럽 공연 무대에 서기 위해 만들었으며, 당시 배우를 그만두고 의사가 된 그가 좋아했던 아마추어 배우의 이름을 가져온 것이라 한다(『나의 예술인생』 112-113). 예명에 대한 다른 설로서 카르니케는 스타니슬랍스키가 좋아하던 폴란드 출신 발레리나의 이름이었다고 하며, 그가 예명을 쓰고 전문 연극인이 되는 것을 주저한 것은 당시 러시아 배우들의 신분 때문이었다고 한다. 19세기 초까지도 러시아 배우들의 신분 대부분은 주인들의 명령에 따라 등장하는 농노였고, 노예제도가 폐지된 이후에도 하층민으로 분류되었기 때문에 부유한 스타니슬랍스키 집안은 연극을 좋아하면서도 그가 전문 연극인이 되는 것은 환영하지 않았다. 그래서 그는 예명을 쓰며 모스크바 예술극장이 설립되는 33세 이전까지 아마추어로만 활동한다(*Stanislavsky's System* 34, 11).

으로 만들어진 스튜디오[28]와 함께 작업했으며, 연극과 연기에 대한 고민 또한 계속되었다. 러시아 배우 최초로 인민배우 칭호를 받은 그가 만든 모스크바 예술극장과 연기 스튜디오들은 변형·발전되어 현재까지 명맥을 유지하고 있고, 그의 저서는 세계 각국에 출판되어 여러 연기론과 훈련 방법으로 진화하였다.

현대 연기론의 근간으로 자리 잡은 스타니슬랍스키 시스템은 예술-문학 협회와 모스크바 예술극장의 실험 속에서 구체적으로 형성되었다고 볼 수 있다. 연기에 관한 그의 고민은 어린 시절부터 시작된 것이기는 하나, 이 시기를 시스템의 형성 시기로 잡은 데는 분명한 이유가 있다.

이때부터 극단의 형태를 갖추고 공연을 올리면서 시스템을 실험하고 교육하기 시작했고, 시스템 형성에 영향을 준 그에 연극 동지들과의 만남과 작업, 교류 등이 이루어졌기 때문이다. 그의 아내 마리아 릴리나(Maria Lilina)[29], 네미로비치 단첸코(Nemirovich-Danchenko), 안톤 체홉(Anton Chekhov), 막심 고리끼(Maxim Gorky), 레오 톨스토이(Leo Tolstoy), 유진 박탄고프(Eugene Vakhtangov), 미카엘 체홉, 메이어홀드 등과의 작업이 있었으며, 극단 체계와 앙상블 연기 형성에 지대한 영향을

---

28 모스크바 예술극장에서 이루어진 스튜디오 설립에 대해서는 다음 장에서 다뤄질 것이다. 더 자세한 스튜디오의 역사에 관해서는 함영준의 「모스크바 예술극장 탄생과 발전 연구: 연극 교육 프로그램으로서 스튜디오」(동유럽발칸학, 2011) 참조.

29 아마추어 연극배우로 활동하던 릴리나는 1888년 스타니슬랍스키를 만나 1889년 결혼했다. 이후 아내이자 연극적 동지로서 평생을 스타니슬랍스키와 함께한다. 릴리나는 예술-문학 협회와 모스크바 예술극장 모두에서 배우로 많은 공연에 참여했다. 특히, 체홉 작품에서 두드러지게 활약하면서 그에게 뛰어난 재능을 가진 배우로 찬사받았으며, 스타니슬랍스키와 마찬가지로 인민배우 칭호를 받았다. 스타니슬랍스키 사후에도 젊은 배우들을 가르치며 시스템을 전파하는 데 노력을 기울였다(스타니슬라프스키 『나의 예술인생』 479). 스타니슬랍스키 사후에 발행된 『나의 예술인생』 러시아판에 스타니슬랍스키는 다음과 같은 글을 릴리나에게 남긴다. "이 책을 나의 가장 좋은 제자이고, 가장 사랑하는 배우이고, 연극예술과 관련한 나의 모든 연구에서 변함없는 동반자가 되어 준, 마리야 빼뜨로브나 베레보시꼬바에게 먼저 바칩니다"(살로비에바 69).

미친 마이닝겐 극단의 연극도 이 시기에 접하게 된다. 무엇보다도 중요한 것은 실험의 결과물로서 시스템의 초안이 나오기 시작하고 용어가 사용되기 시작된 것도, 결과물로서 출판물이 만들어진 것도 이 기간의 일이라는 것이다.

시스템 형성기를 다시 발단과 검증의 단계로 나누어 보면, 스타니슬랍스키가 배우로서 자신의 단점을 깨닫고 연구를 시작한 예술-문학 협회 시절은 실험의 발단이며 시스템의 적용과 훈련, 그리고 저술이 시작된 모스크바 예술극장은 실험에 대한 구체적 실천이자 검증의 단계라 할 수 있다.

시스템의 발단인 예술-문학 협회가 만들어진 것은 스타니슬랍스키가 음악협회 감독을 겸하면서 클럽 공연을 이어가던 시기의 일이다. 그는 1887년 당시 유명 연출가였던 알렉산더 페도토프(Alexander Fedotov)[30]가 연출한 니콜라이 고골(Nikolai Gogol)의 〈도박꾼들(The Gamblers)〉이라는 공연에 참여하면서 이 공연에 함께한 이들을 주축으로 아마추어 배우와 스태프, 그리고 다른 분야의 예술가들까지 아우를 수 있는 단체를 만들기로 한다(『나의 예술인생』 117-118). 그는 새로운 단체를 다음과 같이 구상한다.

---

30 러시아의 유명 연출가 겸 배우로 스타니슬랍스키와 함께 예술-문학 협회를 만들었다. 페도토프는 스타니슬랍스키에게 흉내가 아닌 관찰에서 얻어진 행동들을 연기에 기본으로 삼기를 요구했으며, 그와의 작업으로 스타니슬랍스키는 이전의 상투적이고 기교적인 연기를 벗겨냈다. 또한, 일반 대중을 위한 극장을 만들고자 한 그의 생각도 영향을 미쳐 모스크바 예술극장 설립에 반영된다. 페도토프 외에도 그의 가족 모두는 스타니슬랍스키에게 영향을 준다. 말리 극장의 배우인 페도토프의 아들은 스타니슬랍스키의 친구로 연극을 함께 했으며, 그의 부인이자 미하일 쉬엡킨(Mikhail Shchepkin)의 제자인 글리케리아 페도토바(Glikeria Fedotova)는 말리 극장부터 스타니슬랍스키가 동경하던 배우였다. 스타니슬랍스키는 그녀를 통해 연기에 관한 통찰력을 만들고, 쉬엡킨의 가르침을 받아들인다(베네데티 32-34).

어떻게 〈협회〉를 구상할 것인가? 처음에는 배우들, 화가들, 작가들이 모임을 가질 수 있는 〈동우회〉나 〈클럽〉을 구상하였다. 그리고 2차 단계로서 〈진지한 아마츄어 극단〉으로 발전된 형태를 구상하였다……. 다음에는 최고의 교수들이 본격적인 연극수업이 진행되는 연극학교로서 발전시킬 것을 구상하였다. (살로비에바 61)

이처럼 연극을 비롯한 모든 예술인을 아우르며 최종적으로는 교육 기관을 만들고 싶어 했던 스타니슬랍스키의 이상은 1888년 '예술-문학 협회'라는 이름으로 실현된다. 예술-문학 협회의 목적과 의무 규정에는 그의 바람이 고스란히 녹아있다.[31]

협회는 회원의 문학과 제반 예술에 관한 인식을 높이고 예술적 감각을 발전시켜 무대에서 음악의 영역에서 문학과 미술의 영역에서 천재들을 낳을 수 있는 가능성을 제공하기 위해 결성되었다. 이러한 목적으로 우리 단체는 연극-오페라 학교를 세운다. 학교는 정부가 규정하는 법령을 따라야 할 것이다. 그 밖에도 정부가 규정하는 법령의 한도 내에서 연극, 음악, 문학, 회화 모임을 갖고 전시회, 음악회, 공연을 할 것이다. (스타니슬라프스키 『나의 예술인생』 479)

위의 목표로 협회가 유지된 십 년(1888년~1898년) 동안 스타니슬랍

---

31   예술-문학 협회는 1888년 8월 7일 내무성의 허가를 받았고, 같은 해 9월 29일 사회 교육성에 교육 단체로 등록되었다(스타니슬라프스키 『나의 예술인생』 479-480).

스키는 협회의 주축이자, 배우와 연출가로서 수많은 공연을 경험한다.[32] 이 과정에서 가장 큰 성과는 그 자신이 '대수술'이라고 표현했을 정도로 자신의 결점에 대해 분명히 인식하게 되었다는 것이다(『나의 예술인생』 123). 그는 『나의 예술인생』에서 공연 하나하나마다 느낀 바를 자세히 기술하고 있다. 첫 공연이었던 알렉산드르 푸쉬킨(Aleksandr Pushkin)의 〈인색한 기사(Miser Knight)〉에서 자신의 연기가 외형적 모방과 과장에 머물러 있었음을 깨달았고, 이후의 공연들에서는 긴장, 나쁜 습관, 단조로운 인물 표현, 외형적이고 판에 박힌 연기, 조화롭지 못한 대사, 감정의 강요, 제어할 수 없는 흥분 등에 자신의 결점이자 다른 배우들에게서 쉽게 발견되는 문제점을 정면으로 마주하게 된 것이다.

스타니슬랍스키의 이와 같은 자각은 연기에 대한 발전으로 이어진다. 알렉세이 피셈스키(Aleksey Pisemsky)의 〈괴로운 운명(Bitter Fate)〉 공연에서는 육체의 긴장이 없어진 상태에서 비로소 '절제'가 가능하며, 절제 속에서 내면의 감정 변화가 가능했음을 경험한다. 이 경험의 소중함에 대해 그는 "그것은 배우로서 나의 첫 자산이 되었다"(『나의 예술인생』 136)라고 표현한다. 흥분하여 실제로 배우를 찌르는 실수를 범한 윌리엄 셰익스피어(William Shakespeare)의 〈오델로(Othello)〉 공연에서도 절제의 중요성을 다시 한번 깨닫는다(199). 셰익스피어의 희극인 〈헛소동(Much ado about nothing)〉 공연에서는 전통과 판에 박힌 틀에서 벗어난 역할의 특성을 찾기 위해 미하일 쉬엡킨(Mikhail Shchepkin)[33]의 '삶에서 역의 형상

---

32 연출작과 출연작에 대한 자세한 내용은 스타니슬랍스키의 『나의 예술인생』(이론과실천, 2000) 508-512 페이지 참조.

33 말리 극장의 대표 배우였으며, 리얼리즘의 아버지라 불린다. 우연히 피곤한 상태에서 힘없이 대사를 내뱉은 것에서 시작된 그의 일상생활 같은 새로운 연기양식은 후에 말리 극장을 통해 스타니

을 구하라'는 금언을 받아들여 일상생활을 관찰하여 무대로 옮기려는 노력이 시작되었다(205). 이 외에도 단조로운 역할을 피하기 위해서는 역할의 여러 가지 면을 찾아야 하고 무대 위 배우의 매력은 자연인인 배우가 아니라 창조된 역할에 있다는 것을 이해하기 시작했으며, 잘 훈련된 내면의 기술이나 직관으로 자연스러운 감정을 불러일으키지 못한다면 감정은 강요될 수밖에 없고 배우가 능력 이상의 것을 해야 할 때 외형적이고 기계적인 연기로 향한다는 것도 발견한다.

특히 주목해야 하는 것은 스타니슬랍스키 첫 연출작이었던 톨스토이[34]의 〈문명의 열매(The Fruits of Enlightenment)〉에서 '외면에서 내면, 몸에서 마음, 상상력에서 체험, 형태에서 내용'으로 연결되는 배우의 정신에 도달하는 제2의 길을 발견했다는 것이다(『나의 예술인생』160). 이것은 그의 시스템이 가장 강조하는 심리·신체적 유기성의 기초라 할 수 있으며, 흔히 후기로의 전환이라 하는 '신체적 행동법'의 원리가 공연이 행해진 1891년에 이미 인식되기 시작했다는 증거가 되기도 한다. 또 한 가지 중요한 점은 1891년 표도르 도스토옙프스키(Fyodor Dostoevskii)의 소설을 스타니슬랍스키가 각색하여 공연한 〈스테판치코보 마을 사람들(The Village of Stepanchikovo)〉에서 그가 역할의 본질적 심리 상태 파악과 역

슬랍스키에게 지대한 영향을 미치게 된다. 스타니슬랍스키는 쉬옙킨의 연기에 대한 진지한 태도와 일상에 대한 관찰을 받아들이고, 쉬옙킨이 기계적인 연기와 느낌으로 연기하는 연기를 나눈 것을 재현파(The School of Representation)와 존재파(The School of Being)의 개념으로 발전시킨다. 이러한 쉬옙킨의 영향은 『나의 예술인생』 곳곳에서 드러나며 스타니슬랍스키 박물관에 보관된 쉬옙킨의 『서한집』에서도 알 수 있다. 또한, 1908년 모스크바 예술극장 창립 10주년 기념일에 스타니슬랍스키가 '쉬옙킨이 닦아놓은 길로 계속 걸어가겠다'라고 공식적으로 발표하는 것으로도 알 수 있다(베네데티 26, 51-53, 57). 말리 극장에서 시작된 쉬옙킨에 대한 관심은 예술-문학 협회를 거쳐 모스크바 예술극장까지 계속된 것이며, 시스템 형성에도 큰 영향을 미친 것이라 하겠다.

34 예술-문학 협회에서 톨스토이의 작품이 공연되기 시작하면서 그와의 직접적인 만남도 이루어진다. 이후 톨스토이의 작품은 모스크바 예술극장에서도 계속해서 공연된다.

할을 자신의 것으로 만들기 위한 첫걸음인 '만약에(If)'를 발견했다는 것이다(살로비에바 75-76). 이 공연에서 그는 자신의 본성과 근접한 역할을 맡으면서 처음으로 '역이 된다'라는 경험을 하고(『나의 예술인생』 161-162), 이를 "희곡이 제시하는 테두리 안에서 나는 그와 같은 사람이 되었다"(살로비에바 75)라고 표현한다. 그리고 그의 경험이 역할을 '체험'[35]하도록 이끌어 주는 '만약에'의 발견으로 이어진 것이다. '만약에'는 발견 이후 스타니슬랍스키가 연습마다 배우들에게 이 말을 했을 정도로 강조되었고, 당연히 시스템의 가장 중요한 요소로 자리하게 된다.

이처럼 예술-문학 협회 공연에서 스타니슬랍스키는 자신을 포함한 배우들의 문제점을 깨닫고 그 이유를 찾으려는 과정 중 발전적인 발견들이 생겼으며, 이것은 시스템에 고스란히 반영되었다. 이는 시스템의 내용이라 할 수 있는 『배우 수업(An Actor prepares)』, 『성격 구축』, 『역할 창조(Creating a Role)』에서 학생들의 실수와 깨달음의 과정으로 재탄생한다. 그러므로 예술-문학 협회는 시스템의 발단이라 하기에 충분하다 할 것이다.[36]

다음 단계인 모스크바 예술극장으로 넘어가기 전에 예술-문학 협회 기간에 일어난 제1회 '전 러시아 무대 노동자 대회'와 '마이닝겐 극단'의 영향을 살펴보는 과정이 필요하다. 스타니슬랍스키에게 있어 이

---

35 배우가 완전히 역에 자신을 내맡기기란 불가능하다는 전제 아래 재현과 체험을 구분해 보면, 재현은 배우가 무대 위에서 역의 모습을 보여주는 것이고 체험은 배우가 역의 내적인 상태로 몰입하는 것을 말한다. 다시 말해, 체험은 자신이 역을 연기하고 있다고 느끼는 안에서 역의 감정에 몰입하는 것이다(스타니슬라프스키 『나의 예술인생』 346).

36 스타니슬랍스키는 1889년에 쓴 노트에서부터 연기의 '문법', 혹은 '기초'를 언급하기 시작했으며 같은 해 「연극 예술에 관한 교본-초안」을 작성하였고, 이는 시스템의 시작이라 할 수 있다(베네데티 83-84).

두 사건은 모스크바 예술극장으로의 변화를 이끄는 주요 원인이기 때문이다.

1897년 모스크바에서 개최된 제1회 전 러시아 무대 노동자 대회는 러시아 연극의 전환점이 된다. 이 대회는 스타 시스템을 떠나 고전과 근대 드라마를 레퍼토리로 하는 극장 설립의 필요성을 밝힌다. 또한, 극장의 사회적 발전 기능을 강조하며 극장은 사원으로, 배우는 이를 수행하는 사제이자 존경받아야 하는 교육받은 시민으로 정의되어야 한다고 주장한다(르제프스키 439). 당시 러시아 연극인들이 기존 공연의 문제점들을 인식하고 있었으며, 그로 인해 새로운 연극에 대한 열망이 자라났음을 보여준 사건이라 할 것이다. 이 대회에 대해 스타니슬랍스키와 단첸코가 참가했다거나 영향받았음을 문헌으로 밝히고 있지는 않으나, 이들이 활동한 모스크바에서 열린 동시대 연극인들의 주장이며 모스크바 예술극장의 설립 이유와 목적에 부합하는 것으로 보아 직·간접적으로 모스크바 예술극장 탄생에 영향을 미쳤을 것으로 보인다.[37]

다음으로 마이닝겐 극단의 순회공연이다. 마이닝겐 극단은 1866년 작센-마이닝겐(Sachsen-Meiningen) 공국의 군주 게오르그 2세(George Ⅱ)의 지휘로 만들어진 궁정 극단으로 1885년과 1890년 이루어진 두 차례 러시아 순회공연에서 관객들에게 깊은 인상을 남긴다. 스타니슬랍스키는 이 공연이 고증된 사실성과 군중 장면, 훌륭한 무대장치로 감탄할 만한

---

[37] 로로렌스 세넬릭(Laurence Senelick)은 『러시아 문화사 강의』(1998)에서 1897년 제1회 전 러시아 무대 노동자 대회의 영향이 드러난 것은 1898년 모스크바 예술극장 창립과 단기간 존재했던 상트페테르부르크(St. Petersburg)에 있는 알렉산드르 렌스키(Aleksandr Lenskii)의 '신극장'이라 한다. 말리 극장의 주연 배우였던 렌스키는 연출이나 무대장치에도 참여하면서 연습 횟수를 늘리고, 무대 연습을 진행하는 등 러시아 연극의 근대화에 힘썼다. 저서로는 『논문·서간·수기』(1950)가 있다(439).

질서와 완전한 조화를 가진 예술의 위대한 축제를 보여주었다고 평가하며, 자신은 이들의 공연을 단 한 번도 빼놓지 않고 보면서 많은 것을 배웠다고 한다(『나의 예술인생』 151).[38] 그는 역사적 정확성이 공연에서 보여주는 힘과 함께 조명과 음향이 효과적으로 어떻게 작용하는지, 통제력을 갖춘 연출가 아래 잘 훈련된 앙상블 연기가 어떻게 연극을 변화시키는지를 보게 된 것이다(베네데티 35).[39]

마이닝겐 극단의 공연은 이후 스타니슬랍스키 공연의 무대와 의상, 장면 연출에 있어 큰 영향을 미쳤다. 비판적 태도를 보였던 전횡적 연출의 방식 또한 한동안 모방했었음을 고백하기도 한다.[40] 그러나 마이닝겐 극단이 스타니슬랍스키에게 준 가장 큰 영향은 정돈된 극단 체계와 훈련된 배우들의 군중 장면으로, 앙상블 연기로 대표되는 모스크바 예술극장의 체계와 연기훈련에 근간이 된 것이라 할 수 있다(살로비에바 71). 이러한 영향은 당시 러시아 연극계의 상황과 함께 어우러지면서 그가 아

---

38 러시아에서 1885년과 1890년의 두 차례 공연 중 스타니슬랍스키는 두 번째 공연에 관한 인상만을 『나의 예술인생』에 기술하고 있으나, 그의 마이닝겐 극단에 대한 관심은 그 이전부터 시작되었다. 그는 공연 이전에 이미 마이닝겐 극단의 일상생활을 묘사한 앨범을 탐독하였고, 이 앨범은 현재 '스타니슬랍스키 박물관'에 보관되어 있다(살로비에바 71). 단첸코는 『모스크바 예술극장의 회상』에서 스타니슬랍스키는 마이닝겐 극단을 모방하고 있다는 평판이 자자했으며 이 평판은 오랫동안 남아있었다고 스타니슬랍스키가 받은 마이닝겐 극단의 영향에 대해 밝힌다(73).

39 이 시기에는 마이닝겐 극단뿐만 아니라 집안 사업 때문에 자주 드나들었던 유럽의 영향도 있다. 앙드레 앙트완느(André Antoine)의 자유극장 창단, 조안 스트린드베리(Johan August Strindberg)의 친밀한 연극에 대한 견해 발표 등이다(베네데티 67).

40 스타니슬랍스키는 마이닝겐 극단의 전횡적 연출에 관해서 『나의 예술인생』에서 다음과 같이 비판한다. "연출은 많은 것을 할 수 있다. 그러나 모든 것을 할 수는 없다. 배우의 손길이 중요하다. 연출은 무엇보다도 그들에게로 향해 있어야 하고 그들을 도와 주어야 한다. 배우의 연기를 배려한다는 측면에서 보면 마이닝겐의 연출은 확실히 부족하다. 그들의 연출은 배우의 도움이 필요 없이 이미 다 계획되어 있다. 그들의 연출 플랜은 넓고 언제나 정신적인 의미가 깊다. 그러나 그런 것들이 배우 없이 어떻게 채워질 수 있을까? 마이닝겐 극단의 작품에서는 중심이 연출 그 자체로 옮겨진다. 따라서 모든 창조 작업에 연출의 전횡이 필수적으로 된다"(152).

마추어 극단인 예술–문학 협회에서 벗어나 전문적인 연극 집단인 모스크바 예술극장으로 향하는, 다시 말해 본격적으로 시스템을 형성하게 되는 주요 원인이 된다.

진–노만 베네데티(Jean–Norman Benedetti)는 1890년대부터 스타니슬랍스키가 전에는 표현하지 못했던 연극의 본질적 사명과 연극에 대한 사고를 표현하기 시작했다고 한다(『스타니슬랍스키 연극론』 32). 이것은 이제까지 살펴본 예술–문학 협회를 통한 성장을 말하는 것으로 그가 이곳에서의 공연 경험을 통해 연기에 관한 새로운 깨달음을 얻고, 이를 글로 정리하면서 연기에 관한 본격적인 연구가 시작되었음을 의미한다. 여기에 전 러시아 무대 노동자 대회와 마이닝겐 극단 공연의 영향까지 더해지면서 그는 시스템의 실천과 검증에 과정인 모스크바 예술극장으로 향하게 된다. 그러므로 '시스템'이란 용어가 만들어지기 전일지라도 연기에 관한 본격적인 연구가 시작된 예술–문학 협회에서의 스타니슬랍스키에 활동과 이 기간의 영향들은 시스템으로 향하는 발단이라 하기에 충분하다.

3. 시스템의 실천과 검증: 모스크바 예술극장
(Moscow Art Theatre)

　　예술-문학 협회의 실험을 발판 삼은 시스템의 구체적 실천이자 검증 과정이었던 모스크바 예술극장[41]의 시작은 1897년 극작가 겸 연출가로 활동 중이었던 단첸코[42]와 스타니슬랍스키의 18시간 회

41　설립 초기 명칭은 '예술 대중 극장'이었다. 이것은 대중과 함께하고 대중의 문화 속에 파고들고자 한 스타니슬랍스키의 생각이 반영된 것이다. 체홉 공연의 성공으로 전국적 명성을 얻으며 모스크 바가 추가된 '모스크바 예술 대중 극장'이 되었고, 제1차 사회주의 혁명 후에는 사회주의 정부의 압력에 의해 대중이란 단어가 빠진 '모스크바 예술극장'이 되었다. 이후 스타니슬랍스키 시스템이 세계적 명성을 얻게 되면서 소련 정부의 예술 분야 최고에 인정이라 할 수 있는 아카데미라 칭호를 받아 '모스크바 예술 아카데미'가 된다. 러시아에서 '아카데미'라는 칭호는 학교를 설립할 수 있는 자격을 가진 국가의 전폭적인 지원을 받는 국립극장을 의미한다(살로비에바 144). 본 연구에서는 주로 '아카데미' 칭호 이전 작업을 다룸으로 그 기간에 사용되었던 '모스크바 예술극장'을 사용하 기로 한다.

42　러시아 카프카스(Kavkaz)에서 1858년 출생한 블라디미르 이바노비치 네미로비치 단첸코(Влад имир Иванович Немирович-Данченк, Vladimir Ivanovich Nemiro´vich-Danchenko) 는 작가, 연출가, 교수로 활동했다. 그는 13편의 희곡을 쓰면서 알렉산더 오스트로프스키 (Aleksandr Ostrovskii) 사후로부터 체홉이 나타나기 전까지 러시아의 가장 유명한 극작가로 알 려졌다(인명사전편찬위원회 168). 단첸코에 관한 우리나라의 이해는 그가 모스크바 예술극장을 스타니슬랍스키와 함께 창립했으며 체홉의 작품을 열렬히 극장에 추천했고, 극장 운영 말기에는 스타니슬랍스키와 서로 말을 하지 않을 정도로 관계가 악화하였다는 정도이다. 우리나라의 유일 한 단첸코에 관한 단독 연구인 이현빈의 「네미로비치 단첸코의 '제2플랜(the second plan)'을 통 한 연출의 무대 형상화 연구: <벚나무 동산>을 중심으로」(세종대학교, 2010)에서는 단첸코의 연 출기법을 바탕으로 한 작품화 과정을 밝히고 있으나, 그에 대해서는 자세히 기술하고 있지 않다.

담[43]이라 할 수 있다. 이들은 당시 러시아 연극계의 문제점에 대해 깊이 공감한다. 단첸코는 젊은 연극인들조차도 틀에 박힌 연극에 머물러 있다고 하며 당시 연극계를 "오랫동안 고여 있는 물"(33)이라 표현한다. 스타니슬랍스키 역시 단첸코와 의견이 같았다.

> 그도 나처럼 지난 세기 마지막 몇 해의 연극계 상황을 절망적인 눈으로 보고 있었다. 과거의 빛나는 전통은 조잡하고 기계적이고 평범하기 짝이 없는 연기술로 떨어졌다. 물론 그런 상황 속에서도 수도나 지방 무대를 빛으로 이끌어 가던 뛰어난 배우들이 없었던 것은 아니다. 당시 속속 생겨나기 시작한 배우 학교 덕분에 배우들의 지적 수준이 향상되었던 것도 사실이다. 그러나 '신이 내려준' 진실한 천재는 적었고, 연극은 한편으로는 식당 주인의 손에서 다른 한편으로는 관료들의 손에서 놀아나고 있었다. 그러한 조건에서 예술적인 개화를 기대할 수 있을까? (『나의 예술인생』 213)

이날의 만남에서 당시 러시아 연극계 문제에 대해 공감하고 새로운 극장 설립을 다짐하였을 뿐만 아니라, 후에 있을 극장 운영에 대한 문제까지 폭넓은 대화를 나눴다. 단첸코는 이에 대해 "낡은 극장에 대하여 우리의 용서 없는 비평으로써 공격하지 않은 것은 하나도 없었다. 형편없이

번역본 역시 단첸코의 『모스크바 예술극단의 회상』(연극과인간, 2000) 한 권뿐이며 개론서들에서도 그에 관한 설명은 찾아보기 힘들다 할 수 있으므로 단첸코에 관한 우리나라의 연구는 턱없이 부족하다 할 수 있다.

43 　두 사람은 자신만의 극장을 꿈꾸었던 단첸코의 청으로 만나게 된다. 1887년 6월 21일 오후 2시 슬라빅 바자르(The Slavic Bazaar) 식당의 특별실, 일명 '붉은 방'에서 시작된 회담은 스타니슬랍스키 별장으로까지 자리를 옮겨 다음 날 아침 8시까지 이어진다. 이 만남에 대한 더 자세한 내용은 단첸코의 『모스크바 예술극단의 회상』(연극과인간, 2000) 79-106 페이지 참조.

공격했다. 우리 두 사람은 의기충천할 만큼 기염을 토했다. 더욱 더 중요한 것은 복잡한 극장의 기구에 관해서 우리가 적극적으로 계획을 세우지 않은 곳은 하나도 없었다는 사실이다"(82)라고 기록하고 있다.

이 새로운 극단을 위한 의정서에는 "문학적인 전권은 네미로비치−단첸코에게, 예술적인 전권은 스타니슬라프스키에게"(스타니슬라프스키 『나의 예술인생』 215)라는 공연 조직 운영의 큰 틀 외에도 무대를 최우선으로 하는 극장 관리, 극장 소유의 의상을 만드는 일, 무대를 위한 전문 화가 고용, 오케스트라의 막간 연주 폐지, 공연 중 복도의 침묵, 개막 전 조도를 낮춰 관객을 제시간 자리에 앉히는 일, 유명 배우를 제외한 공동 생활에 참여 교육이 가능한 배우 섭외 등의 아주 작은 문제까지 합의한 내용이 모두 담겼다(단첸코 88−92).

이들의 합의는 다시 조직, 관객, 교육으로 나눠서 얘기할 수 있다. 기존의 극장들이 행했던 행정적 관료 체계가 아니라 공연을 위한 예술적 조직으로의 이행이고, 관객은 이전의 오락거리 관람에서 벗어나 진지한 태도로 공연을 관람해야 한다는 것이며, 교육으로 준비된 배우만이 무대에 설 수 있다는 것이다. 이날 이들이 합의한 새로운 연극 이념을 실천하기 위해 의기투합한 결과[44]가 바로 1898년 '모스크바 예술극장' 설립이다.

이후 스타니슬랍스키는 생의 마지막까지 모스크바 예술극장과 부속 스튜디오의 수많은 공연에서 연출가와 배우, 그리고 교육자로 참여한다.

---

44 이날의 회의에 대해 스타니슬랍스키는 "우리는 민중의 극장, 오스트로프스키가 꿈꾸었던 것 같은 과제와 계획에 가까이 가는 그런 극장을 창립하기로 결정했다"(『나의 예술인생』 219)고 한다. 러시아에서 셰익스피어와 비교되는 극작가인 오스트로프스키가 1881년 발표한 「현재 러시아 연극 예술 상황에 대하여」라는 논문에서 밝히고 있는 기본 입장을 스타니슬랍스키가 따르고자 한 것이다. 이 논문은 민족적이고 전체 러시아적인 연극을 노동자, 수공업자, 무산 인텔리겐차(Intelligentsia) 등을 관객으로 하는 극단을 만들어야 한다는 주장을 담고 있고, 이는 스타니슬랍스키와 단첸코가 극단 창단을 위해 올린 시의회 보고서에서도 반영되었다(485−486).

이 과정에서 '시스템'은 공연과 교육을 통해 실천·검증되며 이 내용은 순회공연으로 해외에 전파되고, 관련 저술로 후대에 남게 된다.

스타니슬랍스키는 『나의 예술인생』에서 모스크바 예술극장의 작업 시기를 창립부터 제1차 혁명이 있었던 1905년, 1906년부터 1917년 10월 혁명, 그리고 그 이후부터 1924년 외국 순회공연을 마치고 돌아온 시점까지로 구분하고 있다(243). 이번 장에서는 위와 같이 구분된 세 시기에 『나의 예술인생』 집필 이후부터 그의 생에 마지막까지를 추가하여 모스크바 예술극장의 작업에 대해 논하기로 한다. 이 기간에 그의 작업을, 다시 말해 시스템의 실천과 검증 과정을 네 단계로 나누어 주요한 공연과 활동을 중심으로 살펴보고자 하는 것이다.

먼저 첫 번째 단계인 1898년부터 1905년까지의 활동은 연출과 배우로서 스타니슬랍스키가 가장 왕성하게 활동한 시기이다. 이에 따라 주요한 영향을 준 많은 예술가와의 만남도 이 시기에 이루어졌으며, 시스템에 대한 실험도 가장 활발하게 이루어졌다. 이 중 가장 중요한 것은 창립기념 공연에서 나타난 푸쉬킨의 영향과 두 번째 공연인 체홉과의 작업이다.

1898년 10월 14일 모스크바 예술극장 창립 기념 공연인 알렉세이 톨스토이(Aleksei Tolstoi)의 〈황제 표도르(Tsar Fyodor)〉에 스타니슬랍스키는 연출과 배우로서 참여하게 된다. 그는 연출작업에 있어서 예술-문학 협회 시절 마이닝겐 극단의 영향인 역사적 사실성 묘사에서 한발 더 나아가 푸쉬킨의 주장을 받아들인다.[45] 푸쉬킨은 연극에서 '믿음'을 만드는 데

---

45   이것이 현시대의 반영을 의미하는 것은 아니다. 당시 정치적 상황인 '니콜라이 2세(Nicholas II)와 진보주의적 세르게이 비테(Sergei Vitte)의 관계'를 극의 '우유부단하고 지도력 없는 표도르 대제와 영리하고 목적이 분명한 고두노프와의 관계'로 비유될 것이라 기대하며 공연을 보러왔던 관객들은 실망하게 된다(살로비에바 107).

중요한 것은 역사적 사실성이 아니라 '등장인물과 상황의 진실'이라 하며 '주어진 상황 속에서 진실로 나타나는 참된 정서와 느낌, 그것이 바로 우리가 극작가에게 요구하는 것'이라 한다. 이러한 영향은 시스템의 행동 요소인 '주어진 상황'으로 발전되어 『배우 수업』 제3장을 통해 전해지게 된다(베네데티 24-25).[46]

창립기념 공연 두 달 후 극장의 두 번째 작품으로 체홉의 〈갈매기 (The Sea-Gull)〉가 공연된다. 다른 극장에서 초연에 실패했던 이 작품은 단첸코의 강력한 추천으로 진행되었다.[47] 스타니슬랍스키는 단첸코와 함께 공동 연출로, 그리고 배우로도 참여한다. 〈갈매기〉 공연은 이후 갈매기 그림이 모스크바 예술극장의 심벌마크가 되었을 정도로 큰 성공을 거두며 체홉과 극장 모두에게 큰 명성을 안겨 주었다(살로비에바 116). 이후에도 〈갈매기〉는 계속해서 극장의 레퍼토리로 공연되었고, 앙상블을 최고의 순간까지 끌어올렸다는 찬사를 듣기도 한다(128). 또한, 〈바냐 아저씨(Uncle Vanya)〉, 〈세 자매(The Three Sisters)〉, 〈벚꽃 동산(The Cherry Orchard)〉 등에 체홉의 다른 작품들도 모스크바 예술극장에서 초연된 후 주요 레퍼토리로 자리 잡는다. 결과적으로, 체홉과 극장의 협력은 서로의 연극적 위치를 굳건하게 하였으며 다른 이름을 가진 하나의 존재로 사람들에게 인식될 정도까지 이르게 된다.

"제발 연기하지 말고, 그냥 살아달라"(살로비에바 122)는 체홉의 요구

---

46 이 밖에도 연기에 관한 새로운 발견이 있었다. 작품 제5장에서 희곡과는 다르게 자신의 감정을 충실하게 드러낸 표도르 역에 이반 모스끄빈(Ivan Moskvin)의 연기를 통해서 자신의 내면적인 감정에 충실한 연기는 편안함을 주며 이러한 연기가 연속적으로 이어질 때 '삶의 진실'과 '무대의 진실'이 만나는 시작점이 된다는 것을 깨닫는다(살로비에바 112).

47 1896년 〈갈매기〉 초연이 실패한 이후 체홉은 '다시는 희곡을 쓰지도, 공연하지도 않겠다'고 했으나, 단첸코의 간곡한 설득으로 모스크바 예술극장의 공연을 허락한다(살로비에바 114-115).

는 인간의 일상적인 삶과 그 안의 개인 내면에 집중하게 하였으며, 이것은 이후 모스크바 예술극장의 공연과 스타니슬랍스키 시스템의 기본 바탕이 된다. 또한, 〈갈매기〉에서 뜨리고린(Trigorin) 역을 연기한 스타니슬랍스키를 향한 '당신은 뜨리고린을 연기하는 배우'라는 체홉의 날카로운 평가는 버릴 수 없는 배우의 속성을 깨닫게 해주었고(123), 좀처럼 이해하기 힘든 체홉의 희곡에서 역할에 접근하기 위해 숨겨진 의미들을 찾고자 노력해야 했던 배우들의 경험은 시스템의 핵심 개념인 '내재된 의미(Sub-text)'로 발전된다(베네데티 77-78). 체홉과의 작업이 중요해지는 또다른 이유는 『배우 수업』에서 가장 주요한 부분으로 자리한 시스템의 행동 요소가 이 시기에 시작되었기 때문이다. 스타니슬랍스키는 〈세 자매〉 공연 연습 중 다른 배우가 낸 나무 긁는 소리에 과거의 기억이 되살아나는 경험을 통해 역할 창조에 과거의 무의식 속 기억이 영향을 미치게 된다는 사실을 확인한다(김석만 53). 이 깨달음은 후에 다시 호텔 세면대를 만져보는 가벼운 접촉이 과거에 그곳을 여행했던 기억을 떠올리게 한다는 경험, 그리고 리보의 '정서적 기억'과 만나 시스템의 행동 요소인 '정서 기억'으로 발전된다. 이처럼 체홉과의 작업은 모스크바 예술극장과 시스템 형성에 지대한 영향을 주었다.

이 밖에도 삶의 모순을 구체적으로 묘사한 고리끼[48], 스튜디오의 실험을 함께한 메이어홀드와의 만남은 시스템 형성에 또 다른 영향을 미쳤다. 이렇듯 다양한 이들의 영향과 새로운 깨달음은 예술-문학 협회에서의 발견들과 합쳐지면서 정리가 필요해졌고, 이것이 다음 시기의 주요 활

---

[48] 1911년 고리끼와 함께한 카프리(Capri) 여행에서 스타니슬랍스키는 시스템의 초고를 보여주며 토론한다. 이때 집단 즉흥연기를 바탕으로 희곡을 만드는 극작가를 생각하게 되고, 1912년 설립된 제1 스튜디오에서 실천되었다(베네데티 104-105).

동이 된다.

두 번째 단계인 1906년부터 1917년 10월 혁명까지의 기간에는 '시스템'이란 용어가 처음 사용되었으며, 시스템을 구성하는 개념 용어들 대부분이 등장한 초안 작성이 이루어진다. 또한, 공연과 스튜디오 교육을 통한 본격적인 시스템의 실천과 검증도 진행되었다. 이에 대해 그가 이제까지의 실험을 정리하기로 한 핀란드 휴가와 본격적인 적용이 이루어진 두 공연, 그리고 시스템 이론의 정리와 교육 실천을 중심으로 논해보자.

모스크바 예술극장의 대표작가 체홉과 후원자인 사바 모로조프(Savva Morozov)[49]의 죽음, 첫 스튜디오와 모리스 메테를링크(Maurice Maeterlinck) 작품의 실패, 혁명을 피해 떠났던 첫 해외 순회공연 등에 피로를 안고 스타니슬랍스키는 핀란드(Finland)에서의 여름휴가를 시작한다. 그는 연극인으로서 자신의 삶을 돌아보면서, 자신이 치열하게 실험했던 연기에 대한 깨달음은 정리되지 않은 채 뒤섞여 있고, 그로 인해 귀중한 발견들은 잊은 채 우연적이고 일시적인 것에만 기댄 연기를 해왔다는 것을 깨닫는다. 이제 그는 발견된 것들을 정리하지 않고는 앞으로 나아갈 수 없다는 결론에 이르게 된다. 또한, 하나하나 자기 경험을 되짚는 과정에서 처음 창작의 순간과는 다르게 기계적으로 변해가는 연기를 창작의 첫 순간으로 되돌리는 방법에 대해서 고민한다. 이것은 '배우의 연기가 언제든 필요한 시기에 창조될 방법은 무엇인가'라는 질문이며, '바로 오늘, 여기, 나'라는 방법을 통해 이루어지는 '체험의 예술(The art of experiencing)'로 향하는 시작이 된다.

---

49   모스크바 예술극장을 위한 모로조프의 헌신에 대해서 스타니슬랍스키는 『나의 예술인생』의 'C.T. 모로조프와 극장 건축'이라는 장에서 밝히고 있다(284-287).

연기적 실험 정리의 필요성과 연기 창조의 근본에 관한 질문을 안고 공연 작업으로 다시 돌아온 그는 배우로서의 자신, 그리고 동료들과 유명 배우의 공연을 관찰하면서 실험을 이어간다. 관찰 속에서 그는 예술적 공연을 위한 배우의 최상에 상태는 '창조적인 자감(Creative condition)'이라 생각하게 된다. 창조적 자감이란 충분히 이완된 배우가 어떤 장애물도 없이 자신의 의지에 따라 표현하여 창조를 이루는 상태를 말한다. 이때 일어나는 창조는 육체와 정신의 완전한 집중 속에서 이루어진다는 것을 깨닫고, 이를 시스템의 행동 요소인 '주의집중(Concentration of attention)', 그리고 이를 실천하기 위한 '주의의 원(Circle of attention)'으로 발전시킨다. 또한, 무대 위에 일어나는 모든 것을 믿고 연기하는 유명 배우의 순회공연을 관찰하면서 무대 위에서 내가 느끼는 내 안의 진실을 믿어야 한다고 느낀 것이 행동의 요소인 '진실과 믿음(True and belief)'의 발견이 된다. 이와 함께 일찍이 예술—문학 협회 시절 발견한 '만약에'로 시작되는 창조는 '상상력(Imagination)' 속의 '진실'을 만들어 내고 이것은 '집중'으로 이어진다는, 행동 요소 발견에서 한 걸음 더 나아간 행동 요소 간의 유기성도 발견하였다. 이를 위해 이완과 집중 훈련이 만들어졌고, 이후 공연과 스튜디오 교육에서 적용된다.

　　이러한 발견의 적용이 이루어진 공연은 크누트 함순(Knut Hamsun)의 〈삶의 드라마(The Drama of Life)〉와 이반 뚜르게네프(Ivan Turgenev)의 〈시골에서의 한 달(A Month in the Country)〉이다. 〈삶의 드라마〉에서 내적인 것에 집중하기 위해 외적인 모든 것을 배제해 버린 시도는 실패했다. 내적 정당화 없이 강제된 무(無) 행동은 그 어디로도 향하지 못하고 몸과 정신에 긴장만을 불러일으켰기 때문이다. 따라서 예술—문학 협회 시절 첫 연출작이었던 〈문명의 열매〉에서 깨달았던 '몸을 통해 정신에 도달'하는 제2의 길, 그리고 심리·신체적 유기성을 다시 한번 깨닫게 되었으며, 지속적인 훈련의 필요성도 절실히 느끼게 된다. 이후 〈시골에서의 한 달〉 공연에서 스타니슬랍스키는 공연 전체에 시스템을 적용하여 본인을 비롯한 제자들까지 어느 정도 성공을 거둔다. 그는 이 공연에서 처음으로 희곡 분석 방법을 체계화하여 적용했다. 희곡을 여러 단락으로 나누고, 그 부분마다 도달해야 할 심리적 목표를 설정한다. 이때, 계획된 모든 행동에 내적 정당성을 확보하고, 희곡에 없는 인물의 일생을 상상력으로 채워 인물의 삶에 흐름을 만들어 낸다. 이러한 희곡 분석의 과정은 후에 '비트와 과제(Bits and Tasks)', '내재된 의미', '행동의 일관된 흐름(Through line of action)', '초목표(Super objective)' 등으로 발전되었다. 또한, '집중'과 '정서 기억'에 관련된 훈련을 공연 연습에 적용해 보기도 한다(베네데티 99). 이 공연은 시스템 적용의 첫 성공 사례일 뿐만 아니라 배우로서 자신에 대한 작업은 물론이고 역할에 대한 작업이 중요하다는 것을 일깨워 주는 중요한 지점이 된다. 스타니슬랍스키의 배우훈련과 연기 방법론, 즉 시스템은 결국 역할을 위한 작업이기 때문이다(스타니슬라프스키 『나의 예술인생』 381).

시스템 교육은 스타니슬랍스키가 레오폴드 술러지츠키(Leopold Sulerzhitsky)[50]와 함께 진행하였다. 이 과정의 시행착오 속에서 전문 용어들이 탄생하였으며, 시스템은 교육체계로서 점차 체계를 갖추기 시작한다. 결국, 1911년 단첸코의 선언 아래 시스템은 모스크바 예술극장에 공

---

50   술러지츠키는 원래 화가였으나 모스크바 예술극장의 공연에 크게 감명받아 모스크바 예술극장에 합류해 연극 연출가 겸 교육자로 활동한다(베네데티 21).

식적으로 받아들여지고, 이후 제1 스튜디오를 개설하여 본격적인 교육을 진행한다. 이 시기에 창조적 자감을 위한 훈련, 역할 분석의 훈련, 감정의 일관성과 논리성에 따라 의지의 포물선 표를 만드는 훈련 등에 다양한 훈련이 개발되었고, 학생들은 모스크바 예술극장과 스튜디오의 공연으로 그들의 훈련 성과를 검증한다. 제1 스튜디오는 발전하여 제2의 모스크바 예술극장으로 독립하였고, 뒤이어 제2, 제3 스튜디오의 탄생도 이어진다. 스튜디오 작업은 교육을 통한 실천과 검증일 뿐만 아니라, 후에 스타니슬랍스키와 서로 영향을 주고받는 많은 연극인을 배출한 것으로도 의의가 있다. 리처드 볼레슬랍스키(Richard Boleslavsky), 미카엘 체홉, 박탄코프 등이 대표적인 인물이라 하겠다.

이제 이 시기의 가장 중요한 작업인 지금까지 실험해 왔던 시스템 이론을 정리하는 일에 대해 논해보자. 1907년부터 「연극배우를 위한 참고서(Reference Book for the Dramatic Actor)」, 「연극학도와 초보자를 위한 실질적 정보와 훌륭한 충고(Practical Information and Good Advice for Beginners and Students of Dramatic Arts)」, 「연극의 대중적 교본의 초안(Draft of a Popular Manual of Dramatic Arts)」이라는 연기에 관한 글들이 작성되었으며, 1908년 공책에는 '근육 이완(Muscular release)', '주의의 원', '믿음', '연극적 독창성(Dramatic inventiveness)', '감정(Feeling)' 등의 시스템을 구성하는 내용들이 나타나기 시작한다. 1909년 그가 쓴 '배우의 예술에 포함되어야 하는 여섯 가지 중요한 과정'에 대한 논문에는 '의지의 준비 과정, 연구 조사 과정, 경험의 과정, 신체화 과정, 종합 과정, 관객 만남의 과정'으로 배우의 역할 구현 과정이 여섯 단계로 정리되어 있다. 같은 해 6월부터는 '이완(Relaxation)', '경험(Experience)', '정서 기억' 등이 정리되면서 시스템 행동 요소의 윤곽이 드러난다. 1909년부터 1915년 사이에 쓰인 글들에서는 '정서 기억'이 강조되었으며, '상상력', '주어진 환경', '일관된 흐름', 희곡의 '목표' 등도 설명하고 있다. 1916년 〈스테판치코보 마을 사람들〉 연습 일지에는 '예비적 읽기(Preliminary reading)'라 이름 붙인 희곡의 첫 번째 읽기에 대한 중요성을 강조한다(베네데티 94-97, 102-103).[51] 이렇게 부분별로 정리된 글과 메모들은 후에 출판될 시스템 관련 스타니슬랍스키 저서의 바탕이 된다.

두 번째 시기는 이전까지의 공연을 통한 실험에만 머무르지 않고 '시스템'이란 용어를 전면에 드러내 공연과 교육에서 적극적으로 적용 실천하고 검증하며, 이를 부분적으로나마 정리하기 시작한 것으로 시스템 형성의 가장 중요한 지점이라 할 수 있다.[52]

다음 세 번째 단계는 1916년 혁명 이후부터 『나의 예술인생』 집필까지의 기간으로 혁명의 영향으로 인해 많은 공연이 진행되지 못했던 시기이다. 공연보다는 오페라 스튜디오에서의 활동과 해외 순회공연이 시스템 형성에 영향을 준 주요한 사건이라 하겠다.

모스크바 예술극장이 볼쇼이 극장(Bolshoi Theatre)과 결연 관계를 맺으면서 스타니슬랍스키는 볼쇼이 극장 오페라 연출작업과 산하의 오페라 스튜디오 설립에 참여한다. 그는 오페라 스튜디오 연기교육의 책임을

---

51 본문에서의 행동 요소와 핵심 개념 발견에 관한 서술은 모스크바 예술극장의 공연사를 순차적으로 따라가며 아이디어의 시작과 그 연유를 추적한 것으로, 스타니슬랍스키의 다른 기록물과는 시기적으로 차이가 날 수 있음을 밝혀 둔다.

52 이 외에도 스타니슬랍스키에게 창조적인 본성의 자유로움을 보여주고 신체적 훈련의 중요성을 일깨워 준 이사도라 던컨(Isadora Duncan)과 셰익스피어의 〈햄릿(Hamlet)〉 작업을 함께하며 혁신적 무대와 새로운 연출법으로 영향을 준 에드워드 고든 크레이그(Edward Gordon Craig)와 만남이 이루어진 시기이다.

맡아 시스템에 따른 내·외적인 연기 기술과 발음, 리듬감 있는 동작 훈련 등으로 교육을 진행하였다. 동시에 본인이 이곳에서 음악 관련 교육을 받기도 했는데, 이러한 영향으로 이전 공연에서부터 관심이었던 '화술(Speech)'과 '움직임(Movement)'을 '템포와 리듬(Tempo-rhythm)'으로 연결해 발전시킨다.[53] 후에 『성격 구축』의 두 단원을 할애했을 정도로 템포와 리듬은 중요한 행동 요소가 된다. 또한, 음악 분야의 훈련과 전문 용어 사용을 경험하면서 음악 안의 법칙들처럼 연극에서도 이와 같은 체계가 필요함을 다시 한번 깨닫게 되고, 시스템 체계화에 더욱 박차를 가한다.

혁명 이후 체험이나 심리에 집중한 모스크바 예술극장을 부르주아(Bourgeois) 예술의 전형으로 평가하는 사회적 분위기와 신작을 올리지 못할 정도에 극장 재정의 어려움은 1922년 스타니슬랍스키를 긴 외국 순회공연 길에 오르게 한다. 순회공연의 시작인 베를린(Berlin)에서부터 고된 일정으로 목이 쉬게 된 스타니슬랍스키는 오페라 스튜디오 작업 경험을 바탕으로 발성 훈련을 해 이를 극복한다. 이후에는 발성에서 화술로 범위를 넓혀 순회공연 기간인 2년 내내 훈련을 지속한다. 이러한 경험으로 꾸준한 화술 훈련의 중요성을 깨닫게 된다.

이 기간의 시스템에 대한 정리는 모두 1920년대 초에 진행되는데, 『나의 예술인생』 영역판이 모스크바 예술극장의 미국 순회공연에 맞춰

53　1914년에 살리에리(Salieri)를 연기한 푸쉬킨의 <모차르트와 살리에리(Mozart and Salieri)> 공연에서 스타니슬랍스키는 내적 감정이 외형적으로 발전하는 것에 실패하면서 몸의 긴장, 무절제, 과장, 스탬프 연기, 경련, 속임수, 꾸미는 말투, 연극적인 감정이 자주 노출되는 것은 내면적인 삶을 진실하게 표현할 수 있는 '말'을 하지 못하는 것에서 비롯된다는 것을 깨닫는다. 표현의 가장 강력한 수단 중 하나가 말임을 인식하고 소리와 말, 즉 화술의 문제에 대해 고민하게 된다. 1920년 공연된 조지 고든 바이런(George Gordon Byron)의 <카인(Cain)>에서는 화술 문제와 함께 움직임의 조화로움에 대해서도 생각하게 되면서 '템포와 리듬'에 대한 관심으로 이어진 것이다(스타니슬라프스키 『나의 예술인생』 426, 441).

1922년에서 1923년 사이 O. F. 보슈칸사카야(O. F. Boshkansakaya)의 구술로 번역되어 출판되었고(베네데티 145),[54] 시스템 이론의 주요 서적인 『배우 수업』, 『성격 구축』, 『역할 창조』로 정리될 자료들도 수집되었다.

세 번째 단계는 화술, 움직임, 템포와 리듬의 관계 연구에 집중하였으며, 시스템의 주요 서적들을 위한 자료수집과 함께 첫 저술 출판이 탄생한 시기이다. 또한, 해외 공연과 출판물을 통해 스타니슬랍스키 시스템이 해외에 본격적으로 전해지기 시작한 시기라 할 수 있다.

마지막 네 번째 단계는 순회공연에서 돌아온 이후부터 스타니슬랍스키 생에 마지막까지의 시기다. 모스크바 예술극장에서의 작업과 본인의 이름을 딴 오페라 스튜디오에서 오페라에 관한 연구를 이어가기도 했지만,[55] 생의 마지막에 다다른 그에게 가장 중요했던 일은 일생의 연구인 시스템을 수정·보완하여 정리하는 것이었다.

미국 순회공연 이후 모스크바 예술극장의 국제적 명성과 함께 시스템이 인정받았음에도 스타니슬랍스키의 연구는 계속되었다. 시스템을 적용하고 검증하는 과정에서 발견되는 오류들을 수정하여 발전시켜야 했으며, 이미 형성된 개념들 또한 하나의 체계로 연결하여 시스템의 유기적

---

54 모스크바 예술극장의 미국 순회공연과 『나의 예술인생』 출판으로 미국에 시스템이 전해진다. 이것은 아메리칸 액팅 메소드를 형성하고, 세계적으로 시스템을 알리는 시작이 되었다. 이에 관한 자세한 내용은 본문의 Ⅲ. 1장에서 밝히기로 한다.

55 1926년 '스타니슬랍스키 국립 오페라 극장'이 만들어지기 이전부터 시작된 스타니슬랍스키의 오페라 작업은 생의 마지막 시기까지 지속된다. '스타니슬랍스키 국립 오페라 극장'은 1928년 '스타니슬랍스키 오페라 극장'으로 명칭이 바뀌었고, 스타니슬랍스키 사후인 1941년에는 '네미로비치-단첸코 음악 극장'과 합쳐져 '소비에트 인민배우 스타니슬랍스키와 네미로비치-단첸코 음악 극장'이 된다(스타니슬라프스키 『나의 예술인생』 499). 더 자세한 스타니슬랍스키의 오페라 작업에 관해서는 인나 살로비에바(Inna Salovieva)가 쓴 『스따니슬랍스끼의 삶과 예술』(태학사, 1999)의 445-447 페이지 '공연 연보' 참조.

통일성을 입증하는 일이 필요했기 때문이다.[56]

지적 분석을 바탕으로 한 역할 창조의 어려움과 정서 기억 방법에서 과거의 경험을 불러오면서 만들어지는 긴장, 피곤 등의 부정적 면을 확인하면서 역할 접근과 감정을 불러내는 '미끼'로서 신체에 집중하고, 이것을 '신체적 행동의 방법론'으로 발전시킨다. 이러한 1933년부터 1937년에 사이의 작업은 『성격 창조』 제2, 3장에 남게 된다. 또한, 하나의 유기적인 체계로서 시스템을 남기기 위해 하나의 책으로 완성되길 소망하였으나 넘치는 분량으로 결국 나누어 출판하는 것에 본인도 동의하여 이 기간에 『배우 수업』이 집필되었고, 『성격 구축』과 『역할 창조』는 불완전 상태의 원고만을 남기게 된다.

흔히 사람들이 심리에서 신체로의 전환이라 하는 신체적 행동법으로의 발전은 하나의 유기적인 심리·신체적 과정으로서 시스템을 정리하는 과정 중 만들어진 보완책, 또는 심리와 신체의 우선순위 재배치로 보는 것이 합당하다. 앞에서 이미 언급했듯이 그는 심리·신체적 유기성을 처음부터 강조하였으며 신체적 작업이 상상력과 무의식에 영향을 줄 수 있음을 일찍이 깨닫고 이에 관계된 즉흥연기를 1905년부터 사용했기 때문이다(베네데티 132). 또한, 하나의 책으로 이 모든 과정이 담기길 원하였으며 신체적 행동법 발견 이후에도 심리적 방법이 주 내용인 『배우 수업』의 출판을 허락하였다는 사실에서도 충분히 유추해 볼 수 있다. 그러나 이것이 유추에 머무를 수밖에 없는 것은 그가 생의 마지막까지 몰리에르

---

56   자신의 연기론을 과학적으로 증명하는 방법이 필요하다고 생각한 스타니슬랍스키는 이반 세체노프(Ivan Sechnov)의 『대뇌피질에 대한 고찰(Reflection on the Cerebral Cortex)』과 파블로프의 실험을 연구한다. 1936년에는 파블로프에게 토론을 제안하는 편지를 보내기도 했다(베네데티 113).

(Moliere)의 〈따르튀프(Tartuffe)〉를 준비하고 있었을 정도로 시스템에 관한 실험을 계속 진행 중이었기 때문이다.[57] 스타니슬랍스키의 모스크바 예술극장 작업에 마지막 단계이자 그의 생에 막바지 작업은 완전하지는 못했지만, 시스템이 전해질 수 있는 준비였으며 연극과 연기에 관한 연구 자세를 몸소 실천하여 보여준 것이라 하겠다.

이전 장부터 지금까지 시스템의 형성 과정을 발단인 예술−문학 협회, 실천과 검증 단계인 모스크바 예술극장으로 나누어 스타니슬랍스키 공연사 줄기를 따라가며 되짚어 보았다. 이번 장에서는 모스크바 예술극장에서의 작업을 네 단계로 나누어 살펴보면서 예술−문학 협회에서 시작된 시스템이 실험을 바탕으로 이론적 토대를 구축하고, 결과물을 만들어 내는 형성 과정을 구체적으로 확인할 수 있었다.

공연에서의 실험과 관찰을 통한 발견이 발전되어 하나의 개념이 만들어지고, 이것이 다시 공연과 교육으로 실천·검증되는 과정을 거쳐 시스템의 내용 중 하나가 되었으며, 이 하나하나를 모아 유기적으로 결합하는지를 확인하고, 필요한 부분을 보충하여 탄생한 것이 시스템이라 하겠다.

---

57 〈따르튀프〉는 스타니슬랍스키 사후 1939년 12월 4일에 공연되었다(스타니슬라프스키 『나의 예술인생』 511). 스타니슬랍스키가 고전 작품인 〈따르튀프〉를 선택한 것은 시스템이 형식과 관계없이 보편적으로 적용될 수 있다는 것을 증명하는 시도였다(베네데티 138).

4. 시스템 관련 스타니슬랍스키 저술의 분석과 이해

스타니슬랍스키의 자서전 성격을 띤 첫 번째 저술『나의 예술인생』말미에 자신이 저술하게 된 이유를 다음과 같이 밝힌다.

어떻게 하면 내가 젊은 세대와 함께 나의 경험과 결과들을 나누고 무경험이 가져올 실패들을 경고해 줄 수 있을까? 나의 예술 생애가 걸어온 길을 뒤돌아볼 때 나는 나를 금광을 발견한 사람에 견주고 싶어진다. 우선 나는 금광이 있는 장소를 발견하기 위해 통행이 불가능한 밀림 속을 오랫동안 헤매었다. 그 다음 나는 몇 개의 보석 덩어리를 추려 내기 위해 몇천 킬로그램의 모래와 자갈을 씻었다. 나는 금광을 찾는 사람처럼 나의 후손에게 나의 어려움이 아닌, 되풀이되던 발견과 상실, 기쁨과 허탈이 아닌, 내가 도달한 금광만을 전달하고 싶다. (471)

스타니슬랍스키의 이 같은 바람대로 그의 일생에 노력이 담긴 결과물인 시스템에 관련된 저작물들은 1963년 미국을 시작으로 전 세계에 출판되었고, 현재 우리나라에서도 『나의 예술인생』, 『배우 수업』, 『성격 구축』, 『역할 창조』라는 제목으로 만날 수 있다.[58]

사실, 스타니슬랍스키는 4권의 책보다 더 많은 저술을 목표로 하고 있었다. 그가 전체 저술을 총 7권으로 구상하고 있었음은 자신의 저술 러시아판 개정을 돕는 류보브 구레비치(Lyubov Gurevich)에게 보낸 1930년 12월 23, 24일의 편지에서 알 수 있다. 편지에 내용 중 전체 저술 계획에 관한 부분을 요약하면 다음과 같다.

1. 출판된 『나의 예술인생』은 시스템에 관한 서문이자 안내서이다.

2. 감성적 체험과 구현, 두 권으로 나뉜 '자신에 대한 배우의 작업'에 관한 것이다.[59]

3. 희곡의 비트(Bits)와 과제(Task), 그리고 관통선(Through action)에 대한 것으로 '역할에 대한 배우의 작업'에 관한 것이다.

4. 의식적 수단을 통해 잠재의식을 일깨워 창조적 자감을 만드는 '준비된 역할에 관한 창조 과정'에 관한 것으로 3권과 합본하여 역할에 관하여 논할 수 있다.

---

58 현재 우리나라의 스타니슬랍스키 저술로는 총 5종류의 출판물이 존재한다. 위에서 언급된 시스템 관련 저술 외에 『<갈매기> 연출 노트(<Seagull> Production Note)』(예니, 1990), 『액터스 북(The Actor's Handbook)』(예니, 2001)이 있다. 2000년 이전까지의 출판물은 모두 중역이었으나, 2000년 이후 러시아 유학파들에 의해 러시아판 번역으로도 만날 수 있게 된다. 2000년에 출판된 『역에 대한 배우의 작업』(신아출판사), 『나의 예술인생』(이론과실천)은 우리나라에서 처음 출판된 러시아판 번역본이었고, 2019년에는 이진아가 번역한 『체험의 창조적 과정에서 자신에 대한 배우의 작업 천줄읽기』(지만지드라마)가 출판되었다.

59 이 책은 출판 구체화 과정에서 총 1,200페이지에 달하는 엄청난 분량 때문에 두 권으로 나누어 출판되었으나, 스타니슬랍스키는 후에 대대적인 편집의 과정을 거쳐서라도 한 권의 책으로 다시 출판되기를 원했다. 스타니슬랍스키 사후에 그의 의도대로 한 권에 책으로 1951년에 러시아에서 출판되었고, 영역판은 2008년 베네데티에 의해 *An Actor's Work: A Student's Diary*라는 제목으로 출판되었다. 우리나라에는 현재까지도 존재하지 않는다.

5. '예술의 세 가지 경향'에 관한 것이다. 감성적 체험에 관해서는 이전 책에서 충분히 다루어짐으로 공연과 기술적 숙련도에 관한 것이 내용의 주다.

6. '연출자의 예술에 관한 것'으로, 하나의 앙상블을 조직하는 지휘자로서 연출이 끊임없이 다루는 예술의 세 가지 경향에 대한 논의 후에야 비로소 그 이야기를 시작할 수 있다.

7. '오페라'에 관한 것이다. (Stanislavsky, *Stanislavsky: a Life in Letters* 541-542 참조)

연기와 연출, 그리고 오페라, 예술의 경향에 관한 내용에 이르기까지 다양한 구성을 가진 전체 저술 계획을 확인할 수 있다. 이 중 1번부터 4번까지가 시스템에 관련된 것으로,[60] 시스템에 대한 이해를 구축하기 위해서는 각각의 내용을 검토해야 한다.

먼저, 전체 저술 계획의 첫 번째이자 시스템 관련 저술의 시작인 『나의 예술인생』은 "모스크바 예술극장(MXT)의 25년간의 예술 활동과, 그 일원으로서 나 자신에 관한 기록"(vi)이라고 스타니슬랍스키가 서문에서 밝혔듯이 인생 전체를 아우르는 자서전이라기보다는 예술적 작업 과정을 기술한 것에 가깝다. 본인 특유의 성향과 연극에 대한 첫 접근을 드러내기 위해 잠깐 언급된 어린 시절 외에는 1877년 9월 5일 첫 연극 데

60　1번부터 4번까지의 저술 계획이 연기에 관한 시스템의 개념과 기술을 다룬 것으로 놓고 논의를 진행한다. 저술 계획 중 5번도 연기에 관한 내용이 포함되어 있으나 스타니슬랍스키가 감성적 체험에 관해서는 이전 저술들에 중복되는 내용임을 밝히고 있고, 공연과 기술에 대한 것은 명확히 연기에 관한 것이라 하기 힘들며 '경향'이라는 개념은 예술적 가치에 대한 시대적 해석을 말하는 것이기에 5번은 제외하기로 한다.

뷔부터 모스크바 예술극장의 해외 순회공연(1922년 9월~1924년 8월)까지의 예술적 활동과 그에 따른 고민에 대한 기록으로서 시스템을 완성하는 여정, 또는 시스템에 대한 실험과 발견의 과정을 밝힌 것이라 볼 수 있기 때문이다. 그러므로『나의 예술인생』은 시스템의 내용을 직접적으로 다루지 않았음에도 시스템 관련 저술의 시작으로 볼 수 있으며, 이에 맞게 글의 마지막을 시스템 개요를 발표하는 것으로 마무리하는 것이다.[61]

이후 출판된『배우 수업』,『성격 구축』,『역할 창조』로 출판된 세 권의 책이 전체 저술 계획 2번부터 4번까지에 해당하는 본격적인 시스템의 내용이라 할 수 있다. 역할 창조의 사전 작업을 설명한『역할 창조』의 제1부를 제외[62]하고는, 모두 일기와 같은 소설 형식을 취하여 학생들이 연기를 배우는 과정을 그리고 있다.[63] 연기 교실 인물들 사이의 논쟁, 그로 인한 갈등과 동맹을 만들어 내며 연기의 이해에 도달하는 과정을 보여준다.

---

61   스타니슬랍스키가 자서전 성격의 글을 쓰는 것을 혐오하였고, 미국 순회공연을 진행하면서 촉박한 원고 마감일에 맞추어야 했기 때문에『나의 예술인생』의 대부분을 다른 사람에게 맡겼다는 주장도 있다. 혁명 이후 미국으로 이주한 러시아의 시인이자 평론가이며 통역과 안내를 맡아 순회공연을 함께 했던 알렉산드르 코이란스키(Aleksandr Koiransky)는 자신이 스타니슬랍스키의 수첩과 일기장을 토대로 윤곽을 그리고 초안을 작성했으며 마지막 페이지도 자신이 쓴 것이라 주장한다. 볼레슬랍스키는 스타니슬랍스키가 그의 기여를 인정하지 않은 것을 안타까워했다(Benedetti, *Stanislavski: His Life and Art* 288-289, 295). 멜 고든(Mel Gordon)은 그가『나의 예술인생』의 대필과 모스크바 예술극장의 무대 디자인, 그리고 볼레슬랍스키의 미국 실험극장의 시작을 도왔다고 한다(*Stanislavsky in America* 22).

62   『역할 창조』제1부만이 다른 형식을 취하고 있는 것은 소설 형식을 채택한 1920년 이전에 쓰였기 때문으로 보인다.

63   스타니슬랍스키가 배우들의 쉬운 접근을 위해 선택한 강의를 주요 소재로 한 소설 형식은 미국에서 스타니슬랍스키 시스템을 계승한 교사들의 저서에 영향을 주었다. 볼레슬랍스키는 미국에서 출판한 *Acting: The First Six Lessons* (1933)에서 교사와 제자 사이의 대화로 이루어진 소설 형식을 택했으며, 샌포드 마이즈너(Sanford Meisner) 역시 저서에서 강의실을 묘사했다. 그는 자신이 저서에서 "재능 있는 학생들에 둘러싸여 있는, 어렵고 궁극적으로 신비로운 예술, 즉 연기를 가르치는 선생님으로 출연한다"(xviii)고 한다.

다시 말해, 스타니슬랍스키는 자신의 시스템 이론 교육의 가상 버전을 만든 것이라 할 수 있다(Carnicke, *Stanislavsky in Focus* 68). 이 중 선생인 토르초프와 스타니슬랍스키의 본명인 콘스탄틴의 애칭이기도 한 코스챠(Kostya)라는 학생의 대화는 이제는 경험이 많아진 스타니슬랍스키가 아무것도 모르고 이리저리 부딪치던 어린 날의 자신에게 이야기해 주는 듯하다.[64] 코스챠의 시점으로 기록되는 연기에 대한 깊은 고민은, 연기에 대해 기록하는 것을 평생의 강박처럼 안고 살았던 스타니슬랍스키가 시스템을 만들기까지의 흔적들로 보아야 할 것이다.

세 권의 내용을 각각 살펴보면, 먼저 『배우 수업』은 자신에 대한 배우의 작업 1부로서 심리기술에 대해 논하고 있다. 모방과 창조의 차이를 이해하고 창조 과정으로서 연기를 받아들이는 것으로 시작된 내용은 '행동'의 개념과 중요성을 설명하고, 이어서 행동 요소로서 '상상력', '만약에', '주어진 상황', '집중', '진실과 믿음', '정서 기억', '적응(Adaptation)'을, 그다음은 '감정, 의지, 지식(Feeling, Will, Intellect)', '행동의 일관된 흐름'과 '내적 창조 상태(Internal creative state)', '초목표', '잠재의식' 등으로 역할의 내면적 창조 과정을 기술한다.

『성격 구축』은 『배우 수업』에서 이어지는 자신에 대한 배우의 작업

---

64 영어로 번역 출판되면서 등장인물의 이름은 복잡한 러시아식 이름 대신 쉬운 별명으로 변경되었다. 스타니슬랍스키 자신과 그가 가장 좋아했던 학생이었던 박탄코프가 모델이 된 학생 코스챠는 '선택받은 자', 교사인 토르초프는 '창조자'라는 의미를 가지고 있다(Carnicke, *Stanislavsky in Focus* 68, 76, 197). 그 밖에 인물로는 조연출로서 토르초프와 함께 교육을 진행하는 라흐마노프(Rakmanov), 학생으로는 코스챠처럼 연기에 대한 열정이 넘치는 마리아 말로렛코바(Maria Maloletkova), 토르초프와 대립하는 인물인 그리샤 고보르코프(Grisha Govorkov), 그리고 레오 푸쉬킨(Leo Pushkin), 니콜라스 움노비흐(Nicolas Umnovykh), 바냐 분쵸프(Vanya Vyuntsov), 소냐 벨리아미노바(Sonya Veliaminova), 다샤 딤코바(Dasha Dymkova) 등이 있다(스타니슬랍스키 『배우 수업』 49, 53, 55, 60, 89, 105, 106, 154, 186).

2부[65]로서 인물 묘사, 표현력 있는 몸만들기, 동작의 유연성, 절제와 통제 등에 신체적인 부분과 발성과 노래, 억양과 포즈, 말의 강세 등에 화술과 관련된 부분을 다룬다. 또한, 역할의 전망, 내·외적 템포와 리듬, 무대에서의 매력, 연극의 윤리, 전 과정의 도표화 등을 통해 이전까지의 연구를 종합하여 연기의 내·외면적 측면을 통합하는 방법을 다루고 있다. 『배우 수업』에서 『성격 구축』으로 이어지는 이 과정은 역할 창조 이전에 필요한 개념 이해와 배우 자신에 대한 훈련을 담았다고 할 수 있다.

마지막 책인 『역할 창조』는 제1부 알렉산드르 그리보예도프(Aleksandr Griboedov)의 〈지혜의 슬픔(Woe from Wit)〉, 제2부 셰익스피어의 〈오델로〉, 제3부 고골의 〈검찰관(The Government Inspector)〉이라는 3개의 모델을 제시하여 역할에 대한 배우의 작업으로서 공연을 준비하고 점검하는 내용을 담고 있다. 『역할 창조』는 희곡 분석의 방법을 중심으로 한 작품의 공연화 과정에 대한 설명일 뿐만 아니라 제1부는 1916년~1920년, 제2부는 1930년~1933년, 제3부는 1936년~1937년 사이의 작업으로서 희곡 분석의 방법이 점진적으로 변화하는 과정이다(베네데티 123).

시스템의 주요 저서 4권에 대해 다시 정리하면, 스타니슬랍스키는 『나의 예술인생』에서 자신의 '전 생애에 걸친 탐구 결과인 시스템'의 실험과 발견에 과정을 보여주며 그 전체 개요를 밝혔고(471), 이를 바탕으로 『배

---

65 스타니슬랍스키가 만든 『성격 구축』의 목차는 15번으로 시작하는데, 이것은 14번의 목차를 가진 『배우 수업』과 연결 선상에 있는 하나의 내용임을 말해준다(베네데티 120). 그러나 현재 우리나라에 출판된 『성격 구축』에서는 모두 목차가 1번부터 새롭게 시작된다. 이것은 『배우 수업』과 『성격 구축』의 출판 시차, 오역 등의 문제와 함께 우리나라의 시스템 관련 출판물이 아직 미국의 영향권 아래 있기 때문이다. 자세한 내용은 스타니슬랍스키 저술의 출판과 번역을 다룬 다음 장에서 확인할 수 있다.

우 수업』과 『성격 구축』에서는 배우로서 기본적으로 필요한 심리·신체적 준비에 대해서, 그리고 『역할 창조』에서는 공연에서 배우가 역할을 창조하는 단계까지를 논한 것이라 할 수 있다. 시스템 관련 주요 출판물과 스타니슬랍스키의 저술 계획을 바탕으로 분석한 스타니슬랍스키가 세우고자 한 시스템의 체계는 다음과 같다.

[표 1] 스타니슬랍스키의 시스템 체계 구상

저술 계획	출판 저서	내용	중심 작업	학습 방법
1	『나의 예술인생』	시스템의 탄생 과정과 필요성 이해		
2	『배우 수업』	심리적 기술	배우 자신	이해 · 훈련
	『성격 구축』	신체적 기술		
3,4	『역할 창조』	희곡 분석	역할	작업 적용
		공연의 구체화		

스타니슬랍스키의 전체 저술 계획 중 1권부터 4권까지의 순서와 저서의 내용을 통해 그가 배우의 전체 작업이자 학습 체계로서 시스템을 하나의 연결된 과정으로 구성하고자 하였음을 확인할 수 있다. 여기서 본격적인 시스템의 내용을 담고 있는 것은 『배우 수업』, 『성격 구축』, 『역할 창조』로 시스템은 기초 문법이라 할 수 있는 자신에 대한 배우의 작업과 공연 적용 방법인 역할에 대한 작업으로 나눌 수 있고, 『배우 수업』과 『성격 구축』은 각각 심리와 신체 기술에 관한 내용을, 『역할 창조』는 희곡 분석을 비롯한 공연의 구체화 과정을 담고 있다는 것 또한 확인하였다. 이와 같은 스타니슬랍스키의 시스템 체계 구상을 통해 시스템의 정체성

을 다음과 같이 정리해 볼 수 있다.

첫째, 시스템은 배우에게 필요한 전체 작업 과정이다. 작품에 임하기 전 배우로서 갖추어야 할 기본적인 바탕 마련부터 작품에서 배우의 역할 창조까지, 배우가 수행해야 하는 전반적인 과정을 다룬다. 이것은 스타니슬랍스키가 『나의 예술인생』에서 '시스템은 크게 두 부분으로 나뉘는데, 첫 번째가 자기 자신을 대상으로 한 배우의 내·외면적 작업이고, 두 번째는 역을 대상으로 하는 내·외면적인 작업'이라 밝힌 시스템 개요에서도 알 수 있다(471).

둘째, 시스템은 연기 학습 체계이다. 시스템은 스타니슬랍스키가 발견한 역할 창조의 기본 '법칙'을 이해하고, 이를 실행하는 데 필요한 기술을 '훈련'하고 '적용'하는 과정이다. 시스템 관련 주요 저서들에서 학생들이 이해와 훈련·적용을 통해 시스템을 자신의 것으로 만들었듯이 단순 이해를 넘어 체득을 목표로 하는 학습 체계인 것이다.

셋째, 시스템에서 배우의 작업과 학습은 연결된 하나의 과정이다. 스타니슬랍스키의 저술 계획을 시스템의 작업과 학습에 순서로 받아들이면, 시스템이 배우 자신에 대한 내·외면 작업 선행 후 역할 창조로 향하는 큰 틀을 순서로 하고 있음을 알 수 있다. 그러므로 부분적인 실행이 아닌 하나의 과정으로 이해하고 순차적으로 연결하여 실행해야 한다. 다만, 각 단계의 기술 훈련과 적용은 배우와 주어진 환경의 특성에 따라 변할 수도, 순서를 달리할 수도 있다.[66]

배우의 작업 과정이자 학습 체계로 만들어진 시스템은 스타니슬랍스

---

66 베네데티는 스타니슬랍스키가 기초 문법인 연기의 심리·신체적 기본 요소들에 대해서는 항상 동일하게 정의하였지만, 작업 방법은 급격하게 수정·발전했다고 한다(『스타니슬랍스키 연극론』 117).

키 본인이 경험하고 다른 배우들을 관찰한 결과 "연기는 무엇보다도 배우의 본능과 잠재의식에 바탕을 두고 있기에 직관적이다"(Stanislavski, *An Actor's Work* xxiv)라는 결론 속에서 형성된 것이다. '사유 작용을 거치지 않고 감각적 또는 직접적으로'(동아출판 2201) 파악해야 하는 연기는 그 실체에 관해 설명하기도, 다시 반복하여 실행하기도 힘든 것이었기에 만약 원하는 연기를 언제든 끌어낼 방법을 발견한다면 연기의 모호하고 변덕스러운 본질에 의존하지 않고도 매번 연기를 수행할 수 있다고 생각한다.

> 만약 새가 그에게 날아가지 않는다면, 짙은 녹색 덤불 속에서 그것을 추적할 방법이 없다. 특별한 휘파람 소리를 이용해 숲 밖으로 불러내는 것 외에는 달리 방법이 없다. 우리는 이것을 '유인'이라고 한다. (Stanislavski, *An Actor's Work* 225)

'유인' 또는 '미끼'를 통해 연기를 꾀어낼 방법, 다시 말해 연기를 위해 의식적인 수단이 필요함을 사냥꾼이 야생 새를 잡는 방법에 비유하고 있다. 이처럼 스타니슬랍스키가 일생 행한 연극적 실험의 목표는 결국 '잠재의식'으로 향할 수 있는 '의식적인 방법'을 찾는 것이었고, 유기적으로 연결된 이 작업을 바탕으로 배우는 논리와 일관성을 가진 심리·신체적 행동을 형성하여 극의 '초목표'를 향해 달려갈 수 있게 된다. 이 과정에서 배우는 '주어진 상황'을 바탕으로 역할의 '체험'과 '구현(Embodiment)'을 이뤄내야 한다. 이것이 시스템을 통한 '역할 창조'의 간단한 개요라 할 수 있다. 다음의 도표를 통해 한눈에 확인할 수 있다.

[표 2] 시스템 도표

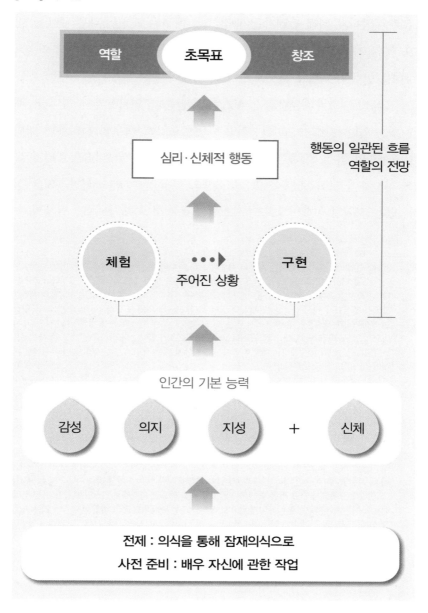

시스템은 결국, 스타니슬랍스키가 비행기 이륙에 비유했듯이 역할 창조로 비상하기 위해 달려가는 과정이다. 배우는 자신에 대한 준비를 마친 후, 유기적인 심리·신체적인 기술로 역할을 위한 내·외면적인 연극적 상태를 만들어 역할로 날아오르게 되는 것이다.[67]

그러므로 스타니슬랍스키 시스템은 단순한 연기이론이 아니라, 배우들을 위한 구체적이고 실천적인 방법론으로서 배우의 시작부터 역할 창조까지의 과정, 체계를 말한다. 이전 장들에서 스타니슬랍스키가 몸소 실천하여 보여주었듯 어느 요소만의 부분적 이해나 실천, 혹은 실천 없는 지적인 이해만으로는 시스템을 온전히 이해할 수도, 실행할 수

---

67   스타니슬랍스키는 자신에 대한 배우의 작업이 모두 마무리되는 『성격 구축』 제15장(우리나라 번역서 기준)에서 시스템의 내용을 학생들과 함께 정리하며 '역할 창조의 과정'을 체계화하고자 한다. 이 과정을 그는 여러 장의 그림으로 남겼고, 선행 연구자들도 이를 바탕으로 자신만의 시스템 도표를 완성했다. 러시아 전집 3권에 실려 있는 스타니슬랍스키의 도표와 스타니슬랍스키를 만났던 애들러에게 자료를 받은 루이스가 만든 도표, 그리고 후에 이 도표들을 발전시켜 자신만의 관점으로 만든 베네데티와 벨라 멀린(Bella Merlin)의 도표가 있다. 4명의 도표에 가장 큰 차이점은 스타니슬랍스키와 베네데티는 배우로서 자신과 역할에 대한 작업의 구분 없이 심리와 신체로 나누어 시스템의 관계도를 정리하였고, 루이스와 멀린은 이를 구분하여 정리하였다는 것이다. 또한, 모두가 '행동의 일관된 흐름'이라는 용어를 쓰는 것에 반해, 루이스는 이를 '축(Spine)'이라는 용어를 사용하여 표기하였고, 모두가 행동과 주어진 상황 위에 감성, 의지, 지성을 두었으나 신체적 행동법을 중심으로 한 멀린은 이 순서를 뒤바꿨을 뿐만 아니라 신체적 행동을 내적인 연극적 상태, 주어진 상황은 외적인 연극적 상태에만 속하는 것으로 표기하였다. 본 연구자는 시스템 역할 창조가 자신에 대한 배우의 작업이 전제되어야 하며 유기적인 심리·신체적인 과정으로 이루어진다는 것을 핵심으로 두고 도표를 완성하였다. 이에 따라 루이스와 멀린의 의견에 동의해 그 시작을 배우 자신에 관한 작업으로 하였고, 인간의 기본적인 능력인 감성, 의지, 지성은 작품을 만나기 이전에 배우에게 이미 주어진 것이므로 멀린과 같이 자신에 대한 배우의 작업 바로 다음으로 위치시켰다. 여기에 신체를 추가한 것은 내·외적 연극적 상태를 만드는 과정에서 일관된 흐름을 가진 심리·신체적 행동이 자연스럽게 나타나게 되므로 신체적 행동은 제외하고 그 바탕인 인간의 기본 요소로 신체를 표기한 것이다. 또한, 스타니슬랍스키가 강조한 심리·신체적 유기성과 그 과정의 연결성을 드러내기 위해 체험과 구현을 하나로 묶어 표기하였다. 마지막으로 희곡을 포함하고 있는 주어진 상황은 내·외적 연극적 상태에 모두 영향을 주기에 양측을 포함하는 역할 창조의 시작점이라 할 수 있는 곳에 위치시켰다. 부록으로 첨부된 선행 연구자들의 도표를 확인하면 선행 연구와 본 연구의 차이점을 더 명확히 확인할 수 있다.

도 없다. 시스템은 하나의 과정과 체계로서 이해하고 받아들여야 하며, 배우 자신이 경험하여 체득하는 것을 필수적으로 동반해야만 하는 것이다.[68]

---

68 시스템 관련 저술 분석으로 시작한 이번 장은 시스템의 체계와 시스템을 통한 역할 창조 과정과 같은 시스템 이해의 큰 줄기라 할 수 있는 부분들만을 논하였다. 이 외에 시스템의 세부 내용은 시스템과 메소드를 비교하는 IV장에서 자세히 다루기로 한다.

5. 시스템 관련 스타니슬랍스키 저술의 출판과 번역

이전 장에서 살펴본 그의 저술 계획대로 생전에 출판된 것은 『나의 예술인생』, 『배우 수업』 뿐이며 시스템에 관련된 나머지 책들은 스타니슬랍스키 사후에 그의 원고들을 후손들이 편집하여 『성격 구축』, 『역할 창조』 순으로 출판하였다. 4권의 시스템 관련 저서와 함께 스타니슬랍스키 관련 자료들을 모아 출판한 전집은 러시아에서 8권(1951년~1961년)으로 정리되었다가 9권(1988년~1999년)으로 개정 출판되었다.[69]

스타니슬랍스키의 저서는 미국에서 먼저 출판되기 시작했다.[70] 처음

---

69 처음 8권으로 정리된 전집은 1950년대 스탈린 치하의 억압적 분위기에서 나온 것으로, 스타니슬랍스키의 사상을 사회적 리얼리즘의 공식적인 교의에 부합하기 위해 이데올로기적으로 윤색되었다(베네데티 148). 후에 9권으로 다시 정리되면서 수정, 삭제되었던 많은 부분이 복원되고, 이해를 위한 보충 설명이 더해지기도 한다. 전집 1~4권은 스타니슬랍스키 시스템 관련 주요 서적이고, 5~9권은 그의 연설문, 논문, 일기, 편지 등을 모은 자료집이다(이진아 195).

70 스타니슬랍스키가 러시아보다 먼저 미국에서 출판하기로 한 것은 즉각적인 재정 마련과 국제저작권법을 통해 저작권료가 계속해서 가족에게 지급될 수 있도록 한 재정적 전략이었을 뿐만 아니라, 러시아의 검열을 피해 본인의 생각을 그대로 보존하려는 시도였다(Carnicke, *Stanislavsky in Focus* 75, 78). 이러한 결정을 하게 된 재정적 상태를 비롯한 미국 출판 당시 스타니슬랍스키가 처한 상황에 대해서는 모스크바 예술극장의 미국 순회공연에 관해 기술한 다음 장에서 자세히 다뤄질 것이다.

으로 출판된 『나의 예술인생』은 모스크바 예술극장의 미국 순회공연에 맞춰 보슈칸사카야의 구술로 번역되는 과정에서 스타니슬랍스키와 단첸코에 역사적 만남의 시간을 잘못 기술하는 등에 많은 문제점을 안은 채로 인쇄되었고, 이를 구레비치가 수정하여 1925년 러시아판으로 개정 출판하였다(나상만 93). 『배우 수업』도 마찬가지로 스타니슬랍스키는 영역판이 출간되기 전부터 이미 이 책의 내용이 시대에 뒤떨어졌다고 생각하고 일부 단락을 수정 보완하여 러시아판에 삽입하는 작업을 진행하였고(Malcolm 42), 그 결과는 1938년 그의 사망 직후에 출판된 『배우 수업』 러시아판에서 나타난다.

이후 출판물인 『성격 구축』은 그가 완성한 한두 개의 장을 제외하고는 스타니슬랍스키의 필기나 초고 형태의 것을 편집하여 완성한 것이고, 『역할 창조』는 베네데티가 "스타니슬랍스키가 집필을 시작조차 한 적이 없고, 그의 생애에서 다양한 시기에 발췌한 기사와 초안의 모음일 뿐"(*Stanislavski: An Introduction* xi)이라 할 정도로 편집자들[71]이 주도적으로 완성한 것이다. 그러므로 그의 사후에 출판된 이 두 권의 책은 출판 계획과 초안을 바탕으로 작업이 진행되었다고는 하나 얼마나 정확히 스타

---

71 스타니슬랍스키의 저술 편집을 처음 도운 사람으로는 그의 저서 일부분을 대필했다고 주장했던 코이란스키를 뽑을 수 있지만, 본격적으로 그의 글을 평가하여 방향 설정을 돕고 적극적으로 편집에 참여한 이는 영역판 전체를 편집한 미국의 엘리자베스 레이놀즈 햅굿(Elizabeth Reynolds Hapgood), 러시아판 편집자 구레비치였다. 소비에트 위원회(The Soviet Commission)가 출판을 맡은 이후에는 스타니슬랍스키가 생전 임명했던 제자 G. 크리스티(G. Cristy)가 편집자 역할을 했다(Carnicke, *Stanislavsky in Focus* 74). 1930년 12월 23, 24일 구레비치에게 "변화하고, 표시하고, 내가 쓴 모든 것을 지운다. 나는 당신에게 전권을 준다"(Stanislavsky, *Stanislavsky: a Life in Letters* 543)라 하고, 1936년 6월 7일 햅굿에게 "나는 당신의 재치, 취향, 주의, 정확함을 믿는다. 이해하기 어려운 것은 현명하게 지워버려라. 저작권에 따른 당신의 재량에 따라 필요한 모든 것을 하라"(600)라고 쓴 스타니슬랍스키의 편지들로 저서 출판에 있어서 그가 편집자들에게 책임을 일임한 채 많은 부분 의지했다는 것을 알 수 있다.

니슬랍스키의 의도가 반영된 것인지 명확한 확인이 불가능하다.

이처럼 스타니슬랍스키 시스템 관련 주요 서적들은 그의 생전 미국에서 출판이 시작된 두 권의 저서와 이를 수정 보완하여 완성한 러시아판[72], 그리고 사후에 다른 이들에 의해 만들어진 두 권의 책으로 나뉜다. 복잡한 출판 경로는 어느 나라에서 출판된 어떤 책이 스타니슬랍스키의 의도를 제대로 반영한 책이라 확신할 수도, 쉽게 저평가할 수도 없게 만든다. 시스템에 관련된 유일한 저서로 남겨진 이 책들로 우리가 할 수 있는 것은 그의 참여도에 상관없이 이 책 모두를 그가 남긴 연극적 실험에 관한 내용이자 시스템 이해의 필수 자료로 인정하고 활용할 방법을 찾는 것이다. 이를 위해서는 미로와 같은 출판의 경로로 파생된 문제들을 파악하고, 시스템 관련 연구들이 현재의 양상을 띠게 된 연유를 찾는 것이 필수적으로 수반되어야 한다.

먼저 출판이 늦어진 원인을 확인해 보자. 그의 사후에 발견된 1889년에 쓴 노트에는 연기의 '문법'이라고 쓰인 부분이 있고, 같은 해 그의 아내 릴리나가 쓴 편지에도 나와 있듯이 「연극 예술에 관한 교본−초안」이라는 이름으로 1889년 당시 이미 연기에 관한 저술을 진행 중이었으며 시스템이라는 용어를 쓰기 시작한 1909년에는 이미 2개의 초고가 나와 있었다(베네데티 83−84, 97). 또한, 앞서 그의 전체 출판 계획을 밝힌 1930년에 쓰인 편지 말미에 자신의 글에 많은 부분이 20여 년 전에 것이어서 편지를 쓰는 현재의 문법으로 이해될 수 있을지 고민하고 있다

---

72 『배우 수업』의 러시아판 출판은 스타니슬랍스키 사후에 이루어진 일이기는 하나 본인이 집필부터 수정 작업에까지 참여한 후에 책이 출판되었으므로, 편집자들에 의해 완성된 다른 사후 출판물과는 다르게 생전 출판물인 『나의 예술인생』 러시아판과 같은 과정으로 만들어졌다고 봐야 할 것이다.

(Stanislavsky, *Stanislavsky: a Life in Letters* 543). 그렇다면 이미 오래전부터 그의 집필이 시작되었고, 전체 저술의 계획이 분명했음에도 출판이 그토록 늦어지고 각 책의 출판 시차가 긴 이유는 무엇인가?

가장 큰 것은 스타니슬랍스키의 연극과 연기에 대한 자세이다. 카르니케는 그가 "인쇄물이 실험적인 태도를 독단적으로 변화시킬 것을 우려해 오랫동안 배우 예술에 관한 그 어떤 것도 출판되기를 거부해 왔다"(*Stanislavsky in Focus* 72)라고 한다. 이전 장들에서 스타니슬랍스키의 연극적 궤적에서 확인하였듯이 그는 실험을 끊임없이 진행하며 자신의 방법을 계속 수정 보완하고자 했고, 이것이 기계적인 훈련처럼 의미 없이 반복되는 체계로 남는 것을 기피 한 것이다. 다시 말해, 시스템이 출판물로 섣불리 탄생해 고정되는 것을 두려워하며 생의 마지막 순간까지 시스템을 실험하여 보완하고자 한 것이라 할 수 있다.

스타니슬랍스키의 뒤늦은 출판 작업으로 그가 생전에 출판할 수 있었던 것은 『나의 예술인생』과 『배우 수업』 뿐이며, 이후 시작된 제2차 세계 대전(1939년~1945년)과 이에 따라 심화된 러시아와 미국에 갈등은 다음 책들의 출판을 가로막게 된다. 1937년 영역자인 엘리자베스 레이놀즈 햅굿(Elizabeth Reynolds Hapgood)이 모스크바에 방문했을 때 스타니슬랍스키가 주기로 한 『성격 구축』 원고는 그가 사망하고 한참 후에 그의 아들에 의해 미국으로 보내질 수 있었고, 1949년에서야 출판이 이루어질 수 있었다(나상만 99).

결국, 스타니슬랍스키의 연극과 연기에 대한 학구적이고 실험적인 태도, 그리고 그에 사후 러시아와 미국 간의 긴장된 정치적 상황은 출판물의 탄생을 늦췄을 뿐만 아니라 출판물 간의 긴 시차도 만들게 된 것이다.

이 같은 출판 상황은 스타니슬랍스키 시스템 이해에 많은 문제를 초래한다. 미국, 러시아, 그리고 우리나라의 시스템 관련 주요 서적 출판 상황을 정리한 다음 도표를 통해 각 나라의 출판 순서와 시차뿐만 아니라 나라 간의 차이까지 확인하면서 이 문제들을 파악해 보자.

[표 3] 러시아, 미국, 한국의 시스템 관련 주요 서적 출판 상황

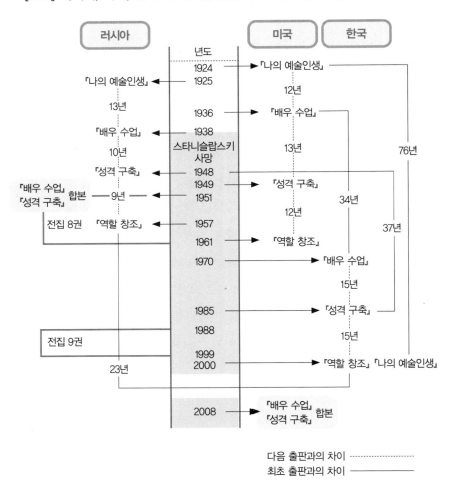

위의 표에서 확인할 수 있듯이 각 나라의 저술 출판 시차는 미국의 경우 『나의 예술인생』에서 『배우 수업』까지 12년, 여기서 『성격 창조』까지 13년, 『역할 창조』까지는 또다시 12년에 시간이 필요했으며, 러시아의 경우 『나의 예술인생』에서 『배우 수업』까지 13년, 『성격 창조』까지 10년, 『역할 창조』까지는 9년의 시차가 생긴다. 미국에서 일본을 거친 중역본을 받아들인 우리나라의 경우는 위 나라들의 출판이 처음 시작된 지 46년이 지난 1970년에 이르러서야 『배우 수업』을 만날 수 있었으며, 『성격 구축』까지가 15년, 『역할 창조』, 『나의 예술인생』까지 접하는 데는 다시 15년이란 시간이 더 필요했다. 시스템의 탄생 배경이자 서문이라 할 수 있고, 다른 나라들에서 가장 먼저 출간된 『나의 예술인생』을 76년 만에서야 시스템 주요 서적 중 가장 늦은 순서로 만나게 된 것이다.

시스템의 전체 과정이라 할 수 있는 연결된 내용의 책들이 긴 출판 시차를 갖게 되면서 시스템 이해의 큰 오류가 생성된다. 『배우 수업』만이 존재하는 기간에 시스템은 심리적 측면에만 집중한 것으로 이해되었고, 이는 다음 저술이 출판되기 전에 세계 각국으로 전해져 '스타니슬랍스키 시스템은 심리적 연기론'이라는 잘못된 인식을 심어준다. 또한, 『배우 수업』에서 이어지는 내용인 『성격 구축』을 스타니슬랍스키 사고의 전환으로 받아들여 시스템을 전기와 후기로 구분하는 결과를 가져왔다.[73] 그로 인해 전기에 집중한 심리적 측면보다는 후기에 바뀐 신체적 측면에

---

73 스타니슬랍스키의 신체적 측면에 관한 관심은 이전 장들에서 이미 밝혔듯이 시스템이 어느 정도 완성된 형태를 갖추기 이전인 예술-문학 협회 시절부터 시작된 것으로 심리적 과정을 부정하고 새로이 만들어진 것이 아니다. 물론, 그가 말년에 신체적인 부분에 집중한 것은 사실이나 이것은 심리신체적 유기성을 전제로 한 실험 과정의 일부분이다. 그러므로 그의 시스템은 단계적 변화, 즉 전기에서 후기로 바뀐 것이 아니라 계속되는 실험 속에서 강조점이 달라진 것으로 이해하는 것이 타당할 것이다.

집중하는 것이 그의 최종적 가르침이므로 신체적 측면에만 집중해야 한다는 극단으로 치닫기도 한다. 단일권(單一券) 해체 출판과 번역에 필요한 시차가 혼란과 오해를 불러일으킬 것이라는 스타니슬랍스키의 우려는 현재 상황에 예언과도 같은 것이었고, 이런 현상이 정확히 일어난 것이다 (Malcolm 42).

각 나라의 출판 시차 외에도 시스템 계승을 주도적으로 이끈 러시아와 미국의 출판물 내용의 차이도 문제라 할 수 있다. 이 장의 시작에서 이미 거론되었고, 출판 상황의 표를 통해서도 알 수 있듯이 『나의 예술인생』과 『배우 수업』은 미국에서 출판이 먼저 이루어진 뒤 러시아에서 수정 출판되면서 두 권의 책은 미국과 러시아에서 상당 부분 다른 내용으로 존재하게 된다. 여기에 사후 출판된 『성격 구축』과 『역할 창조』는 편집자들이 다른 초안을 사용하여 순서와 구성까지 다른 책으로 만들면서 그 혼란은 더 가중된다(Carnicke, *Stanislavsky in Focus* 73). 2000년 이전에는 미국, 이후에는 러시아에서 출판된 책을 수용하여 용어, 체계 등에 시스템 이해의 문제를 겪은 우리나라를 예로 혼재된 출판물이 혼란을 일으켰음을 알 수 있다.

출판물 내용이 다른 이유이자 스타니슬랍스키 시스템의 이해를 어렵게 한 가장 큰 이유로 지적되는 것은 오랜 기간 유일한 번역본으로 존재했던 햅굿 영역본의 문제라 할 것이다. 벤틀리는 시스템에 정서 기억의 기원이라 할 수 있는 리보에 대한 언급이 빠졌음을 예로 들며 "번역가가 흥미로울 정도로 많은 것의 삭제를 결정했을 때 진지한 연구는 단념되었다"(128)며 비판하고, 카르니케는 『배우 수업』 마지막 부분에 전체적인 체계가 아직 갖춰진 것이 아니라고 밝힌 5페이지 분량을 삭제함으로써 『성격 구축』 출판 이전까지 신체적 부분이 빠진 채 심리적인 부분만이 시스템 전체를 유지하도록 만들었다고 한다(*Stanislavsky in Focus* 143). 또한, 저명한 스타니슬랍스키 학자인 벨라 멀린(Bella Merlin)은 그의 저서 *Konstantin Stanislavsky* (2003)에서 스타니슬랍스키와 햅굿 사이 용어의 모순점에 대해 다음과 같이 밝힌다.

> 미국인 번역가 엘리자베스 햅굿은 그녀의 남편인 노먼과 함께, 편집장 에디스 아이작스에 의해 원고가 일부 삭제된 후에 이 원고를 상당 부분 더 편집했다. 비록 편집이 간단해 보이지만, 그중 일부는 특히 도움이 되지 않는다. […] 용어라는 또 다른 문제가 야기된다. 스타니슬랍스키는 이 시스템에 대한 그의 글이 "복음"으로 여겨지지 않게 모든 독자가 접근할 수 있는 언어를 의도적으로 선택했다. 그러나 영어 번역에서, 스타니슬랍스키의 단순한 용어인 텍스트의 "비트(Bits)"와 등장인물의 "과제(Tasks)"는 이후에 좀 더 과학적으로 들리는 "단위(Units)"와 "목표(Objective)"로 바뀌어, 다소 이질적인 어조를 만들었다. 번역에 있어서 이러한 비호환적인 예들은 스타니슬랍스키의 본래 의도가 일부 흐려졌다는 것을 보여준다. (40)

그러나 햅굿은 『역할 창조』에 실린 번역가의 노트에서 중복을 제거하고, 러시아 이외의 배우들에게 의미 없는 것을 잘라낸 것은 "스타니슬랍스키가 나에게 맡긴 임무"(Stanislavsky, *Creating a Role* xi)라며 자의적 편집과 오역에 대한 비판을 비켜나가고자 한다. 스타니슬랍스키의 주문이었다는 변명이 아니더라도 전문 작가가 아니기에 생기는 완결된 글로서의 한계, 러시아어의 특수성[74] 등도 번역에 어려움으로 고려할 수 있다. 그런데도 햅굿이 시스템 이해에 관한 혼란의 원인으로서 책임을 회피하기 힘든 것은 그의 영역본은 최근까지도 러시아 이외의 지역에서 시스템의 주요 참고 서적으로 쓰이며, 세계적 영향력을 발휘하고 있기 때문이다. 햅굿이 오랜 시간 다른 영역본을 허용하지 않으면서 대부분의 서구 나라들뿐만 아니라 미국의 상업적 영향력이 미치는 어디에서나 햅굿 번역본이 적용되고 있는 것이다(Carnicke, *Stanislavsky in Focus* 77).[75]

결국, 자의적 편집과 오역이라는 한계를 안고 있는 햅굿 영역본의 절대적 영향 아래 사후 출판이라는 한계와 한 권의 내용을 세 권[76]으로 나누어 출판하면서 생긴 긴 출판 시차, 그리고 햅굿 영역본과는 다른 내용의 러시아 출판물이 혼재되면서 빚어진 많은 혼란과 오해는 시스템의 총체적 이해를 어렵게 만들었다.

일본을 거친 햅굿 번역본과 러시아판이 모두 존재하고, 순서가 바뀐 채 긴 시차를 가지고 출판이 이루어졌던 우리나라 역시 용어 사용에 대한 혼란 이외에도 시스템 관련 연구에 관한 많은 문제가 만들어졌다. 오사량의 중역본만이 존재했던 2000년 이전까지는 다른 나라와 마찬가지로 『배우 수업』의 심리적인 측면을 시스템의 모든 것으로 생각했으며, 러

---

74 예를 들어, '감정'에 해당하는 러시아어는 '감정'과 '감각' 둘 다로 번역할 수 있는 'чувства(chuvstva)'이다. 또한, 이에 동사 형태인 'чувствовать(chuvstvovat)'는 '느낀다', '감각을 가진다', '인식한다', '이해한다' 등의 다양한 의미로 쓰일 수 있다. 그러나 이를 모두 아우를 수 있는 영어단어는 존재하지 않는다. 카르니케는 'чувство'에 내포된 신체적, 감성적 연관성은 항상 영역에서 길을 잃는다고 한다(*Stanislavsky in Focus* 133, 139).

75 햅굿의 오역이 확인된 이후에도 저작권법은 오랜 기간 새로운 영역본이 등장하지 못하도록 막았고, 거의 75년 동안이나 햅굿의 번역이 유일한 영역본으로 존재한다(Malcolm 42-43).

76 전체 저술 계획에 나왔듯이 『나의 예술인생』을 '자신에 대한 배우의 작업' 서문으로 생각하면 합본하고자 했던 두 권을 포함해 총 세 권의 내용을 하나라 볼 수 있다.

시아 유학파들이 대거 등장한 2000년 이후부터는 반대급부로 에쮸드를 중심으로 신체적인 실천에 집중한다. 그 결과 우리나라의 시스템 연구는 현재까지도 시스템의 전기와 후기, 심리와 신체, 스타니슬랍스키와 이외의 다른 연기론 등으로 나누어 그의 시스템을 이분법적으로 단순 비교하거나 번역본 유입과 함께 일어난 유행에 따라 부분적인 훈련이나 한정된 시스템의 요소와 적용사례 등에 집중하는 연구 양상을 띠게 된다.[77] 부분별로 비대해진 불균형적 연구라는 우리나라 시스템 이해의 한계는 현재도 시스템 연구와 적용에 큰 영향을 미치고 있다. 이러한 한계를 극복하는 것이 필자가 메소드까지를 통합하여 시스템의 지형학을 연구하는 큰 이유 중 하나이다.

---

[77] 이에 대한 자료로서 우리나라의 스타니슬랍스키 관련 출판과 국내연구 현황에 관한 표(아메리칸 액팅 메소드 포함)를 부록으로 첨부하였다.

콘스탄틴 스타니슬랍스키와 네미로비치 단첸코

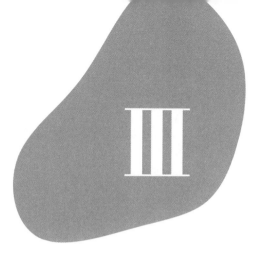

III

아메리칸 액팅 메소드의 이론적 고찰

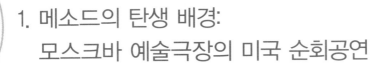

1. 메소드의 탄생 배경:
모스크바 예술극장의 미국 순회공연

연기 교사의 전형으로 자리 잡은 스타니슬랍스키의 미국에서 영향력은 분야를 막론하고 현재까지도 막대하다. 이를 증명하듯 스타니슬랍스키와 시스템, 그리고 미국적 계승이라 할 수 있는 아메리칸 액팅 메소드에 관련된 패러디(Parody)들이 연극과 영상 작품들에 자주 등장한다. 브로드웨이 뮤지컬 〈코러스 라인(A Chorus Line: ASCAP & BMI, 1975)〉에서 오디션 출연자 중 한 명이 감각 기억(Sense memory) 적용에 실패해 좌절하고, 영화 〈별난 행운(Outrageous Fortune: Touchstone Pictures, 1987)〉에서는 연기 학원을 배경으로 스타니슬랍스키와 비슷한 이름의 연기 교사가 등장하며, 영화 〈매춘부(Tootsie: Columbia Pictures, 1982)〉에서 실제 메소드 배우인 더스틴 호프만(Dustin Hoffman)이 메소드를 부적절하게 적용하여 해고되는 배우를 연기한다. 심지어 미래가 배경인 TV 시리즈 〈스타 트렉-다음 세대(Star Trek-The Next Generation: Paramount, 1991)〉에서는 인공지능 캐릭터가 인간의 감정을 이해하기 위해 메소드를 연구한다.[78] 대중적 작품들의 이 같은 시도는 미국에서 스타니슬랍스키의 연기 이론이 일반화되었음을 보여주는 예이다(Carnicke, *Stanislavsky in Focus* 3-4). 이는 다시, 미국은 스타니슬랍스키 시스템을 '아메리칸 액팅 메소드'로 변형하고 발전시켜 자신들의 것으로 온전히 흡수한 것이라 할 수 있다.

아메리칸 액팅 메소드 등장 이전까지 미국에서 연극, 또는 연기에 관한 그들만의 문화나 전통이라 할 만한 것은 존재하지 않았다. 그들의 고전적 전통은 기껏해야 유럽에서 받아들인 문화로 구성된 것을 말할 뿐이었다(아론슨 36). 유럽 전통으로부터 이식된 멜로드라마(Melodrama)를 대표주자로 내세운 19세기 미국 연극은 1896년 신디케이트(The Syndicate)[79]라는 연극 비즈니스 시스템을 도입하게 되면서 스타[80] 시스템에 의존한 상업적 사업으로 자리 잡는다.[81] 예술로서 연극을 발전시키고

---

78 영화 <매춘부>의 연출 시드니 폴락(Sydney Pollack)은 미국의 대표적 스타니슬랍스키 시스템 계승자 중 한 명인 마이즈너의 학생이었다(Carnicke, *Stanislavsky in Focus* 183).

79 신디케이트는 극장과 순회극단 사이의 무질서를 바로잡고 비효율성을 개선한다는 목적으로 아브라함 얼랑거(Abraham Erlanger)를 중심으로 극단과 극장 관계를 조율하던 어드밴스 맨(Advance man) 6명이 조직한 연극 비즈니스 시스템이다. 뉴욕(New York)을 포함한 전국 33개의 극장을 시작으로 인구 5,000명 이상의 도시마다 한군데 이상의 일급 극장을 총괄했다(김미혜 42-43). 신디케이트는 극장 경영인들과 독점 거래를 조건으로 시즌 내내 일정 수준 이상의 공연을 공급하는 계약을 했고, 이를 거부한 극장에 대해서는 경쟁 극장의 공연을 할인가에 제공하는 등의 책략으로 파산시킨다. 비협조적인 배우들에 대해서도 그들이 출연한 공연을 자신들의 순회공연 목록에서 배제하여 도태되게 한다. 1900년에 이르러 신디케이트가 실질적으로 연극계 전체를 통제하게 되면서 흥행성 있는 작품과 관객을 모을 수 있는 스타 위주의 공연이 주류를 이루게 된다(브로켓 『연극의 역사 Ⅱ』 127).

80 당시 대표적인 스타 배우로는 존 베리모어(John Barrymore), 카트린 코넬(Katherine Cornell), 헬렌 헤이즈(Helen Hayes), 알프레도 런트(Alfred Lunt) 등이 있다(Brestoff 77).

81 19세기 미국 공연계는 멜로드라마와 함께 오페레타(Operetta), 그리고 버라이어티 쇼(Variety show)로 통칭 되는 민스트럴 쇼(Minstrel show), 보드빌(Vaudeville), 벌레스크 쇼(Burlesque show), 엑스트라바간자(Extravaganza), 레뷰(Revue) 등이 어우러진 채 상업적으로 경쟁하였다. 후에 현대 뮤지컬(Musical) 형성에 영향을 끼친 버라이어티 쇼 공연들은 20세기 유성영화의 등장으로 사양길에 접어들 때까지 점점 더 자극적이고 퇴폐적인 방향으로 흘러갔다(김미혜 33-39).

자 하는 유럽의 발전된 공연 교육을 받고 온 젊은 연극인들이 있었으나, 그들의 이상을 실현할 수 있는 극단이나 훈련 시스템은 존재할 수 없었다. 또한, 20세기에 들어서면서 스포츠와 영화라는 새로운 경쟁자의 등장으로 연극은 존재 자체를 위협받는다. 특히 영화는 1905년 최초의 영화관이 생긴 이래로 1909년에는 영화관이 8,000개로 늘어났으며, 1914년에는 3,300개의 좌석을 가진 대형상영관이 생겼다. 스펙터클한 화면과 낮은 입장료로 관객들은 점점 연극에서 영화로 이동해 갔다(브로켓『연극의 역사 Ⅱ』131). 이제까지 오락을 목적으로 상업적으로만 살아남고자 했던 연극은 새로운 경쟁자들을 만나면서 오락성을 넘어선 예술로서 존재 가치를 증명하기 위해 새로운 돌파구를 마련해야만 했다.

이러한 위기의식 속에 1912년 상업적 연극에 반기를 드는 '소극장 운동'이 시작된다.[82] 그 대표적인 극단은 토이 시어터(Toy Theatre), 시카고 리틀 시어터(Chicago Little Theatre), 프로빈스타운 플레이어즈(Provincetown Players), 네이버후드 플레이하우스(Neighborhood Playhouse),[83] 워싱턴 스퀘어 플레이어즈(Washington Square Players), 디트로이트 아츠 앤 크래프츠 시어터(Detroit Arts and Crafts Theatre) 등이다. 이들은 기존의 상업극

---

82 상업적 연극에 반대한 다른 움직임으로는 에바 르 갈리엔(Eva Le Gallienne)의 시빅 레퍼토리 시어터(Civic Repertory Theatre)가 있다. 이들은 고전극을 공연하여 젊은 배우들을 교육했다 (Brestoff 78).

83 마이즈너가 정착해 아메리칸 액팅 메소드를 가르친 것으로 유명한 이곳은 현재까지도 영향력 있는 연기교육 기관으로 유지되고 있다. 1912년 아마추어 극단으로 알리스 루이슨(Alice Lewisohn) 과 이렌느 루이슨(Irene Lewisohn)이 창단한 네이버후드 플레이하우스는 첫 공연이 러시아 혁명 운동을 다룬 작품이었을 정도로 역사 내내 러시아 문화와 예술가들의 영향을 받았다. 1915년 벤 아미(Ben-Ami)의 주도 아래 이디시(Yiddish) 극단과 함께 단막극을 진행했으며, 1916년에 러시아어와 춤이 포함된 발레 페트로우치카(The Ballet Petrouchka)를 공연한다. 안톤 체홉의 작품을 미국 최초로 선보였고, 1923년에는 볼레슬랍스키와 작업을 시도하기도 한다(Robinson 177-178).

과는 다른 새로운 방식의 연극으로 새로운 관객들을 맞이한다는 목표 아래 연출을 제외한 나머지 구성원들을 아마추어로 채웠다. 1917년까지 50개 이상 설립된 소극장들의 가장 큰 공헌은 실험적인 무대 및 연출과 함께 유진 오닐(Eugene O'Neill) 같은 신진작가의 희곡을 선보여 관객이 앞으로 새로운 형태의 극을 받아들일 수 있도록 준비시킨 것이라 하겠다 (브로켓『연극의 역사 Ⅱ』226).

소극장 운동은 무대와 연출, 희곡 등의 형식이나 내용 면에서는 어느 정도 성과로 좋은 평가를 받았지만, 연기에 대해서는 비판이 뒤따랐다. 비평가들은 배우들을 아마추어로 구성한 소극장 공연만의 문제가 아닌 기존 상업극을 포함한 연극계 전체의 고질적인 문제로 보았다. 이를 개선하기 위해 1910년대와 1920년대 수많은 기사는 레퍼토리 극장, 상설 극단, 배우훈련의 필요성을 주장했다(Robinson 68).

미국이 소극장 운동을 맞이한 상황은 스타니슬랍스키가 19세기 말 단순한 오락적 볼거리로 전락한 연극계의 현실로 인해 새로운 연극을 모색하며 모스크바 예술극장을 설립하게 된 상황과 유사하다. 다시 말해, 미국 연극의 1900년대 초는 상업적 연극에 염증을 느끼고 문제점을 인식하며 새로운 연극적 이상이 꿈틀대던 태동기라 할 수 있다. 그리고 스타니슬랍스키가 마이닝겐 극단을 만났듯 미국 연극계는 모스크바 예술극장을 만난다.[84] 모스크바 예술극장의 미국 순회공연은 새로운 연극으로

84　모스크바 예술극장 이외에도 비슷한 시기에 미국을 방문한 러시아 극단들이 있다. 1922년~1931 년 사이에 차우브-소리스(The Chauve-Souris), 1925년 모스크바 예술극장 뮤직 스튜디오 (Moscow Art Theatre Music Studio), 1926년~1927년에는 하비마 극장(Habima Theatre) 이 공연한다. 차우브-소리스의 상징적인 무대, 모스크바 예술극장 음악 스튜디오와 하비마 극장 의 표현주의적이고 구성주의적인 무대, 양식화된 움직임은 미국 예술가들에게 큰 인상을 남겼다 (Robinson 166).

변혁하기 위해 이들에게 필요했던 자극제, 또는 촉발제가 된 것이다.

미국은 이미 모스크바 예술극장 이전에 러시아 예술을 경험하고 있었다. 일찍이 작곡가 세르게이 라흐마니노프(Sergei Rachmaninoff), 오페라 가수 표도르 샬리아핀(Feodor Chaliapin), 화가 겸 무대 디자이너 니콜라스 레리히(Nicholas Roerich), 이디시(Yiddish) 극장의 벤 아미(Ben-Ami)가 활동 중이었으며, 1905년 알라 나지모바(Alla Nazimova)는 3년간 헨릭 입센(Henrik Ibsen)의 모든 작품에 여주인공으로 할리우드에서 계약했다(Carnicke, *Stanislavsky in Focus* 16 재인용)

또한, 발레 뤼스(The Ballet Russes)를 통해 러시아 발레 공연과 소극장 운동의 일부인 워싱턴 스퀘어 플레이어즈, 시어터 길드(Theatre Guild), 네이버후드 플레이하우스의 공연으로 러시아 극 작품을 경험할 수 있었으며(Carnicke, *Stanislavsky in Focus* 16), 니콜라이 발리예프(Nikolai Balieff)의 차우브-소리스 레뷰 공연이 상업적 성공을 거두기도 한다(Gordon, *Stanislavsky in America* ix).[85]

스타니슬랍스키와 모스크바 예술극장에 대한 명성도 유럽을 통해 이미 미국에 닿아있었다. 크레이그가 자신이 발행하는 잡지 *Mask* 1909년 1

---

85 이 극단은 스타니슬랍스키와 깊은 관련이 있다. 예술-문학 협회 시절 극장의 여러 가지 행사 마지막에 행해지던 짧막한 만담이나 소극으로 시작하여 모스크바 예술극장에서 가난한 배우들을 지원하기 위해 1910년 처음으로 유료로 공연되었다(스타니슬라프스키 『나의 예술인생』 417). 스타니슬랍스키는 이 공연에 대해 "러시아에서는 완전히 새로운 방식의 연극적인 소희극, 캐리커처, 사튀르, 그로테스크였다. 발리예프와 천재적인 따라소프가 그 일을 해 냈다"(422)고 한다. 이 공연에 참여한 배우들이 박쥐 극장이라는 이름으로 독립하였고, 1920년 파리(Paris)에서 박쥐의 프랑스어인 차우브-소리스로 이름을 바꾸고 재정비하여 그들만의 레퍼토리를 형성했다(Carnicke, *Stanislavsky in Focus* 125-126). 이 공연을 기획한 모리스 게스트(Morris Gest)는 모스크바 예술극장 미국 공연의 기획자이기도 하다. 게스트는 이 공연의 성공을 예로 들며 모스크바 예술극장을 설득하여 미국 공연을 진행하게 된다(Gordon, *Stanislavsky in America* ix).

월 판에 "The Theatre in Germany, Holland, Russia, and England"라는 제목의 모스크바 예술극장에 관한 기사를 쓰고, 그 기사가 다시 그의 책 *On the Art of the Theatre* (1912)로 출판되면서 모스크바 예술극장에 대한 관심을 미국인들에게 처음으로 불러일으켰으며, 이후 미국 연극 예술가와 학자들이 모스크바 예술극장을 보는 방식에 영향을 미쳤다(Robinson 73). 크레이그가 러시아에 머물며 쓴 이 글은 자신이 모스크바 예술극장의 공연을 보고 스타니슬랍스키를 비롯한 배우들을 만나면서 몸소 느낀 바를 기술하고 있다. 그는 속물적인 영국 배우들과의 비교를 통해 배우들에 끊임없는 노력, 인간 내면에 대한 표현, 앙상블 연기 등을 칭찬하며 모스크바 예술극장의 연극에 대한 진지함과 이들만의 예술적 색채에 대해 높이 평가한다. 특히, 스타니슬랍스키에 대해서는 상업주의에 물들지 않는 극장을 성공적으로 이끈 공헌을 인정하고, 그가 본 실제 공연 예를 들며 지적인 연구 자세와 연극적이지 않고 우아한 그의 연기를 칭찬한다(크레이그 166-172). 혁명 직전에 러시아를 방문해 체홉의 〈세 자매〉 공연을 본 아서 룰(Arthur Ruhl) 역시 모스크바 예술극장의 공연에 대한 긍정적인 인상을 전한다.

> [...] 공연의 첫 번째 대사를 듣는 동안 나는 내가 극장에서 본 것 중 가장 생생한 인상을 받았다. 그것은 러시아의 삶에 들어가는 것뿐만 아니라, 작품 속 등장인물들의 삶에 영향력 속으로 뛰어드는 것 같은 놀라운 경험이었다. [...] 모든 것이 한 번에 느껴졌다. 여긴 러시아고, 이것은 현실이다. (159)

이 외에도 영국 비평가들은 '가짜와 인공적인 것에 대한 천부적인 증오, 그리고 진실에 대한 절대적인 숭배로 인해 단번에 관객들에게 인상을 줄 수 있는 천재'로 스타니슬랍스키를 표현하고(Brinton 618-619), 모스크바 예술극장이 '일상적인 사건과 대화의 연속 속에서 정밀한 세부 묘사'를 이뤄낸 것을 극찬하기도 한다(Fyfe 157).[86] 이 밖에도 크레이그를 비롯한 던컨, 앙투안, 자크 코포(Jacques Copeau) 등의 유명 예술인들과 협업[87]에 대한 소문, 그리고 기획자 모리스 게스트(Morris Gest)[88]가 공연 몇 달 전부터 포스터와 신문 광고 등에 공격적인 홍보 활동을 펼치면서 모스크바 예술극장에 대한 미국인들의 관심은 점점 높아져(Carnicke, *Stanislavsky in Focus* 17), 브로드웨이 역사상 가장 큰 사전 판매를 기록하게 된다(Gordon, *Stanislavsky in America* ix).

마침내 1923년 1월 8일 뉴욕(New York) 알 졸슨 극장(Al Jolson Theatre)에서 모스크바 예술극장의 미국 순회공연, 톨스토이의 〈황제 표도르〉에 막이 올라간다(Brestoff 78).[89] 1906년과 직전에 이루어진 유럽

---

86 이 밖에 더 자세한 스타니슬랍스키 관련 기사에 관해서는 로빈슨의 *Beyond Stanislavsky: The Influence of Russian Modernism on the American Theatre* (Ohio State University, 2001) 72-79 페이지 참조.

87 러시아에서 혁명 이전인 1912년 크레이그와 <햄릿> 작업을 함께 했으며, 던컨과도 관계를 유지해 왔다. 앙투안과 코포, 던컨과는 미국 순회공연 직전 파리 공연 중 만남의 시간을 가지기도 한다. 특히 코포와는 협업에 대해 자세한 대화를 나눴다(Benedetti, *Stanislavski: His Life and Art* 279, 282).

88 1881년 러시아에 일부였던 리투아니아 빌나(Lithuania Vilna)에서 태어나 12세에 미국에 정착한 홍보 기획자다(Robinson 108). 게스트의 홍보에 대해 카르니케는 과도한 방식이라 지적하고(*Stanislavsky in Focus* 17), 베네데티는 홍보 실수와 공연의 질보다는 재정적인 면에만 집착하는 그의 모습에 대해 기록한다(*Stanislavski: His Life and Art* 283-287). 그러나 발레리 J. 로빈슨(Valleri J. Robinson)은 게스트가 러시아 예술을 탈정치화하여 미국 관객들이 공연을 받아들일 수 있게 하였다며 공연 후원자 오토 H. 칸(Otto H. Kahn)과 함께 높이 평가한다(136). 이러한 공을 인정받아 게스트와 칸은 1927년 모스크바 예술극장의 명예 회원으로 임명되었다(81).

89 미국 순회공연의 원래 일정은 베를린 공연 후 1922년 11월에 바로 진행되는 것이었으나 변경된 미국 공연 일정에 따라 프라하(Prague), 빈(Vienna), 자그레브(Zagreb), 파리에서의 공연을 거쳐

순회공연은 러시아어를 구사하는 많은 사람과 예술에 호의적인 언론들이 포진된 속에서 이루어진 공연이었지만, 이 두 가지 요건을 갖추지 않은 미국에서 공연은 모스크바 예술극장으로서는 커다란 모험이었다 (Gordon, *Stanislavsky in America* ix). 그러나 관객들의 반응은 첫 공연부터 뜨거웠고, 스타니슬랍스키는 이러한 미국인들의 엄청난 호응에 대해 아내 릴리나에게 편지로 전한다.

> 모스크바나 다른 어떤 도시에서도 이렇게 성공한 적은 단 한 번도 없었다. 주변에서 이것은 성공이 아니라 '계시'라 한다. (*Stanislavsky: a Life in Letters* 409)

1923년 1월에 시작된 공연은 1924년까지 연장에 연장을 거듭하며 총 380회나 이루어졌으며, 캘빈 쿨리지(Calvin Coolidge) 대통령이 백악관에 초대했을 정도로 미국 전역에서 큰 관심을 끌었다(Gordon, *Stanislavsky in America* x-xi). 이에 대해 발레리 J. 로빈슨(Valleri J. Robinson)은 모스크바 예술극장의 순회공연은 전문가와 아마추어, 학자와 예술가, 현실주의자와 반현실주의자로 나눌 것 없이 거의 모든 층의 미국 연극계 사람들에게 압도적인 열정을 불러일으키는 충격이 되었으며, 이후 모스크바 예술극장과 스타니슬랍스키는 미국 연극 예술가들과 학자들의 어휘에서 뚜렷한 참조 지점이 되었다고 한다(69).

뉴욕에서 시작되었다. 뉴욕 공연은 3월 31일 체홉의 <세 자매>를 끝으로 막을 내린다(Benedetti, *Stanislavski: His Life and Art* 278-287). 이후 시카고(Chicago), 필라델피아(Philadelphia), 보스턴(Boston)에서 공연이 진행되었고, 1923년 11월부터 1924년 5월까지 추가로 7개 도시에서 공연되었다(Robinson 68-9).

특히, 이전까지 본 적 없는 역할의 크고 작음에 상관없이 이루어지는 배우들의 깊고 섬세한 감정 연기는 모두를 놀라게 했다(Brestoff 78). 배우들의 등장인물 묘사, 사실적인 일상의 표현, 그리고 앙상블 등의 연기에 대한 찬사들이 쏟아졌다(Carnicke, *Stanislavsky in Focus* 18). 에드먼드 윌슨(Edmund Wilson)은 모스크바 예술극장의 연기에 대해 다음과 같이 평한다.

> 가족들이 하는 일을 바라보면서도, 동시에 그들은 우리가 현실적 극장에서 익숙하지 않은 미학적 가치들을 끌어낸다. 즉, 분위기, 아이디어, 사람, 순간이 포착되어 강조 없이, 우리가 연극으로 인식하는 어떤 것도 없이, 그러나 최고 예술의 광채로 우리 앞에 놓인다. (319)

사실 최고의 예술이라 찬사받은 모스크바 예술극장의 미국 순회공연은 정치, 경제적 사정으로 약 이십 년 전에 진행된 유럽 순회공연 레퍼토리를 거의 그대로 진행한 것이기에 무대장치나 효과 등 여러 가지 면에서 시대에 뒤떨어진 것이었다. 톨스토이의 〈황제 표도르〉, 고리끼의 〈밑바닥에서(Lower Depths)〉, 체홉의 〈세 자매〉, 〈바냐 아저씨〉, 〈벚꽃 동산〉, 뚜르게네프의 〈시골 처녀(peasant woman)〉 등으로 구성된 공연의 레퍼토리 대부분이 러시아 제1차 혁명 전에 진행된 공연들이다(Benedetti, *Stanislavski: His Life and Art* 275).[90] 이미 러시아에서 다른 장르의 여러 공

---

90 뚜르게네프의 <시골 처녀>만이 제1차 혁명 후 1909년 진행된 공연이다. 그러나 이 공연도 미국 순회공연이 진행되기 14년 전의 것이며, 연장 공연에서 도스토옙스키의 소설을 각색한 <카라마조프 형제들(The Brothers Karamazov)>과 입센의 <쉬토크만 박사>를 추가하지만, 이 역시 시대에 뒤떨어진 것은 다른 공연들과 마찬가지라 할 것이다.

연이 진행되었으나, 이 공연들이 선택된 것은 당시 정부가 사실적인 경향의 작품들을 지지했기 때문이다(Carnicke, *Stanislavsky in Focus* 32). 또한, 어려운 경제적 상황으로 인해 대부분에 무대와 의상은 첫 해외 순회 공연의 것을 그대로 가져와 파손된 부분을 현지에서 복구하는 방식으로 사용할 수밖에 없었다. '초기 오페라 방식'이라던가 '브로드웨이보다 낮은 수준의 무대'라는 평가는 이에 따른 결과일 것이다(Hammond 231, Corbin 233).

그러나 상업극에 지쳐있던 미국인들에게 화려한 장치나 효과가 배제된 공연은 극에 더욱 집중하게 만드는 효과를 가져왔다. 무대와 관련된 소수의 비평이 가려질 정도로 평론가 대부분이 유명인의 이름 없이 너덜너덜한 배경과 가구 앞에서 완벽한 연기를 펼쳐 보인 이들에게 찬사를 보냈다(Gordon, *Stanislavsky in America* 126). 여기에 미국인들이 알아들을 수 없는 러시아어도 긍정적으로 작용한다. 퍼시 헤먼드(Percy Hammond)는 '러시아를 소문으로만 아는 우리에게는 매혹적인 캐주얼 영화'라고 하며 관객들이 무성영화를 감상하듯 언어적 소통을 초월해 이해했다고 한다(231). 시대에 뒤떨어진 무대, 언어 소통의 불능이 오히려 관객들을 오롯이 극과 연기에 집중할 수 있게 만든 이 아이러니한 현상은 미국인들의 연극 예술에 대한 갈증이 만들어 낸 결과라는 것을 아메리칸 액팅 메소드의 주요 인물인 스트라스버그[91]의 말에서 확인할 수 있다.

---

91 스트라스버그는 1923년 1월 알 존슨 극장의 위쪽 발코니 자리에서 모스크바 예술극장의 공연을 관람하면서 벼락을 맞은 듯했다고 한다. 줄거리를 이어가기 위한 신호, 으스댐, 고함이 없이도 믿음직하게 역할을 소화하는 배우들로 이루어진 완벽한 연극적 현실을 연출한 극단을 보았기 때문이다(Gordon, *Stanislavsky in America* 126).

모스크바 예술극장의 첫 번째 방문은 우리 삶에서 개인적으로 깊은 의미를 지닌 사건일 뿐만 아니라 우리 극장에서도 매우 중요한 사건이었다. 그것은 미국 극장이 그 목소리를 내기 시작했을 때 찾아왔다. [...] 그러므로 단순히 우리는 감상하거나 즐기는 것이 아니었다... 나는 우리가 모두 특별한 유대감을 느끼고 있다고 확신한다. (Carnicke, *Stanislavsky in Focus* 21 재인용)

특히, 그중에서도 배우들의 관심이 가장 뜨거웠다. 전문 배우들을 위해 진행된 특별 공연에서 유명 배우인 존 배리모어(John Barrymore)는 생에 가장 위대한 연극을 경험했다고 하고, 데이비드 벨라스코(David Belasco)는 모스크바 예술극장을 데려와 준 게스트에게 감사를 표한다 (Benedetti, *Stanislavski: His Life and Art* 285). 이렇듯 배우들의 관심이 고조된 상황에서 미국 순회공연의 조감독으로 합류한 스타니슬랍스키의 제자 볼레슬랍스키가 시스템에 관한 강의를 열었고, 이 내용은 다시 "The First Six Lesson in Acting"이라는 제목의 기사로 *Theatre Arts Magazine* (1923)에 게재된다.[92] 미국의 배우들은 모스크바 예술극장의 공연을 통해

---

92 볼레슬랍스키는 스타니슬랍스키의 초청으로 순회공연 기간에 조연출 겸 배우로 참여한다. 그는 조연출로서 군중 장면 리허설을 진행하고 오래된 무대를 새 극장에 맞게 변형시켰으며, 배우로서는 아픈 배우들을 대신해 무대에 서고 스타니슬랍스키와 고리끼의 <밑바닥에서> 사틴(Satin) 역을 번갈아 했다(Roberts 107). 그가 모스크바 예술극장의 미국순회 공연을 도우며 진행한 강의와 기사는 모리스에 의해 기획된 홍보의 일환으로 이 강의는 극장 공연이 올라간 지 열흘 만인 1923년 1월 18일 프린세스 극장(Princess Theatre)에서 시작해 총 10번 진행되었다(Carnicke, *Stanislavsky in Focus* 36). 강의 중 볼레슬랍스키는 브로드웨이에서 일하는 10명의 전문 배우를 대상으로 스타니슬랍스키가 지도하여 러시아 고전극을 훈련 시킬 것이라 선언했지만 실행되지는 못했다(Gordon, *Stanislavsky in America* 20). 외국으로 나간 배우들이나 극장 산하 단체들이 극장의 이름을 도용하는 것을 금지했던 모스크바 예술극장의 원칙을 생각한다면, 볼레슬랍스키의 강의를 허락한 것은 예외적인 일이라 할 수 있다(살로비에바 295). 이 일을 계기로 볼레슬랍스키는 미국에서 스타니슬랍스키의 대변자로 자리매김한다(Carnicke, *Stanislavsky in Focus* 36).

훈련된 배우들을 보게 되었고, 볼레슬랍스키의 강의와 기사를 통해 이 훈련의 정체를 알게 된 것이다. 이들에게 이제 남은 것은 배우훈련의 필요성을 자각하고 몸소 실행에 옮기는 것이다.

> 모스크바 예술극장의 방문은 극장의 가장 본질적인 부분에 대한 교훈으로서 흔치 않은 의미가 있으며, 그것은 우리에게 예리하게 개인화된 캐릭터, 배우 각각의 묘사의 기교, 배우들의 숙련도와 성실하고 지속적인 정신적인 노력, 그리고 모든 다양한 배우들을 하나의 유기적인 앙상블로 결합하는 법을 보여준다. 이것 못지않게 미국이 얻은 중요한 교훈은 이 연극-기계가 생성된 방식에 있다. 우리는 매우 자세하고 자연스러운 연기를 따라 하고 싶지 않을 수 있지만, 그들의 스타일이 무엇이든 간에 우리의 배우들을 훈련 시키고 발전시키는 방법을 배워야 한다. 그게 아니라면 차라리 연극을 관두는 것이 나은 일이다. (MacGowan 90)

이렇듯 강렬한 평단의 반응과 함께 전문 연극인, 그중에서도 배우들에게 가장 큰 호응을 얻었던 모스크바 예술극장의 순회공연이 미국 연극계에 준 영향은 크게 두 가지로 정리할 수 있다.

첫째, 이전까지 주류를 이루던 상업주의 연극에서 벗어나는 전환기를 마련한다. 모스크바 예술극장이 보여준 연극에 대한 진지함은 이들의 연극적 도덕성을 일깨웠고, 역할의 크기에 상관없이 모두가 조화를 이룬 앙상블 연기는 스타 시스템에만 의존하는 기존 연극 제작 현실을 반성하게 한 것이다. 이러한 미국 연극계의 자성은 이미 시작된 소극장 운동과 함께 새로운 연극의 방향을 모색하게 한 것이라 하겠다.

둘째, 체계적 배우훈련에 관한 관심을 촉발했다. 이전에 본 적 없었던 섬세한 앙상블 연기는 배우 지망생과 기존 배우 모두에게 스타니슬랍스키 연기교육 체계에 관한 관심을 불러일으켰고, 비평가들의 배우훈련에 대한 촉구와 볼레슬랍스키의 강연과 기사는 그들의 관심을 교육 실현 욕구로 발전시킨다. 이전까지 체계적인 배우 교육이 존재하지 않았던 미국에서 공연 직후 볼레슬랍스키가 세운 '미국 실험극장'이 본격적으로 배우들을 교육하기 시작할 수 있었던 것은 배우훈련에 대한 미국 연극계의 관심이 만들어 낸 결과라 할 것이다.

이 두 줄기의 영향은 자신들만의 연극과 연기에 관한 문화, 즉 아메리칸 액팅 메소드를 형성하게 된 배경이라 할 수 있다. 유럽에 이끌려 가던 문화적 토대 속에 상업적으로만 기형적으로 발전하던 기존 연극에 대한 자성과 배우훈련에 대한 관심은 예술로서 연극을 발전시킬 수 있는 진지한 태도를 만들었으며, 단순히 스타니슬랍스키 시스템을 그대로 받아들이는 것을 넘어 변형·발전시켜 자신들만의, 자신들의 이름을 딴 '아메리칸 액팅 메소드'를 탄생시킨다. 이후 여러 작품의 명성과 함께 미국의 브로드웨이와 할리우드는 연극과 영화, 그리고 연기의 중심지로 부상했으며 메소드는 현대 연기의 일반적 문법으로 세계에 자리 잡는다.

그러나 미국 연극에 반향 지점이 된 모스크바 예술극장 순회공연의 목적은 그 영향력에 비해 너무도 초라한 것이었다. 예술적 목표가 아닌 혁명 이후 부르주아 극장이라는 비판적 시선으로부터의 회피이자, 재정적으로 궁지에 몰린 극장의 전략 사업이었기 때문이다. 모든 극장을 국유화한 볼셰비키(Bolsheviki) 정부의 영향 아래 많은 예술가는 혁명 이전의 형식과 제도를 버리기를 요구하며, 스타니슬랍스키와 모스크바 예술극장을 주요 공격 대상으로 삼았다. 그들은 부유한 상인 집안의 스타니슬랍스키는 최악의 자본주의(Capitalism) 표본이며(Carnicke, *Stanislavsky in Focus* 31), 그가 만든 부르주아 깃발을 높이 든 모스크바 예술극장은 혁명의 날 자연사한 것이라 한다(Benedetti, *Stanislavski: His Life and Art* 249 재인용).[93] 스타니슬랍스키는 첫 혁명을 피해 1906년 첫 해외 순회공연 길에 올랐던 것처럼 예술을 위한 새로운 전망이 필요하다는 핑계로 다시 한번 해외 순회공연을 택한 것이다(스타니슬라프스키 『나의 예술인생』 457).[94]

재정적으로도 1917년부터 1922년 사이의 유일한 신작은 조지 고든 바이런(George Gordon Byron)의 〈카인(Cain)〉 단 한 편뿐이었으며, 이마저도 자금 부족으로 세트 디자인을 최소화해야 했을 정도로 어려운 형편이었다(스타니슬라프스키 『나의 예술인생』 438-441). 레닌의 신경제 정책(NEP) 도입 이후 국가 보조금이 철회되면서 관객 수입 6억 루블(Ruble)이 극장 수입의 전부인 상황에서 스튜디오까지를 포함하여 운영에 총 15억 루블이 필요했던 모스크바 예술극장은 단첸코가 모스크바에 남아 극장을 유지하고, 스타니슬랍스키가 단장이 되어 순회공연

---

93 이러한 사회적 분위기에 대해 스타니슬랍스키는 『나의 예술인생』에서 다음과 같이 기술한다. "외형적인 것에 대한 경솔한 도취로 인해 많은 사람이 역에 대한 체험이나 심리를 부르주아 예술의 전형적인 요소로 간주했다. 그리고 프롤레타리아 예술은 반드시 육체적인 문화를 바탕으로 해야 한다고 맹신했다. 그뿐만 아니라, 인간 본성의 창조적인 법칙 체계를 기초로 한 옛날의 연기 방식을 사실주의적인 것으로 규정하면서 비사실적인 외적 형식인 새로운 예술에 비해 후진적이라고 여겼다. 그러한 형식에 대한 숭배는, 무대 예술의 새로운 형태가 새로운 프롤레타리아 관객의 취향과 이해에 부응하고 있고, 관객에게 완전히 새로운 연기 방법과 메소드를, 완전히 다른 배우의 표현 매체들을 제공해야 한다는 견해가 더 광범위하게 퍼져 나갈수록 더욱 뜨거워졌다"(455-456).

94 정치적 상황으로부터 자유로워지고자 해외 공연을 택했으나 모스크바 예술극장의 미국 공연 성공은 미국에서는 연극을 이용하여 러시아를 미화시킨다, 러시아에서는 자본가들과 동맹을 맺고 이민을 시도하는 반혁명주의자라는 비난을 스타니슬랍스키에게 쏟아낸다. 더 자세한 내용은 베네데티가 스타니슬랍스키의 삶을 조명한 *Stanislavski: His Life and Art: A Biography* (1999) 291-294 페이지와 스타니슬랍스키의 편지들을 모아 놓은 *Stanislavsky: a Life in Letters* (2014) 432-437 페이지 참조.

으로 외화벌이에 나서는 재정적 전략을 세운 것이라 하겠다(Carnicke, *Stanislavsky in Focus* 15).[95]

비록 미국 순회공연은 이처럼 초라한 목적으로 시작되었으나[96] 스타니슬랍스키 시스템 계승과 진화에서 무엇보다도 중요한 지점이 된다. 시스템을 세계에 소개하고 정착시키는 계기가 되었기 때문이다. 모스크바 예술극장 순회공연은 유럽에서도 진행되었지만, 미국에서 만큼의 파급력은 없었다. 이것은 유럽에 뒤처져 자신들만의 전통 없이 영국을 그대로 따라가고 있던 미국의 상황에서 더욱 주요한 영향력을 발휘한 것으로 보인다. 게다가 당시 러시아의 정치, 경제적 상황으로 인해 단원들 일부가 망명하면서 시스템 교육을 이어갈 인적 자원이 생겼고, 공연에 맞춰 스타니슬랍스키의 첫 번째 저서 『나의 예술인생』과 볼레슬랍스키의 기사가 출판되면서 이론적 바탕이 마련되어 그 영향력에 힘을 보태게 된다. 결국, 모스크바 예술극장의 미국 순회공연은 스타니슬랍스키 시스템의 세계적 수용과 전파에 첫 단추라 할 수 있다.

제1차 세계 대전을 계기로 경제 강대국으로 우뚝 선 미국은 어느 나

---

95 혁명 이후 집과 공장 등에 재산이 모두 국영기업에 몰수된 스타니슬랍스키는 개인적으로도 재정적 어려움을 겪게 된다. 1919년 5월 3일 구례비치에게 보낸 편지에는 작은 집에서 아픈 자녀들과 함께 낡은 옷을 입고 하루하루 끼니를 걱정하며 생활하고 있는 자신의 상황을 설명한다 (*Stanislavsky: a Life in Letters* 379-380). 게다가 결핵에 걸린 아들 이고르(Igor)가 치료를 위해 4~5년간 스위스에 체류하게 되면서 돈은 더욱 절실해져 미국에서의 출판을 결정하고, 순회공연 기간 내내 밤새워 글을 쓸 수밖에 없었다(428-429). 출판과 같은 연유로 공연 중이었던 톨스토이의 <황제 표도르>를 미국에서 영화화하고자 하였으나, 진행 과정에서 미국 제작자가 작품의 주제에서 벗어난 사랑 이야기에만 관심을 보이자, 스타니슬랍스키는 이 계획을 철회한다(Benedetti, *Stanislavski: His Life and Art* 288).

96 모스크바 예술극장의 가장 큰 목적은 재정 마련이었으나 기립박수와 만석에도 불구하고 배우의 상·무대 등의 이동 비용, 극장의 임대료, 현장에서 고용된 무대 작업 인원과 군중 장면 배우들에 들어간 인건비 등으로 수입은 대부분 소비되었으며, 소득의 8%를 부담해야 하는 미국의 세금 또한 감당하기 어려운 것이었다. 모스크바 예술극장의 미국 순회공연은 재정 전략으로서는 실패했다고 볼 수 있다(Carnicke, *Stanislavsky in Focus* 20).

라보다 빠르게 시스템을 세계에 전파할 힘이 있었고, 그만큼 많은 연구가 세계 각지에서 이루어질 수 있었다. 본격적인 전파가 미국에서 시작되지 않았다면 현재만큼 시스템이 세계적으로 자리 잡았을지는 의문이다. 시스템에 대한 러시아의 해석은 정치적 상황에 따라 계속 변모하였기에 미국의 영향 아래 일찍이 세계적인 명성을 얻지 못했다면, 시스템의 연구와 계승이 급변하는 러시아 정세 속에서 어떻게 얼마나 이루어졌을지 알 수 없기 때문이다. 또한, 시스템 관련 미국 출판물과 할리우드 배우들의 성공으로 알려지게 된 메소드는 시스템의 본국인 러시아에 시스템 계승과 연구에 대한 자극으로, 다른 나라들에는 시스템에 대한 쉬운 접근으로 다가왔을 것이다. 그러므로 오역과 자의적 편집, 출판 시차 등의 출판물 관련 문제에서 비롯된 편협한 시각이라는 한계를 안고 있음에도 미국의 시스템 전파는 분명한 가치를 지니고 있다.

이것은 다시 아메리칸 액팅 메소드 발전으로 설명될 수 있다. 모스크바 예술극장의 미국 순회공연은 연극계에 자극이 되어 미국 최초의 시스템 연기교육 기관인 '미국 실험극장'이 만들어졌고, 양자의 영향 아래 '그룹 시어터'가 창설되어 시스템의 미국적 계승인 메소드가 탄생한다. 후에 이어지는 '액터스 스튜디오'와 여러 연기 컨서바토리(Conservatory)로 메소드는 절정에 이르고, 이것이 우리나라 등으로 전해져 메소드뿐만 아니라 그 시작인 시스템까지 현재 세계적으로 널리 활용되고 있다.

모스크바 예술극장의 미국 방문은 단순한 순회공연이 아닌 연극계 전환과 배우훈련의 필요성을 일깨워 미국 고유의 색채를 띤 메소드를 탄생시킬 수 있었던 형성 배경으로서 미국 연극 역사의 거점이며, 스타니슬랍스키 시스템의 세계적 전파에 시작이라 할 수 있을 것이다.

2. 메소드의 발단: 미국 실험극장 (American Laboratory Theatre)

영국 연극을 모델로 시작된 미국 연극은 연기교육도 자연스럽게 유럽의 방법을 따른다. 작은 배역의 젊은 배우들이 경험이 많은 배우들에게 배워가며 점차 큰 배역을 맡는, 극단의 배우들이 차례로 선생님이 되는 견습제를 통해 배우훈련이 이루어졌다(Watson 34). 남북전쟁으로 미국 국경이 넓어지고 인구가 증가함에 따라 지역마다 극장들이 설립되어 점차 배우의 수는 증가했지만, 배우훈련은 여전히 무대 위의 실제 경험과 선배 배우들의 가르침이 조합된 비공식적인 일이었다.

1884년 스틸 맥케이(Steel MacKaye)[97]에 의해 파리 음악원(Paris Conservatoire)을 모델로 한 리슘 연극 학교(Lyceum Theatre School)가 최초의 배우 교육 기관으로 등장한다. 맥케이는 유럽에서 공부한 사실주의를 창조할 수 있는 미국의 새로운 극단을 만들기를 원했고, 이를 위해 공통

---

[97] 미술을 공부하면서 연극을 시작하게 된 그는 연출, 극작가, 배우, 극장 관리자, 연극 장치 발명가 등으로 연극의 모든 분야에서 활동한다. 1873년에 런던에서 햄릿을 연기한 최초의 미국 배우이며, 30편의 희곡을 썼다. 또한, 빠른 장면 변환을 위한 극장 최초의 2단 엘리베이터를 포함한 100개가 넘는 발명품을 가진 미국 연극의 혁신가이다(Bartow xviii).

적인 예술 언어를 만들고자 학교를 먼저 설립하게 된다. 그러나 델사르트 (Delsarte)[98] 연기 방법을 중심으로 진행된 교육 과정은 이전 세대에 유행 했던 외적인 표현의 연기에서 더 이상의 발전을 이뤄내지 못한다(Bartow xvi–xix). 이후에 생긴 다른 학교들도 리슘 연극 학교와 마찬가지로 유럽 모델을 기반으로 델사르트 연기 방법과 함께 웅변술, 언어 예절 등의 교육에 머물다가 큰 성과를 내지 못하고 사라진다(Watson 34–35).[99]

또한, 17세기 이후 학생들에 의해 학교에서 연극이 제작되기는 하였으나 1900년대 이전까지 전문 교육 과정이 존재하지는 않았다. 1909년 조지 피어스 베이커(George Pierce Baker)가 래드클리프 칼리지(Radcliffe College)에서 극작 교육을 처음으로 시도하였고, 이어서 하버드 대학 (Harvard University)에서 개설되었다. 1914년 토마스 우드 스티븐스 (Thomas Wood Stevens)가 카네기 멜론 대학(Carnegie Mellon University)에서 최초의 학위 수여 프로그램을 진행하였으며 1940년대에 이르러서야

---

98 프랑스아 델사르트(François Delsarte)가 어린 시절 잘못된 성악 훈련으로 목소리를 잃으면서 수학적 원리처럼 정확한 표현과 몸짓의 법칙을 정립하려는 노력으로 시작한 연기 이론이다. 당대 프랑스에서 널리 퍼졌고, 19세기 말 미국에서 엄청난 인기를 끌었다(Cole 187). 델사르트는 의미를 전달하는 얼굴과 몸의 위치에 대한 복잡한 어휘를 고안하고 도표화하여 배우의 내면에 접근할 수 있는 외부 경로를 찾고자 하였고, 이것은 프로이트의 정신역학과 스타니슬랍스키 신체적 행동법에 영향을 미쳤다(Bartow xviii–xix). 델사르트 연기 이론이 처음에 관심과는 다르게 빠르게 쇠퇴하게 된 것은 다음과 같은 스트라스버그의 말에서 그 원인을 찾을 수 있다. "19세기에 프랑스인 델사르트는 그의 시대에 일상적인 연기 기법에 만족하지 못했다. 기계적이고 수동적인 연기와는 다르게 자연적인 본능이나 감정의 스트레스 속에서 몸은 적절한 태도나 동작을 취한다는 것을 깨닫게 된다. 이전에 스승들이 가르쳐 준 것과는 전혀 다른 것이었다. 그는 발견에서 멈추지 않고 새로운 일련의 정교한 그림 묘사를 만들려고 노력했다. 그러나 이것은 그가 처음 탈피하고자 했던 것들과 똑같이 기계적으로 끝이 났다. 시간이 필요했다. 의식과 무의식에 대한 이해를 위해 감각의 기능, 즉 정서적 행동에 대한 지식은 구체적인 실천에 활용될 만큼 충분히 발전하지 못했다"(Cole 187).

99 리슘 연극 학교는 육체적 연기의 지속적인 유산을 확립하는 데는 실패했지만, 미국 연극 예술 아카데미(The American Academy of Dramatic Arts)로 전환되어 현재까지도 운영 중이다. 델사르트 교육 과정은 스타니슬랍스키 시스템과 유사한 이론 체계로 대체되었고, 현재는 주로 아메리칸 액팅 메소드의 한 부분인 마이즈너의 기술을 가르친다(Bartow xix).

많은 대학에서 연극교육이 수용되었다(브로켓『연극의 역사 Ⅱ』227).

1900년대 초반까지 미국의 연극과 연기교육 역사는 이전 장에서 논의되었던 모스크바 예술극장 순회공연에 대한 열광적 반응의 배경이라 할 것이다. 이 기간에 이루어진 볼레슬랍스키의 시스템에 대한 강연이 연극과 연기교육을 실현하고자 하는 욕망을 불러일으켰고, 미국 내에 시스템을 교육할 극장을 설립할 수 있는 재정적 지원을 낳았다(Bartow xxii). 미리암 킴볼 스톡턴(Miriam Kimball Stockton)을 대표로 하는 후원자들은 '극 예술의 재능과 천재성을 장려하고 발전시키기 위한 학교'를 목표로 볼레슬랍스키에게 이를 함께 만들고, 수장이 되어 줄 것을 부탁한다.[100] 볼레슬랍스키는 '미국 땅에 어떤 외국의 이상도 강요하는 것은 불가능하다'라는 전제로 이 제안을 받아들인다. 시스템을 연구하는 것만으로는 미국인들이 본 모스크바 예술극장처럼 될 수 없으며, 미국은 미국만의 것을 새로이 구축해야 한다는 것이다. 이들은 '미국에 새로운 문화 세력을 심어주기 위한 가식 없는 노력'으로서 다음과 같은 극장 운영에 대한 기본 지침을 세운다(Hirsch 59-60).

1. 이 극장은 미국에서 자생적으로 성장해야 하며, 미국 땅에 뿌리를 내려야 한다.
2. 이 극장은 천천히 시작해야 하며, 모든 부서에서 젊은 미국인들을 무대에 세울 수 있도록 훈련 시켜야 한다.

100　미국 실험극장 설립을 주도적으로 이끈 스톡턴은 뉴욕의 유명 변호사 허버트 스톡턴(Herbert Stockton)의 아내이다(Gordon, *Stanislavsky in America* 20). 스톡턴은 볼레슬랍스키의 강의에 대해 "미국 문화를 해방하고 일깨울 수 있는 새로운 종교의 도래"(Roberts 106)라고 표현한다. 스톡턴을 주축으로 구성된 이사진은 총 다섯 명이며, 여기에는 네이버후드 플레이하우스의 설립자들도 포함된다(Gordon, *Stanislavsky in America* 21).

3. 이 극장은 각 세대가 자기 시대의 생각과 물질로부터 스스로 재창조하는 살아있는 사회적 힘으로서 인식되고 조직되어야 한다. (Hirsch 59-60)

이러한 큰 이상을 품고 모스크바 예술극장이 뉴욕을 떠난 지 일주일 만인 1923년 6월 29일 후원자들과 볼레슬랍스키는 공식 협약을 맺는다 (Roberts 108). 스타니슬랍스키 시스템을 교육하여 그 구체적 실천의 방법을 미국에 제시한, 외국에서의 스타니슬랍스키 시스템 전문 교육에 첫 시도인 '미국 실험극장'[101]은 이렇게 시작된다.

미국 실험극장의 주축이자 예술감독인 볼레슬랍스키의 본명은 볼레스와 리쟈드 스르제드니키(Boleslaw Ryzard Srzedniki)로 폴란드(Poland)에서 1889년 태어나 1906년 17세에 모스크바 예술극장의 오디션을 보고 입단한다.[102] 1909년에 스타니슬랍스키와 크레이그의 협업 공연인 셰익스피어의 〈햄릿〉에서 크레이그를 도우면서 레어티스(Laertes) 역할을 했으며, 투르게네프의 〈시골에서의 한 달〉에 출연하기도 한다. 21세에는 모스크바 예술극장 제1 스튜디오의 일원이 되어 슐러지츠키에게 스타니슬랍스키 시스템에 관한 교육받았고, 1916년에는 박탄코프와 함께 스튜디오를 이끌며 연출과 연기 지도를 맡았다. 1920년 러시아를 떠나 새로 생긴 폴란드 주를 거쳐 프라하(Prague)에 도착한 볼레슬랍스키는 내전 상황으로 러시아와 단절된 채 공연 중이던 바실리 카찰로프(Vasily Kachalov)가 이

---

101   미국 실험극장은 처음에 극장 예술 연구소(Theatre Arts Institute)라는 이름으로 부르기도 했다(Hirsch 59).
102   그는 1920년 국경을 넘기 전까지 러시아어로 들리는 가명을 쓰면서 자신의 폴란드 출생 사실과 반소비에트(Anti-Soviet) 신념을 친한 동료들뿐만 아니라 아내 나타샤(Natasha)에게까지 숨겼다 (Gordon, *Stanislavsky in America* 16-17).

그는 모스크바 예술극장 공연단과 재회하여 연출과 연기로 작업에 참여한다. 1922년 스타니슬랍스키의 청으로 카찰로프를 비롯한 단원들이 러시아로 돌아가게 되고 볼레슬랍스키를 비롯한 몇몇 배우들은 남게 되면서, 그는 베를린과 파리(Paris)에서 차우브–소리스의 레뷰에 참여하고 다른 작품들을 연출하기도 한다. 또한, 러시아에서부터 영화 작업에도 관심을 가지면서 공산주의(Communism) 선동 영화 두 편을 연출한 그는 유럽에 머물면서도 영화 작업을 계속하였다.[103] 1920년대 초 유럽이 엄청난 인플레이션(Inflation)을 겪으면서 연극 제작자들은 미국으로 눈을 돌리게 되었고, 이런 흐름에 따라 볼레슬랍스키 역시 레뷰 공연 진행자로 초청받아 미국으로 향하게 된다. 이 공연 직후 일시적으로 모스크바 예술극장에 재입단하여 미국 순회공연을 돕게 되는 과정에서 미국 실험극장 설립을 추진할 힘을 얻게 된 것이다(Gordon, *Stanislavsky in America* 16–19).

또 다른 한 명의 주축으로는 마리아 우스펜스카야(Maria Ouspenskaya)가 있다. 1876년 튤라(Tula)에서 태어나 바르샤바(Warsaw)와 모스크바에서 기존의 전통적인 연기를 공부하던 우스펜스카야는 1911년 볼레슬랍스키와 마찬가지로 오디션을 통해 모스크바 예술극장의 단원이 되었고, 13년 동안 100개 이상에 배역을 소화했다. 1912년 제1 스튜디오 작업에 참여하기 시작했으며, 세계 1차 대전 당시 러시아 신병들을 위해 노래를 부르다 성대를 다치게 되면서 혁명 이후 어린 학생들에게 연기를 가르친다. 1923년 모스크바 예술극장 순회공연단의 배우로 미국에 방문한 우스펜스카야는 미국에 남아 볼레슬랍스키의 미국 실험극장에 함께하기로

---

103   영화에 대한 볼레슬랍스키의 꾸준한 관심은 후에 할리우드 작품 연출로 이어진다.

한다(Gordon, *Stanislavsky in America* 24).[104]

　두 사람이 주축이 된 미국 실험극장은 기술 습득 넘어 연극의 성지이자 영혼의 비행 장소가 되기를 목표했고(Hirsch 59), 볼레슬랍스키는 이에 맞게 '외적' 수단으로서 신체와 목소리, '내적' 수단인 상상력과 감정, '문화적이고 지적인' 잠재력 개발, 이 모두를 포함한 교육 과정을 계획했다. 몇 년 후에는 교육과 연계된 레퍼토리를 가진 극장으로 발전했다(Cole 510).

　후원자들의 네이버후드 플레이하우스에서 처음으로 학생을 모집하여 뉴욕 북쪽의 플레젠트빌(Pleasantville)에서 16명의 학생과 수업을 시작했으며, 점차 규모를 늘리면서 장소를 이동하다가 최종적으로 맨해튼

104　우스펜스카야 외에 미국 순회공연에서 미국에 남기로 한 모스크바 예술극장 단원들로는 레오 불가코프(Leo Bulgakov), 바바라 불가코프(Barbara Bulgakov), 아킴 타미로프(Akim Tamiroff) 등이 있고(Gordon, *Stanislavsky in America* 24), 미국에 연기 교사로 정착한 또 다른 모스크바 예술극장 출신으로는 1930년대 중반 연기 교사로 활동한 베라 솔라비오바(Vera Solaviova)와 미카엘 체홉이 있다(Watson 35). 이 중 미국에서 가장 큰 영향을 준 연기 교사 중 한 명인 체홉은 극작가 안톤 체홉의 조카이자 스타니슬랍스키의 제자로 1928년 독일로 떠나기 전까지 연기, 연출, 연기 지도를 하며 모스크바 예술극장에 몸담았다. 그는 독일에 이어 프랑스, 리투아니아, 영국을 거쳐 미국에 연기 학교를 만들어 자신의 연기론을 전파했으며, 1955년 9월 30일 심장마비로 사망하기 전까지 연기 교사이자 영화배우로 활동하면서 자신의 연기론을 책으로 출판하기도 한다. 애들러는 그를 '20세기의 가장 위대한 배우'라 했으며, 헤롤드 클루먼(Harold Clurman)과 마이즈너 역시 그의 연기를 높이 평가했다. 또한, 마를린 먼로(Marilyn Monroe), 안소니 퀸(Anthony Quinn)과 같은 당대의 유명 배우들과 앤서니 홉킨스(Anthony Hopkins), 클린트 이스트우드(Clint Eastwood), 잭 니콜슨(Jack Nicholson) 등에 현재도 활동 중인 유명 배우들도 그의 영향을 받았다고 한다(미하일 체홉 33-59). 체홉은 자신만의 연기론을 만들면서 메이어홀드처럼 스타니슬랍스키 시스템 자체를 부정하지는 않는다. 다만, 스타니슬랍스키와 박탄코프의 연기론이 연출가의 입장에서 만들어진 것이라 하며, 배우의 상상력과 직관적인 면을 강조하여 바꾸고자 한다(Gordon, *The Stanislavsky Technique* 117-118). 그는 가상적인 이미지를 신체화하기 위해 고안한 '심리적 제스처(Psychological gesture)'를 가장 중요시했으며 이것은 후에 스타니슬랍스키의 '신체적 행동법'에 영향을 주기도 했다. 스타니슬랍스키가 체홉을 제자로 인정하였고 그가 미국 연기에 이바지한 바는 지대하나, 그의 연기론은 신체에 중심을 둔 비메소드로 분류되기 때문에 시스템에서 메소드로의 진화를 연구하는 본 연구의 주요 논의에서는 배제되었음을 밝혀 둔다. 다만, 부록에 첨부된 우리나라의 스타니슬랍스키 관련 출판과 연구 상황에 관한 표에서는 넓은 의미의 스타니슬랍스키 영향권 안에서 그에 관한 연구를 포함한다.

(Manhattan)의 동쪽에 자리 잡는다(Gordon, *Stanislavsky in America* 22). 이후에는 오디션[105]을 통해 학생들을 선발했고, 이 오디션에 통과한 학생들은 일주일에 10달러라는 저렴한 수업료를 내고 수업에 참여할 수 있었다(27).

학생들에게 제공된 2년의 교육 과정[106]은 첫해에 화술, 발성, 신체 리듬 등의 기본 연기 훈련을 거쳐, 그다음 해에 대본 분석과 장면 연습을 진행하며 연극 제작에도 참여할 수 있도록 구성되었다(Hirsch 60). 교육 과정을 스타니슬랍스키 시스템의 요소로 구분하여 다시 설명하면 첫해에는 '주어진 상황'을 바탕으로 '정서 기억'을, 두 번째 해에는 희곡의 구조, 목적, 분위기, 비트 등의 '희곡 분석'에 속하는 역할 접근과 공연화 과정에 대한 수업이다(Brestoff 81). 이 같은 수업 체계는 배우 자신에 관한 작업을 마치고 나면 역할에 대한 작업으로 향하는 스타니슬랍스키가 말했던 시스템 적용 체계와 같은 방식으로 구성된 것이라 할 수 있다.

전 과정은 볼레슬랍스키와 우스펜스카야의 수업 중심이었으며, 여타의 수업들도 두 사람의 감독하에 진행되었다.[107] 볼레슬랍스키는 주로 강의 형식으로 시스템에 관한 이론을 전달했고, 우스펜스카야가 기본 훈련과 장면 연습 같은 실질적 연기 수업을 맡았다(Brestoff 79).

---

105   스트라스버그는 초청받았음에도 세 단계의 오디션을 거쳐야 했다. 첫 번째는 상상의 대상물을 다루는 무언극(Pantomime), 두 번째는 기존 학생들과 함께 돈을 빌리는 상황극, 마지막으로는 셰익스피어의 <베니스의 상인(Merchant of Venice)> 중 샤일록(Shylock)에 대사를 외워서 연기했다고 한다(Strasberg, *A Dream of Passion* 63-64).

106   미국 실험극장의 교육 과정을 대부분 2년이라 기록하고 있으나, 포스터 허쉬(Foster Hirsch)는 3년이라 한다(59). 이것은 교육 과정 후에 참여하게 되는 공연 기간까지를 포함한 것으로 보인다.

107   연극 분야 이외에도 당대에 유명한 예술가들의 수업이 있었다. 러시아의 발레 스타 미하일 모르드킨(Mikhail Mordkin)이 배우들에게 맞춰 발레를 각색한 수업을 했으며(Hirsch 62), 비평가 존 메이슨 브라운(John Mason Brown), 작곡가 더글러스 무어(Douglas Moore) 등이 교사로 참여한다(Cole 510).

두 사람은 수업 내내 관찰(Observation), 느낌(Impression), 감각의 기억 (Sensory memory), 감정의 기억(Emotional memory) 등이 배우를 위한 '황금 상자(Golden box)'에 들어있는 것이라 하며 심리적 훈련을 중요시하고 (Hirsch 64),[108] 여기에 '만약에'를 추가하면 감정적으로 배우를 자극할 수 있는 강력한 수단이 될 것이라 한다.[109]

집중과 이완 또한 강조하고 훈련한다. 특히, 그 훈련으로 가장 대표적인 것은 '동물 훈련(Animal exercise)'으로 배우들은 하나의 동물을 관찰하고 그 동물처럼 생활해 보는 것이다. 이 훈련은 배우의 관찰력과 집중력을 강화하고 신체를 사용하는 새로운 방법을 제시할 뿐만 아니라, 등장인물의 구체화를 도왔다(Brestoff 80).[110]

---

108 미국 실험극장에 대한 비판 대부분은 심리적인 것에만 집중해서 시스템을 전달했다는 것이다. 그러나 볼레슬랍스키가 심리적인 부분만을 강조한 것은 아니라고 애들러는 말한다. 볼레슬랍스키는 배우들에게 자신의 상황보다는 주어진 연극적 상황에 더 집중해야 한다고 했으며, 내적인 훈련은 그 자체가 목적이 아니라 준비 중 하나로서 행동으로 나타나지 않으면 무용지물일 뿐이라고 경고했다고 한다(Hirsch 64). 그런데도 미국 실험극장이 이러한 비판에 계속해서 놓이게 된 것은 자신이 미국 실험극장에서 모든 것을 배웠다고 하는 스트라스버그가 심리적인 부분만을 강조하여 자신의 메소드를 완성하였기 때문으로 보인다. 리처드 브레스토프(Richard Brestoff)는 이에 대해 스트라스버그는 2년의 과정 중 심리적인 부분에만 집중했던 1년의 과정만을 이수했기 때문에 심리적인 부분만이 그의 메소드에서 강조된 것이며, 그가 미국 실험극장의 모든 과정을 이수했다면 생각이 바뀌었을지도 모른다고 한다(81).

109 시스템의 '만약에'는 '내가 이 역할이라면 이 상황에서 어떻게 할 것인가'라면 미국 실험극장에서의 '만약에'는 '내가 어떻게 해야 등장인물처럼 행동할 수 있는가'이다. 예를 들어 사랑하는 사람의 사진을 보며 미소 지어야 하는 장면에서 극에서 사랑하는 사람이 아닌 실제 사랑하는 사람의 사진으로 대체할 수 있다. 배우에게 극적 상황이 자극을 주지 못한다면 극을 벗어난 것도 적용할 수 있다는 것이다(Brestoff 80). 이것은 제1 스튜디오에서 생활한 두 교사가 박탄코프에게 받은 영향에서 비롯된다. 스타니슬랍스키의 제자인 박탄코프는 상반된 스타니슬랍스키와 메이어홀드의 형식을 조화시켜 배우의 내적 진실을 수용하면서도 연출가의 연극적 상상력을 충족시킬 수 있는 '환상적 사실주의(Fantastic Realism)'를 만들었다(김소희 2). 박탄코프는 '만약에'의 재해석 외에도 연출이 역할을 직접 해 보이는 '데몬스트레이션(Demonstration)'이라는 개념을 도입해 배우들의 역할 창조를 돕고자 했다(12-13). 비록 39년이라는 짧은 생을 살았지만, 그가 러시아 연극계에 끼친 영향은 스타니슬랍스키 다음이라 할 만큼 상당하다(Cole 507).

110 훈련에 대한 더 세부적인 내용은 멜 고든(Mel Gordon)이 미국 실험극장 관련 저서와 기사, 출신 연극인들과의 인터뷰를 바탕으로 훈련을 정리한 *Stanislavsky in America: An Actor's*

두 사람의 연기 강의 외에도 발레, 분장, 펜싱, 연극 역사, 극 이론 등의 배우로서 기본적인 지식 습득과 신체 마련을 위한 훈련이 이루어졌는데, 이러한 교육 과정은 1928년 미국 실험극장의 교육 과정을 소개하는 다음의 표에서 알 수 있다.

[표 4] 미국 실험극장의 교육 과정
 (Gordon, *Stanislavsky in America* 184 참조)

교수자	과목
오스카 뱀너 (Oscar Bemner)	무대 메이크업의 원리 (Principles of Stage Make-up)
리처드 볼레슬랍스키 (Richard Boleslavsky)	연기의 예술 (The Art of Acting)
존 메이슨 브라운 (John Mason Brown)	극장의 역사 (History of the Theatre)
마가렛 데소프 (Margrete Dessoff)	음성 제작 (Voice Production)
엘사 핀들레이 (Elsa Findlay)	달크로즈와 율동체조 (Dalcroze Eurythmics)
에밀리 휴이트 (Emily Hewitt)	몸의 리듬 (Body Rhythm)
엘리자베타 앤더슨-이반초프 (Elizaveta Anderson-Ivantzoff)	발레 (Ballet)
라 실프 (La Sylphe)	발레와 교정 체조 (Ballet and Corrective Gymnastics)
마가렛 프렌더가스트 맥클린 (Margaret Prendergast McLean)	음성학의 원리 (Principles of Phonetics)
제임스 머레이 (James Murray)	펜싱 (Fencing)

Workbook (2010) 33-39 페이지와 볼레슬랍스키 강의 노트 중 출판되지 않은 부분을 수록한 토비 콜(Toby Cole)·헬렌 크리치 치노이(Helen Krich Chinoy) 편집의 *Actors on Acting* (1970) 510-517 페이지 참조.

마리아 우스펜카야 (Maria Ouspenskaya)	연기의 기술 (The Technique of Acting)
윌리암 틸리 교수 (Prof. William Tilly)	올바른 무대 음성 (Correct Speech for the Stage)

이상의 모든 훈련과 강의는 집단으로 진행되었다. '예리한 집단적 노력을 통해서만이 모든 예술의 원천인 단련된 배우의 영혼이 된다'라며 집단 훈련을 이상화하고 이를 발전시켜 연극에서도 조화를 이룰 것을 강조한다(Hirsch 60). 볼레슬랍스키가 '개인'이 아닌 '집단'을 강조한 것은 '작은 부분은 없고 작은 배우만 있다'는 스타니슬랍스키의 교훈을 되새긴 것이며, 앙상블을 탄생시킨 모스크바 예술극장의 집단적 이상을 자연스럽게 미국 실험극장에 반영시킨 것이라 할 것이다. 모스크바 예술극장의 공연에 감명받았던 후원자들이 '각각의 배우들이 자신의 역할을 연기하면서도 완벽한 조화를 이루는 극장'을 기대한 것 또한 영향을 주었을 것으로 보인다(Carnicke, *Stanislavsky in Focus* 37). 이에 대한 실천으로서 집단으로 훈련된 배우들과 함께 공연을 만들었다. 그 대표적인 작품이 1925년 4월 1일 공연된 미국 실험극장의 학생이었던 극작가 에밀리 리브스(Amelie Rives)가 아일랜드(Ireland)의 설화를 바탕으로 쓴 〈바다 여인의 망토(The Sea Women's Cloak)〉이다(Gordon, *Stanislavsky in America* 29). 학생들과 10개월의 연습을 거쳐 막을 올린 공연은 미국 실험극장을 위한 훌륭한 광고가 되었을 정도로 좋은 평을 받았다. 스트라스버그는 액터스 스튜디오 수업에서도 이 공연의 훌륭함에 대해 종종 언급했으며, 애들러가 미국 실험극장에 등록하는 계기가 되기도 했다(Hirsch 60-61).

그러나, 이후 학교와 극장이라는 이중적 기능을 짊어진 미국 실험극장이 만들어 낸 다른 공연들은 재정적으로 실패했으며, 좋은 호응도 얻지 못한다.[111] 아마추어 학생들의 미숙함으로 극의 완성도는 떨어질 수밖에 없었고, 대부분이 유럽의 고전이었던 작품들은 볼레슬랍스키가 주장한 '미국에 의해 만들어진 시대가 반영된 사회적 기능'을 가진 공연을 만들겠다는 극장의 의의도 찾아보기 힘들게 만들었다. 교육 과정의 실제 적용, 그리고 사실주의 극이 아닌 고전극들에 시스템을 적용해 보았다는 시스템에 관한 교육적이고 실험적인 가치만이 얻은 성과라 할 것이다.

미국 실험극장이 내세운 집단적 이상을 실현하는 것 역시 어려웠다. 미국 실험극장이 설립된 지 얼마 되지 않아 배우들은 정말로 자신들이 집단의 일부라면 예술적 결정에 관여해야 한다며 후원자들에게 반기를 들어 극장을 위태롭게 했고(Roberts 125-126), 볼레슬랍스키가 외부 작업으로 자주 자리를 비운 것 또한 극장 운영을 어렵게 했다. 집단적 이상을 주장했던 볼레슬랍스키가 협약서의 정신을 따르지 않았다고 후원자 스톡턴은 말한다. 처음 몇 년 동안만 미국 실험극장에 집중했을 뿐 나머지는 극장 운영을 다른 사람에게 맡긴 채 많은 시간을 외부 작업으로 보냈기 때문이다(Hirsch 66). 볼레슬랍스키의 외부 활동은 미국 실험극장의 안정성을 끊임없이 흔들었으며, 후반기에 이르러 우스펜스카야 역시 외부에서 교사와 영화배우로 활동하기 시작하여 극장을 지키지 못하게 되면서

---

111 공연 작품 중 나다니엘 호손(Nathaniel Hawthorne)의 소설을 각색한 <주홍 글씨(The Scarlet Letter)>, 손튼 와일더(Thornton Wilder)의 <나팔을 울리리라(The Trumpet Shall Sound)>, 린 릭스(Lynn Riggs)의 <빅 레이크(Big Lake)>만이 미국 작품이었고, 이 외에는 모두 외국 극작가들의 작품이 공연된다. 셰익스피어, 함순, 외젠 라비슈(Eugene Labiche), 클레먼스 데인(Clemence Dane), 쥘 로맹(Jules Romains), 장 자크 버나드(Jean Jacques Bernard) 등의 작품이었다(Hirsch 65).

집단적 이상을 전면에 내세운 미국 실험극장은 존재 가치가 희미해졌다.

이 외에도 우스펜스카야의 독선적인 수업 진행 방식과 부족한 영어 실력도 문제가 되었다. 그의 태도는 학생들에게 반발을 일으키기도 했으며, 부정확한 발음으로 전혀 의미가 다르게 학생들에게 전해지기도 했다. 가장 대표적인 예는 행동을 나누는 과정을 설명하면서 '비트(Bits)'가 '비트(Beat)'로 학생들에게 잘못 전달되어 미국 배우훈련의 어휘가 되어버린 것이다(Gordon, *Stanislavsky in America* 25). 그러나 우스펜스카야의 수업을 알아들을 수 없는 것은 영어 실력 때문이 아니라 취했기 때문이라고 할 정도로 가장 심각한 문제는 알코올 중독이었다. 그는 종이봉투에 술을 숨기고 수업 시간 내내 술을 마셨다(Hirsch 62).

미국 실험극장은 볼레슬랍스키가 사임한 후 1년 동안만 운영되었다. 모스크바 예술극장의 교육을 받고 미국에서 활동 중이던 배우 나지모바가 예술감독 제안을 거절한 후, 프라하 그룹(Prague Group) 출신인 마리아 게르마노바(Maria Germanova)가 후임으로 임명되어 미국 실험극장 출신이자 셰익스피어 학자 겸 극작가인 프랜시스 퍼거슨(Francis Ferguson)과 함께 미국 실험극장의 마지막을 감독했다. 이전부터 지속된 학교와 극장 사이 균형을 잡지 못한 공연과 집단 이상의 실패에 극장의 재정적 어려움마저 더해지면서, 결국 이를 극복하지 못하고 1930년 6월 문을 닫게 된다(Gordon, *Stanislavsky in America* 30).

볼레슬랍스키는 이후 1937년 1월 17일 교통사고로 사망하기 전까지 할리우드에서 18편의 장편 영화를 연출했으며, 그동안의 연기에 대한 강의와 자신이 쓴 기사를 바탕으로 집필한 Acting: *The First Six Lessons*

(1933)[112]과 러시아와 폴란드 내전 전투 경험에 관한 책 두 권[113]을 출판했다. 우스펜스카야는 20여 편의 영화와 8편의 연극에 출연하며 아카데미 시상식(The Academy Awards) 조연상 후보에 두 번이나 지명될 만큼 조연 배우로서 자리를 확고히 했으며, '마리아 우스펜스카야 연극 학교(Maria Ouspenskaya's School of Dramatic Arts)'를 설립하고 운영하기도 했다. 그리고 1949년 12월 3일, 술에 취한 채 침대에서 피우던 담배로 인해 화재가 발생해 사망한다(Gordon, *Stanislavsky in America* 23–33).

두 사람의 가장 큰 공헌은 미국 실험극장을 만들어 미국에서 스타니슬랍스키 시스템을 최초로 교육했다는 것이지만, 짧은 생의 마지막까지 미국에서 활동하며 미국의 연극과 영화, 그리고 연기 발전에 이바지했음도 인정해야 한다. 미국 연기교육의 주교재가 된 책을 출판하고 새로운 연기교육 기관을 만들었으며, 영화감독과 배우로서 현장에서 직접 활동한 미국 실험극장 이후의 노력 또한 미국 연기교육과 연기 발전에 보탬이 되었다고 할 수 있기 때문이다.

미국 실험극장은 7년이란 기간밖에는 존재하지 못했지만, 이들이 추구했던 이상주의라 할 수 있는 사회적 기능을 가진 연극에 대한 목표, 집단적 훈련, 교육에 대한 열정 등은 미국 연극계에 분명한 발자취를 남

---

112 미국에서 가장 많이 쓰이는 연기 교과서 중 하나가 된 이 책은 출판 후 볼레슬랍스키가 4개의 장을 더 추가할 계획이었지만, 실행하지는 못했다(Gordon, *Stanislavsky in America* 30). 집중력, 감정의 기억, 극적인 행동, 성격화, 관찰, 리듬이라는 6가지 주제에 대해 연기 교사가 순진한 배우 지망생에게 설명하는 방식으로 쓰였다. 볼레슬랍스키는 연기는 육체, 의지, 지성, 감성, 그리고 결정적으로 영혼에 대한 통제를 요구하는 정확한 예술이라는 것을 강조한다. 스타니슬랍스키의 『배우 수업』이 출판되기 이전까지 미국에서 존재하는 시스템 이론에 관한 유일한 책이었다(Hirsch 63). 우리나라에서는 한국문화예술진흥원이 발간했던 내용을 영인(影印)하여 도서 출판 예니가 1981년 『공연예술총서 4: 연기』에 부록으로 수록하였다(225-267).

113 *Way of the Lancer* (The Literary Guild, 1932)와 *Lances Down* (The Literary Guild, 1932)이다.

긴다. 포스터 허쉬(Foster Hirsch)는 이를 볼레슬랍스키가 미국 연극인들이 자기 작품을 이상주의적 관점으로 바라보고, 자신을 존중하고 가꾸는 법을 배워야 하는 특별한 감수성을 가진 예술가가 되도록 도운 것이라 한다(66). 소극장 운동이 시작되긴 했으나 여전히 스타 위주의 상업적인 연극이 성행하고 제대로 체계를 갖춘 연극과 연기에 관한 교육 기관이 존재하지 않던 시점에서, 미국 실험극장은 집단적 훈련을 통한 창작이라는 이상주의적 예술의 형태를 보여주고, 연극과 연기에 관한 교육을 실천함으로써 예술로서의 연극, 교육이 가능한 연극을 미국에 각인시키는 계기가 되었기 때문이다. 그리고 이러한 영향의 결과로 드러난 것이 그룹 시어터다. "이것이 실제로 의미하는 바이다. 이것이 전부다"(Strasberg, *A Dream of Passion* 64)라며 미국 실험극장의 교육을 표현할 정도로 미국 실험극장에 가르침이 그의 연기 인생에 큰 영향을 미쳤다고 하는 스트라스버그는 미국만의 방법을 찾아야 한다는 볼레슬랍스키의 정신을 이어받아 함께 공부하던 헤롤드 클루먼(Harold Clurman)과 그룹 시어터를 설립한다(Bartow xxii). 그룹 시어터는 미국 실험극장과 마찬가지로 연극의 사회적 기능 강조, 집단적인 훈련과 공연 창작, 시스템 연기 훈련 방법 적용으로 자신들의 극단에 미국 실험극장의 정신과 실천 과정을 그대로 녹여내고자 노력했다. 그 이름을 '그룹'이라 칭한 것도 이러한 영향 아래 이루어진 것이라 봐야 할 것이다.

또한, 스트라스버그와 클루먼 외에도 애들러, 마이즈너 등의 연기 교사들에게 시스템을 교육하여 아메리칸 액팅 메소드의 탄생으로 인도했다는 것도 미국 연극사를 위한 공헌으로 빼놓을 수 없다. 그룹 시어터에 이어 액터스 스튜디오에서도 메소드를 발전시킨 스트라스버그는 "스타니슬랍스키 시스템에 대한 나의 이해는 미국 실험극장에서 이루어졌다. 그곳에 선생님들인 마리아 우스펜스카야와 리처드 볼레슬랍스키를 통해, 나는 스타니슬랍스키의 체제의 원리를 배웠다"(Strasberg, *A Dream of Passion* 84)라며 미국 실험극장을 통해 시스템을 받아들였음을 분명히 밝힌다. 애들러와 마이즈너 역시 미국 실험극장에서의 시스템 이해를 바탕으로 자신만의 아메리칸 액팅 메소드를 발전시켜 나간다. 미국의 연기론인 아메리칸 액팅 메소드의 기초에는 미국 실험극장의 교육이 있었다고 할 수 있는 것이다.

이 외에도 연극과 영화, 그리고 미국 예술을 이끌 다양한 인재들을 배출하였음도 얘기할 수 있다. 극장의 마지막을 책임진 비교문학 교수 퍼거슨, 무용평론가 존 마틴(John Martin), 할리우드 영화 제작자 헤롤드 헥트(Harold Hecht), 영화감독 조지 아우어바흐(George Auerbach) 등에 다양한 예술가, 학자, 실무자의 배출은 이후 미국 연극과 영화계를 이끌어 갈 힘이 되었다(Strasberg, *A Dream of Passion* 81).

이 같은 미국 실험극장의 활동은 스타니슬랍스키 시스템 계승의 새로운 도전이라 할 수 있다. 러시아가 아닌 다른 나라에서, 다른 나라 사람들을 대상으로 다른 나라의 언어로 이루어진 전문적인 첫 시스템 교육이었기 때문이다. 교육 과정에 하나였던 공연에서 고전극에 시스템을 적용함으로써 사실주의 극이 아닌 다른 형식의 연극에서도 시스템이 적용 가능하다는 것을 보여주자고 한 시도 또한 새로운 도전의 일환이라 평가할 수 있다.

미국 실험극장은 미국에 예술로서 연극을 인식시키고 연기교육의 기초를 닦았으며, 연극계를 이끌어 갈 많은 인재를 양성하여 새로이 시작될 미국 연극사의 바탕을 마련한 것이라 하겠다. 그중에서도 아메리칸 액팅 메소드의 주요 교사 배출은 그들만의 연기 문화인 아메리칸 액팅 메소드 형성을 가능하게 했다. 또한, 미국 실험극장을 통해 처음으로 러시아가 아닌 곳에서 진행된 스타니슬랍스키 시스템 교육은 시스템이 어디에서나 존재할 수 있는, 다양한 형식에 적용할 수 있는 연기교육 체계라는 것을 보여준 첫 시도라 할 것이다.

3. 메소드의 형성: 그룹 시어터
(The Group Theatre)

　　1900년대 초반 미국 연극을 상업적인 사업에서 예술로 변화시키고자 한 가장 큰 움직임은 소극장 운동이다. 그중에서도 공연의 중심지인 뉴욕에서의 소극장 운동을 시작한 것은 1914년 변호사 로렌스 랭그너(Lawrence Langner)와 아마추어들에 의해 설립된 '워싱턴 스퀘어 플레이어즈'라 할 수 있다. 유럽에서 공부한 후 새로운 연극을 꿈꾸던 랭그너가 연극에 관심 있는 자신이 소속된 리버럴 클럽(Liberal club)[114]의 회원들과 다른 진보적 단체에 소속된 사람들을 모아 만들게 된 극단이 워싱턴 스퀘어 플레이어즈다. 제1차 세계 대전 참전으로 군에 입대하는 단원들이 생기면서 창단 3년 만에 해체하였음에도 60편 이상의 단막극과 6편의 장

114　리버럴 클럽은 그리니치 빌리지(Greenwich Village)에 가난한 예술가들이 새로운 생각을 공유하는 것을 목적으로 만든 모임이다. 회원으로는 시인 빈센트 밀레이(Vincent Millay), 작가 업튼 싱클레어(Upton Sinclair)와 싱클레어 루이스(Sinclair Lewis), 그리고 정치활동가, 조각가, 사진작가 등에 다양한 분야의 예술인들이 참여하였다. 회원들을 위해 워싱턴 스퀘어에 책방을 운영하기도 한 리버럴 클럽에서 공연을 준비하며 공연이 클럽의 다른 활동들과 어울리지 않는다고 생각한 랭그너가 이를 분리하여 시작한 것이 워싱턴 스퀘어 플레이어즈이다(김미혜 65).

막극 공연을 남겼다. 또한, 오닐, 시어도어 드라이저(Theodore Dreiser), 조나 게일(Zona Gale) 등의 신진작가, 캐서린 코넬(Katharine Cornell), 메리 모리스(Mary Morris), 헬렌 웨슬리(Helen Westley)와 같은 배우, 그리고 연출가 필립 밀러(Phillip Miller) 등의 미국 연극사에 남을 인물들을 배출하였다. 이 같은 워싱턴 스퀘어 플레이어즈의 활동은 시어터 길드로 가는 길이 되었다(김미혜 64-69). 그래서 미국 대중의 예술에 대한 속물적 태도를 극복하는 것을 목표로 상업극들과 대비되는 예술적 연극을 만들고자 한 워싱턴 스퀘어 플레이어즈의 시도는 미국 무대를 영원히 바꿔놓았을 뿐만 아니라 50여 년 후 오프브로드웨이(Off-Broadway)와 오프오프브로드웨이(Off-Off-Broadway)로 가는 씨앗을 뿌렸다는 평가를 받게 된다(London 168-169).

전쟁이 끝나고 랭그너는 워싱턴 스퀘어 플레이어즈의 소극장 운동을 이어가고자 1919년 '시어터 길드'를 조직한다. 이전과는 다르게 장막극 위주의 작품을 제작하여 상업극과의 경쟁이 가능한 예술적 공연을 만들고자 한다. 이를 위해 제작을 책임지는 이사진을 구성했으며, 예약제를 통해 회원 관객을 유지하고자 한다. 1930년에는 미국 13개 주에 8만 5천 명의 회원이 있었을 정도로 번성하였으나, 점차 재정적 어려움을 겪게 되면서 가벼운 희극이나 로맨스물을 제작하고 극단의 스타 배우에게 의존하는 등 기존 상업극과 같은 길을 걷다가 퇴장하게 된다. 시어터 길드는 결국 자신들이 비난했던 상업극의 형태를 따라갔으며 대부분 유럽 작품을 공연했다는 한계를 갖지만, 그 속에서도 오닐, 맥스웰 앤더슨(Maxwell Anderson), 로버트 셔우드(Robert Sherwood)와 같은 미국 작가들의 작품을 무대화하는 기회를 제공했고, 예술적인 공연이 상업적으로도 성공할 수 있다는 것을 보여주었을 뿐만 아니라 워싱턴 스퀘어 플레이어즈가 시어터 길드의 모체였듯 그룹 시어터의 배경이 된 데 그 의의가 있다고 할 것이다(김미혜 69-72). 워싱턴 스퀘어 플레이어즈에서부터 시작된 상업극에 대한 반대이자 예술로서의 연극에 대한 미국의 열망은 시어터 길드로, 다시 미국 극단의 표준 모델이 된 그룹 시어터로 이어진다.

'그룹 시어터'는 시어터 길드에 단원이었던 클루먼, 스트라스버그, 체릴 크로포드(Cheryl Crawford)에 의해 1931년 창단되었다. 1925년 시어터 길드의 뮤지컬 레뷰 〈게릭 게이티즈(Garrick Gaieties)〉에 참여한 클루먼과 스트라스버그는 미국 연극의 문제점에 관해 이야기하면서 서로의 이상이 상호보완적이라는 것을 깨닫는다. 나태하고 전형적인 뮤지컬 레뷰 작업을 하면서 새로운 극장에 대한 공통된 꿈을 발견하게 된 것이다.[115] 계속된 시어터 길드 작업에서 크로포드와도 그들의 이상을 공유하게 되었고, 세 사람은 새로운 단체를 결성하기로 뜻을 모은다(Smith 15-18).

그룹 시어터를 주도적으로 이끈 클루먼은 유대인 상류층 출신으로 1901년 뉴욕에서 태어나 콜롬비아 대학(Columbia University)과 소르본 대학(La Sorbonne University)에서 교육받았다. 어린 시절 이디시 공연을 통해 연극에 심취하게 된 그는 파리 유학 시절 코포의 공연을 보고 강의를 들었으며, 모스크바 예술극장의 공연을 경험하였다. 뉴욕에 돌아와서는 출판사에서 잠시 일하기도 하였으나, 결국 시어터 길드에 들어가면서 연극인의 길을 걷게 된다. 1901년 폴란드에서 태어나 7세에 미국으로 온 스트라스버그 역시 이디시 연극을 보고 연극에 대한 꿈을 키웠다. 그러나

---

115   그룹 시어터 단원이 된 마이즈너 역시 이 공연에 코러스로 참여했다(Smith 15).

재정적 사정으로 클루먼과는 반대로 고등학교 중퇴 후 독학으로 연극에 관한 지식을 쌓았다. 생계 때문에 여성용 가발 상점에서 일하던 그는 모스크바 예술극장의 미국 순회공연을 보고 전문 연극인이 될 것을 결심한다. 일을 관두고 미국 실험극장에 등록하고 시어터 길드에도 참여하면서 클루먼과 만나게 된다. 그리고 그의 권유로 클루먼도 미국 실험극장에서 함께 공부하며 공통된 연극 이상을 만들어 간다. 그러나 이를 실천할 극단을 만들기에는 두 사람은 사업적인 경험이 없었기에 스미스 칼리지(Smith College)를 졸업한 후 시어터 길드에서 캐스팅과 무대 매니저 업무를 맡고 있던 크로포드를 설득해 함께하게 된다(Carnicke, *Stanislavsky in Focus* 39).

시어터 길드의 무대 뒤편에서만 진행되던 세 사람의 논의는 부동산 사업가 시드니 로스(Sidney Ross)의 투자로 1928년 처음으로 실현된다. 당시 상업극 평균 제작이 4주 정도인 상황에서 스타니슬랍스키 시스템을 적용한 17주 동안의 훈련을 통해 월도 프랭크(Waldo Frank)의 〈새해 전야(New Years Eve)〉를 공연한다. 공연은 완벽한 성공이라 할 수 없지만 나름의 성과가 있었다. 중산층 지식인의 불륜과 환멸을 줄거리로 한 이 작품은 스트라스버그에게 심리적인 연기훈련을 실행해 볼 기회가 되었으며, 인간은 교리나 제도에 의해 인도되기보다는 살아있는 현실을 직시해야 한다는 클루먼이 이끈 공연의 주제는 이상주의를 가진 젊은이들에게 어필할 수 있었다. 또한, 마이즈너, 프랑콧 톤(Franchot Tone), 모리스 카모프스키(Morris Carnovsky) 등의 배우들을 발견하였으며, 스트라스버그가 배우의 연기를 담당하고 희곡의 기초가 되는 역사적이고 이론적인 문제에 대해서는 클루먼이 맡게 되는 극단의 분업 체계도 이때 형성한다.

이어서 이들은 장기간의 여름 합숙 훈련을 진행하고자 했지만, 로스가 투자를 철회하면서 계획했던 훈련은 불가능해졌고 아일랜드 시인 파드라이치 컬럼(Padraic Colum)의 표현주의 코미디 〈풍선(Balloon)〉 작업 이후 공연도 한동안 멈추게 된다(Smith 20-23).

그러나 논의는 계속되었고, 자신들이 몸담은 시어터 길드에서 새로운 기회를 얻게 된다. 시어터 길드는 자신들을 초창기에 알린 실험적인 연극을 만들기 위해 자회사를 설립하고 클루먼, 크로포드, 그리고 시어터 길드의 무대 감독이었던 허버트 비버만(Herbert Biberman)에게 지휘를 맡겨 1년에 세 편의 특별 공연을 만들도록 한다. 모스크바 예술극장의 제1 스튜디오가 제2 모스크바 예술극장으로 성장한 것처럼 언젠가 완전한 독립 조직을 꿈꾸며, 자신들 스스로 '시어터 길드 스튜디오(Theatre Guild Studio)'라고 불렀다. 첫 작품으로 이미 파리와 런던(London)에서도 큰 파문을 일으킨 러시아 작품 〈레드 러스트(Red Rust)〉를 선정한다. 이 공연은 '진정한 활력이 결여된 오늘날의 미국 연극과 대조를 이루는 활기찬 발상의 연극', '세계 그 어떤 연극보다 더 현실적 삶에 충실한 공연', '관객에게 지속적인 자극을 주는 공연' 등에 비평가들의 찬사를 끌어냈으며, 세 번의 공연을 계획으로 1929년 12월 17일에 시작한 공연은 2월 중순까지 계속될 정도로 흥행에도 성공한다. 그러나 공연에 정치적인 면을 드러내는 문제, 통제되지 않는 작업 방식 등으로 시어터 길드 이사진과 잦은 마찰을 일으켰고, 여기에 주식시장 폭락 직후의 불안한 경제 상황까지 더해지면서 결국 시어터 길드 스튜디오로서의 작업도 중단된

다(Smith 24–27).[116]

시어터 길드 스튜디오의 시작이 그러했듯 이들은 좌절하지 않고 다시 시작한다. 1930년 4월부터 진행된 비공개 모임은 새로운 극장에 관심 있는 배우들과 함께해 보자는 크로포드의 제안으로 1930년 11월부터 공개로 전환된다. 매주 금요일 밤부터 토요일 새벽까지 이어지는 토론을 주도적으로 이끈 것은 클루먼의 연설이었다. 그는 "극장이 존재하지 않을 때 극장은 문제가 될 수 없다. 미국은 아직 극장이 없다. […] 미국 무대에는 극장을 위한 모든 요소가 있지만, 극장은 없다. 극단이 없는 극작가, 배우가 없는 연출, 공연이나 연출이 없는 배우, 아무것도 없는 무대 디자이너가 있다. 우리의 극장은 개인의 재능으로 무질서하다"라며 미국 연극계의 현실에 대해 가차 없는 일침을 날렸다. 또한, '공통의 신념과 기술로, 시대에 필수적인 사회적, 도덕적 문제에 대해 관객들에게 전달할 수 있는 연극을 창조하는 예술가들의 집단'이라는 새로운 극장에 대한 비전을 분명히 밝힌다. 이것은 젊은 연극인들이 품고 있던 연극에 대한 갈망과 이상주의의 맥을 짚었고, 그들은 뜨겁게 반응하기 시작한다(Smith 3–6). 처음에 클루먼의 방에서 시작한 모임은 점점 규모가 늘어나 200명이 넘는 사람들을 수용하기 위해 스타인웨이 홀(Steinway Hall)의 큰 방을 임대해야만 했으며, 극단 단원 모집에 수백 명이 몰려들었다(Gordon, *Stanislavsky in America* 42).

자신들을 이사라 칭한 클루먼, 스트라스버그, 크로포드에 의해 뽑

---

116 시어터 길드 스튜디오는 중단되었으나 시어터 길드와의 관계는 한동안 유지되었다. 그룹 시어터가 시어터 길드와의 관계를 청산하고 공식적으로 독립을 선언한 것은 창단 다음 해인 1932년 2월이다 (Gordon, *Stanislavsky in America* 50-51). 그룹 시어터 창단 이전까지 클루먼과 크로포드는 시어터 길드의 직원이었으며 그룹 시어터의 첫 여름 합숙에 시어터 길드의 계약 배우였던 톤과 카모프스키가 참여하였고, 그 훈련 비용 1,000달러와 첫 공연도 시어터 길드로부터 지원받았다(Smith 32).

힌 단원들은 연기 초보자와 유명 배우, 이민자와 미국 토박이, 이성애자와 동성애자, 그리고 전혀 다른 경제 계층의 사람들로 출생부터 살아온 환경, 경력까지 모든 것이 천차만별이었다(Brestoff 83). 그러나 평균 연령 27세로 모두 젊다는 것 외에도 공통점이 있었다. 우선, 그들 중 누구도 전통적인 브로드웨이 배우가 아니었다. 길드 시어터, 시빅 레퍼토리 시어터, 프로빈스타운 플레이어즈, 이디시 극장, 뉴 플레이라이트(New Playwrights), 헤지로우(Hedgerow)와 같은 상업적 성공보다 큰 이상을 가진 조직에서 일했다. 또한, 미국 실험극장, 하버드 대학과 예일 대학(Yale University)의 베이커 과정, 굿맨(Goodman)의 프로그램, 불가코프(Bulgakov)의 수업 등을 찾아다니는 학구적인 태도의 사람들이었다(Smith 31). 이사진들은 공통의 신념을 위해 집단에 헌신하고 학구적인 태도로 훈련에 참여할 수 있는 단원들이 필요했고, 개인적인 성공보다는 예술로서의 연극을 갈망하는 이상주의자들을 선택한 것이라 할 수 있다.

1931년 6월 8일 아침, 3명의 이사진과 27명의 단원은 코네티컷(Connecticut)에 브룩필드 센터(Brookfield Center)로 가기 위해 길드 극장(Guild Theatre) 앞에 모였다(32–33). 모스크바 예술극장이 도시 밖에서 공동체 생활로 여름을 보내며 첫 공연을 준비했듯 그룹 시어터도 여름을 함께하며 첫 공연을 준비하기로 한 것이다. 공동체를 표방한 미국 최초의 극단이 탄생한 순간이다(김미혜 76).

이들 세 사람이 무대 뒤편에 모여 미국 연극계의 현실에 대해 깊이 고민하고, 그 결과로 그룹 시어터를 창단하게 된 데에는 몇 가지 주요한 영향이 있었다. 먼저 그들이 만난 곳, 시어터 길드로부터 받은 영향이다. 클루먼은 시어터 길드가 비상업적이고 가치 있는 작품을 중산층 관객에게 소개하고 예약제로 기본 관객층을 형성한 것으로 미국 연극 관행에 기여했음을 인정하면서도 예술적인 개성이나 목표 없이 외국 공연에 압도된 채 그들을 따르고 있음을 지적한다. 시어터 길드는 미국 연극의 개척자라기보다는 모방자, 구매자, 유통자라는 것이다(Clurman, *The Fervent Years* 25). 또한, 시어터 길드는 배우들이 성장할 진정한 기회를 제공하지 않았으며(Bartow xxiii), 그들의 공연은 연극을 위한 연극일 뿐 사회와 유기적이지 않았다고 비판한다(Hirsch 68). 클루먼은 시어터 길드에 대한 비판에서 한발 더 나아가 소극장 운동 자체에 대한 회의를 느낀다. 시어터 길드를 포함한 소극장 운동은 미국 극작가들을 발굴했고, 새로운 형식의 연극을 시도했으며 진지한 태도의 관객을 만들었다고 평가받는다. 그러나 소극장 운동의 작품들은 상업적인 경쟁이 가능한 전문적인 공연이라 하기엔 아마추어에서 완전히 벗어난 것으로 보기 힘들었으며, 그나마도 재정적 어려움으로 빈사 상태에 이른 상황이었다. 클루먼은 소극장들이 상업극의 하찮은 사실성에 길든 배우들로 유럽 고전과 같은 이질적인 공연을 할 뿐, 연극에 일부가 될 수 있는 진지한 배우 집단은 절대로 되지 않을 것이라 한다(Smith 5). 다시 말해, 시어터 길드를 포함한 소극장 운동의 문제는 상업극을 반대하며 새로운 시도를 하였으나, 그 목표나 주체성, 전문성이 결여 되어 있다는 것이다. 이들은 시어터 길드에서의 작업을 통해 소극장 운동으로는 해결할 수 없었던 미국 연극의 현실을 깨닫고, 이를 넘어서는 시대와 사회가 반영된 미국적인 연극을 선보일 수 있는 전문적인 극단을 꿈꾸게 된 것이라 하겠다.

다음은 모스크바 예술극장의 미국 순회공연과 미국 실험극장의 영향이다. 이미 이전 장들에서 논의되었듯이 양자는 미국 연극 변화에 중요한 지점이 되었을 뿐만 아니라, 그룹 시어터의 방향 설정에도 결정적 영향을 미치게 된다. 클루먼은 파리 유학 시절에, 스트라스버그는 미국 순회공연을 통해 모스크바 예술극장의 공연을 접하였으며 두 사람 모두는 미국 실험극장에서 공부하였다. 이들은 시대의 삶을 전달하는 연극을 선보일 진정한 배우 앙상블이 등장할 때라 하며 헌신하는 배우들로 구성된 영구적인 극단을 만들고 공통된 기술을 사용하여 삶의 현실을 무대에 올리고자 한다(Bartow xxiii). 여기서 말하는 앙상블은 모스크바 예술극장을 통해 경험한 것이며, 사용할 공통된 기술은 모스크바 예술극장의 공연을 가능하게 했던 스타니슬랍스키가 개발하고 미국 실험극장이 그들에게 알려준 시스템이라고 믿었다(Smith 9). 또한, 그룹 시어터는 미국 실험극장의 운영 원칙도 차용한다. 볼레슬랍스키의 지휘 아래 집단적 이상을 추구하고 시스템을 바탕으로 연기교육을 진행하며 시대 정신이 담긴 미국에 의한 미국만의 연극을 만들어야 한다는 미국 실험극장의 원칙을, 지휘자만 클루먼으로 바꾼 채 거의 그대로 사용한 것이다(Gordon, *Stanislavsky in America* 40).[117] 클루먼과 스트라스버그는 '극의 매 순간을 생동감으로 채울 수 있는 탁월한 앙상블'이 무엇인지를 모스크바 예술극장의 공연을 통해 경험하였고, 그 기술이라 할 수 있는 시스템과 극단으로서의 목표와 구체적 실천 방법까지를 미국 실험극장에서 배워 그룹 시어터를 만들게 된 것이라 할 수 있다.

　마지막으로 클루먼이 자신들의 극장을 만드는 촉매제 역할을 했다고 표현한 코포의 영향이다(Clurman, *The Fervent Years* 16). 클루먼은 파리

117　미국 실험극장의 볼레슬랍스키와 우스펜스카야는 그룹 시어터의 멘토로서 그룹 시어터에 관한 공식 성명을 발표하기도 했다(Gordon, *Stanislavsky in America* 40).

유학 시절 코포의 공연을 보고 강의를 들었을 뿐만 아니라, 1927년 코포가 시어터 길드에서 도스토옙스키의 〈카라마조프 형제〉를 연출했을 때 공연 홍보 기사 작성과 통역을 맡았다. 코포가 미국 배우들에게 자신의 아이디어를 전달하기 위해 고군분투하는 것을 보면서 공통의 예술 언어 없이는 재능 있는 사람들조차 효과적으로 연극을 만들 수 없다는 것을 느꼈으며, 코포의 연극 세계를 경험하면서 자신들만의 독특한 극단을 만들 방법도 고민하게 된다(Smith 20).[118]

이처럼 시어터 길드, 모스크바 예술극장의 순회공연, 미국 실험극장, 그리고 코포의 영향 아래 세워진 그룹 시어터는 연극의 사회적 기능을 회복하기 위해 다양한 창작극 레퍼토리를 마련하고 스타니슬랍스키 시스템을 공통의 예술 언어로 사용하여 체계적인 훈련을 통해 수준 높은 앙상블을 완성하는, 이제까지 미국에 없었던 극단이 되고자 한다.

그룹 시어터는 1931년부터 1941년 해산까지 총 23개의 작품을 공연했다. 번역극에 의존했던 기존 극단들과 달리 클리포드 오데츠(Clifford Odets)[119]를 대표주자로 하여 미국의 사회상이 반영된 미국 극작가들의 작품을 올린다. 1931년 창단 작품으로 올려진 남북전쟁 전 쇠퇴하는 미

---

118 이 밖에도 이디시 극장의 영향이 있다. 데이비드 크라스너(David Krasner)는 이디시 극장의 멜로드라마, 감정, 사회적 기능에 대한 강조가 그룹 시어터 전반에 나타나고 있으나 중요성이 간과되고 있다고 한다(148). 이디시 극장은 독일 및 동유럽 유대인 이민자를 회원으로 하는 극단을 뜻하는 것으로(Robinson 180), 스트라스버그, 클루먼, 루이스, 마이즈너, 애들러 등에 그룹 시어터의 많은 단원이 이민자 출신으로 그들은 대부분 이디시 극장을 통해 처음 연극을 경험하고 연극에 대한 가치관을 형성하였다. 특히, 가족 전체가 이디시 극장의 배우였고, 본인도 이디시 극장의 유명 배우였던 애들러는 이디시 극장의 앙상블 연기, 좋은 연극, 지속적인 활동이 그룹 시어터를 통해서 실현될 수 있다고 기대했다(Smith 23).

119 배우로 그룹 시어터의 단원 생활을 시작한 오데츠는 공연된 23개 작품 중 7개 작품을 쓴 그룹 시어터의 대표적 극작가로 모스크바 예술극장에 체홉이 있었다면 그룹 시어터에는 오데츠가 있었다고 할 수 있다(Brestoff 92). 미국 대공황의 한순간을 포착한 <일어나 노래하라!>가 공연되었을 때 그를 '브롱크스의 체홉(Chekhov in Bronx)'이라 칭하기도 한다(Gordon, *Stanislavsky in America* 66).

국 남부의 한 가문을 묘사한 폴 그린(Paul Green)의 〈코넬리 일가(The House of Connelly)〉는 16번의 커튼콜과 함께 '브로드웨이에 새로운 피를 주입한 것', '미국 극장에서 훌륭하고 진실한 무언가가 시작되었다' 등에 좋은 평가를 받으며 미국 연극계에 그룹 시어터의 존재를 알리는 계기가 되었다(Gordon, *Stanislavsky in America* 50). 이후 1932년 존 하워드 로슨(John Howard Lawson)의 〈성공기(Success Story)〉, 1935년 오데츠의 〈레프티를 기다리며(Waiting for Lefty)〉와 〈일어나 노래하라!(Awake and Sing!)〉, 1937년 〈골든 보이(Golden Boy)〉, 1939년 어윈 쇼(Irwin Shaw)의 〈젠틀 피플(The Gentle People)〉 등이 공연되었으며, 그중 1933년 공연된 시드니 킹슬리(Sidney Kingsley)의 〈맨 인 화이트(Men in White)〉는 퓰리처상(Pulitzer Prize)을 수상하였다(Smith 430−433).[120]

이들은 공연의 수준 높은 앙상블을 위해서 '그룹'이라는 이름처럼 '집단'임을 강조한다. 배우들은 역할의 크기에 상관없이 동등한 출연료를 받았으며 배우, 연출, 무대 디자이너 등에 공연 구성원 모두는 소통의 공통 어휘로 스타니슬랍스키 시스템을 사용하였다(Darvas 12). 운영에 있어서는 크로포드가 총괄 프로듀서가 되었고, 클루먼은 그룹 시어터의 대변인이자 극작가였다. 그리고 스트라스버그가 비공식적인 예술감독의 자리를 차지하고 연기교육 전체를 관장했다.[121]

---

120 작품과 작가, 공연 일시 및 횟수와 공연장, 연출과 출연진 등의 그룹 시어터 공연에 대한 자세한 내용은 웬디 스미스(Wendy Smith)가 그룹 시어터의 역사를 기록한 *Real Life Drama: The Group Theatre and America, 1931−1940* (1990) 430-433 페이지 참조.

121 이 외에 교육을 위한 노력으로는 산하에 초보 배우들의 연기훈련을 목표로 1937년 만들어진 '그룹 시어터 스튜디오(Group Theatre Studio)'가 있다. 같은 해 흥행에 성공한 오데츠의 <골든 보이> 영향으로 50명을 선발하는 광고에 천명 이상이 지원했을 정도로 관심을 받았다. 그러나 주도적인 역할을 하는 루이스가 연출과 연기로 바빠지면서 4학기 만에 문을 닫는다. 이곳에서 100명 이상의 배우가 카잔과 루이스에게 교육받았다(Gordon, *Stanislavsky in America* 169-170).

스트라스버그는 미국 실험극장의 볼레슬랍스키와 우스펜스카야의 두 가지 역할 모두를 맡은 것과 같았다. 단원 모두가 동일한 연기교육을 받아야 했던 장기간의 합숙부터 그룹 시어터의 연기훈련은 스트라스버그가 주도한다. 그는 자신의 교육 내용이 스타니슬랍스키 시스템과 그가 공부한 여러 사람의 사상을 결합한 것이라 한다. 그중에서도 스타니슬랍스키 다음으로 가장 큰 영향을 준 것은 박탄코프다. 그 대표적인 것이 즉흥극, 이완, 감각의 기억, 군중 속의 고독(Public solitude), 정당화(Justification)와 적응(Adjustment) 등이다. 1932년에는 분석 부분까지 박탄코프의 방법을 추가한다. 그가 기본적으로 따랐던 미국 실험극장도 박탄코프 영향 아래 있었으나, 스트라스버그는 영향을 넘어 박탄코비즘(Vakhtangovism)을 덧씌웠다고 할 수 있다(Gordon, *Stanislavsky in America* 43, 53).

스트라스버그는 이를 '작업의 방법(Method of work)'의 줄임말인 '메소드(Method)'라 부른다(Smith 36). 이후 메소드는 미국 연극에서 가장 많이 사용되는 용어이면서, 또 가장 많은 논란과 비판에 서 있는 용어가 된다.[122] 이것은 스트라스버그의 메소드가 '정서 기억'[123]을 극도로 강조한 것에서 연유한다.[124] 진정한 감정을 재현하기 위해 공연을 하는 배우들은 과

---

122 클루먼은 메소드를 "스타니슬랍스키 메소드"(*The Collected works* 369)의 약어로 역할을 위해 배우들이 사용하는 기술이자 배우들을 훈련하는 수단이라 한다.

123 스트라스버그는 정서 기억을 설명하면서 박탄코프의 말을 인용한다. "우리는 예술에서 실제 감정을 사용하지 않는다. 오직 정서 기억의 감정, 오직 기억된 감정만을 사용한다"(*Strasberg at The Actors Studio* 112).

124 정서 기억의 실제 적용에 대해서는 1932년 <성공기> 리허설 중 스트라스버그가 배우에게 정서 기억을 통해 감정 상태를 유도하는 모습을 목격한 웬델 필립스(Wendell Phillips)의 경험이 수록된 고든의 *Stanislavsky in America: An Actor's Workbook* (2010) 44-47 페이지 참조. 정서 기억을 포함한 훈련에 대한 더 세부적인 내용은 그룹 시어터 신문 기사와 서적, 미발표 논문, 그리고 그룹 시어터 단원들과의 인터뷰를 바탕으로 훈련을 정리한 같은 책의 74-78 페이지 참조.

거 경험을 예민하게 현재 시제로 묘사하도록 요청받은 다음 사적인 숙고로 마무리했고, 이것을 '운동하기(Taking an exercise)'라 한다(Gordon, *Stanislavsky in America* 44). 엘리아 카잔(Elia Kazan)은 스트라스버그가 감정적 체험을 기억할 수 있도록 모든 장면 전에 1분씩 시간을 투자할 것을 요구했고, "잠깐 시간을 가져라!(Take a minute!)"가 표어가 되어버렸다고 말했을 정도로 스트라스버그는 정서 기억에 열중한다(63).[125]

처음에 열광했던 단원들은 차차 스트라스버그의 훈련 방식에 의문을 제기한다. 애들러는 "다른 곳에서 많은 경험을 가진 여배우로서, 나는 그룹 시어터에서 사용된 몇몇 원칙들에 분개했다"(*The Art of Acting* 235)고 한다. 스트라스버그의 방법은 굳이 정서 기억을 사용하지 않아도 인물의 감정을 마주할 수 있는 애들러와 같은 경험 많은 배우에게는 불필요한 일이었기 때문이다. 강박에 가까운 스트라스버그의 정서 기억 사용에 대한 애들러의 반대는 그가 1934년 로슨의 〈젠틀우먼(Gentlewoman)〉의 주인공을 맡았을 때 표면화되었다(Scheeder 105). 루이스, 마이즈너, 카노프스키 등도 정서적 기억에 대한 가치를 인정하면서도 극단적인 현실에 머무른 채 연기 스타일을 제한하는 것이며 사용할 수 있는 개인적인 경험은 한계가 있다고 정서 기억의 문제점에 대해 말한다(Brestoff 85-86).

이러한 상황이 극에 달했을 1934년, 애들러와 스트라스버그는 함께 러시아에 방문하여 모스크바 예술극장, 메이어홀드와 박탄코프의 극장

---

125 고든은 메소드라는 용어 자체가 정서 기억을 전면에 내세워 사용하게 되면서 정서 기억을 처음 배웠던 미국 실험극장과의 차별을 위해 스트라스버그가 도입한 것이라 한다(*Stanislavsky in America* 44).

에 수업과 리허설을 참관하고 공연을 보게 된다.[126] 그러나 아이러니하게도 이들은 스타니슬랍스키 시스템, 특히 정서 기억에 관한 전혀 다른 결론을 가지고 귀국한다.

스트라스버그는 박탄코프의 미망인을 만나 박탄코프에게 스타니슬랍스키가 보낸 편지를 읽고, 박탄코프를 스타니슬랍스키가 후계자로 인정하였을 뿐만 아니라 자신이 적응이라고 부르는 내적 정당화(Inner justification) 사용이 시스템의 논리적 확장이라는 것을 확인시켜 주었다고 한다. 스트라스버그는 본인이 메소드에 적용하고 있는 정서 기억과 박탄코프의 기술에 대한 믿음을 더욱 굳건히 한다(Smith 177).

반면 모스크바 방문만으로 시스템에 대한 갈증을 해소하지 못한 애들러는 뒤늦게 합류한 클루먼과 함께 프랑스 파리로 스타니슬랍스키를 찾아 나섰고 클루먼의 스승 코포의 주선으로, 마침내 1934년 7월 3일 스타니슬랍스키와 대면하게 된다. 애들러는 6주 동안 그곳에 머물면서 스타니슬랍스키와 함께 시스템을 공부한다. 그는 시스템에 대해 불만을 드러내고, 스타니슬랍스키는 정서 기억에 너무 중점을 두고 잘못 사용하였기 때문이라고 답한다. 이 기간 애들러는 시스템의 다양한 요소들이 들어있는 구성표를 복사했고, 정서 기억은 그 구성의 한 부분일 뿐임을 확인한다(Lewis, *Sling and Arrows* 70).

이렇듯 서로 다른 결론을 가지고 미국에 돌아온 이들은 결국 시스

---

126 애들러는 스타니슬랍스키 시스템 외에도 춤, 곡예, 펜싱, 화술, 메이어홀드의 생체역학(Bio-mechanics) 등의 다양한 수업에 깊은 인상을 받았다. 스트라스버그는 모스크바 예술극장 공연의 부족한 연기력은 진실한 감정 추구를 포기한 것으로 보인다며 '모스크바 예술극장은 줄 것이 없다'라는 말로 공연에 대한 실망을 표한다. 그러나 상상력으로 풍부한 세련미를 만들어 낸 메이어홀드 공연의 연극성에 대해서는 감탄했다(Smith 176-178).

템을 어떻게 사용하는가에 대한 전혀 다른 관점을 갖게 된다. 스트라스버그는 '정서 기억'에 대한 완강한 믿음을 유지하고, 애들러는 정서 기억보다 '행동'과 '주어진 상황'에 대한 새로운 이해가 필요하다고 주장한다(Brestoff 88).

애들러는 단원들에게 스트라스버그의 시스템 사용이 잘못되었음을 지적하고 그가 스타니슬랍스키에게서 직접 배워온 시스템 체계에 대해 발표했다.[127] 그러나 스트라스버그는 그다음 날 바로 회의를 소집해 "나는 스타니슬랍스키의 것이 아니라 나의 메소드를 가르치고 있다"(Lewis, *Sling and Arrows* 71)고 말한다. 스트라스버그는 더 이상 미국에서 스타니슬랍스키의 유일하고 흠잡을 데 없는 중재인이 아니었다(Gordon, *Stanislavsky in America* 168).

이 사건을 계기로 그룹 시어터를 지탱하던 스트라스버그의 권위는 크게 손상되었으며 기존의 메소드를 고수하는 쪽과 애들러를 따르는 쪽으로 단원들은 편이 갈린다. 이 밖에도 크로포드는 제작비를 구할 때만 자신을 필요로 하는 단원들에게 불만이 커졌고, 클루먼은 이상을 얘기할 뿐 실제 작업에는 성과를 보여주지 못하며 불륜 관계인 애들러에게 특별한 대우를 해준다는 눈총까지 단원들에게 받게 되면서 그룹 시어터는 점점 더 분열해 간다. 이 과정에서 많은 단원이 각자의 일을 찾아 떠났고, 스트라스버그도 1937년 탈퇴한다. 1939년 이후 공연들의 실패로 재정적인 압박까지 더 해지면서 그룹 시어터는 1941년 해체된다. 토드 런

---

127   루이스는 애들러의 발표가 관통할 수 없는 스트라스버그의 갑옷에 흠집을 내고, 스타니슬랍스키 시스템을 둘러싼 미국 내에 불편한 대기에 신선한 공기를 불어 넣은 것이라고 한다(*Sling and Arrows* 71).

던(Todd London)은 해체의 가장 주요한 원인으로 할리우드의 유혹, 그리고 단원 간의 긴장 관계를 꼽으며 그룹 시어터는 공통의 목소리를 만들고자 했던 예술가들 사이의 갈등으로 해체된 것이라 한다(204). 강렬한 집단행동으로 말하던 극장은 그 집단이 무너지면서 결국 끝이 났다.

리처드 브레스토프(Richard Brestoff)는 모스크바 예술극장에 극작가 체홉이 있었다면 그룹 시어터에는 오데츠가 있었고, 스타니슬랍스키와 단첸코의 관계는 스트라스버그와 클루먼과 같았다고 말하며 그들이 모델로 삼은 모스크바 예술극장과 비교할 수 있는 것은 그룹 시어터의 성취에 대한 최고에 찬사라 한다(92). 그러나 그룹 시어터에 10년 동안의 행보는 모스크바 예술극장과는 다른 의미를 가진다. 모스크바 예술극장이 '예술적' 혁명을 추구했다면 사회주의에 경도된 채 입맛에 맞게 작품들을 수정[128]하여 공연을 올렸던 그룹 시어터의 혁명은 '정치적', 혹은 '사회주의적'으로 읽힐 수 있다. 또한, 모스크바 예술극장이 재정상의 문제로 모든 계층이 접근할 수 있는 극장을 만들려는 처음 의도에서 벗어나 부유한 지식인 관객들을 위한 공연으로 변해갔다면, 같은 문제에 대해 그룹 시어터는 다른 지역으로 이동과 같은 타협 없이 처음의 의도대로 공연 중심지인 뉴욕에서 비상업적인 공연장을 지키며 짧은 시간 존재하는 것을 택한다(Carnicke, *Stanislavsky in Focus* 40-43). 그룹 시어터는 비록 사회주의적으로 치우친 공연을 만들고 짧은 기간 유지되었지만, 시대의 정신을 담은 비상업적인 공연을 만들고자 했던 연극에 대한 확고한 신념만은

---

128 카르니케는 러시아 검열관들처럼 그룹 시어터의 이사진이 극작가들에게 그들이 원하는 대로 희곡을 수정할 것을 요구하여, 낙관론을 강조하면서 극적 갈등을 단락시키는 감상주의를 만들어 냈다고 한다(*Stanislavsky in Focus* 40-43).

모스크바 예술극장을 뛰어넘은 것이라 할 수 있다.

　연극적 이상을 지키고자 마지막까지 노력한 그룹 시어터는 미국 연극사에 중요한 발자취를 남겼다. 이에 대해 로버트 H. 히쓰만(Robert H. Hethmon)은 *Strasberg at the Actors Studio* (1965)의 서문에서 다음과 같이 밝힌다.

　　그룹 시어터는 우리 연극적 삶에 지대한 공헌을 했다. 그들은 앙상블로서의 완전한 훈련을 받은 미국 최초의 극단이었다. 클루먼은 그들의 첫 작품에 대해 다음과 같이 기술했다. "그들은 기술적 요소들과 그들 자신의 영감과 감정을 융합시키는 데 성공했다. 이들은 본래의 성격과 습관은 차치하고 연습 전, 그리고 연습 기간에 함께한 교육을 통해 준비한 덕분에 성공할 수 있었다" 그들이 훌륭한 극작가와 재능 있는 배우들을 발굴한 것과는 별개로, 이것은 우리의 연극 전통에 대한 선물이었다. 오직 훈련된 앙상블 극단이 있어야만 성취할 수 있는 연극 예술의 성공적인 실현이었다. 그것은 그 이후로 연기와 제작에 있어서 판단의 기준이 되어온 사실성과 진실의 비전을 미국 연극에 소개한 것이다. (15)

　그의 말처럼 미국 연극에 대한 그룹 시어터의 가장 큰 공헌은 미국 최초의 체계적인 연기 훈련법과 레퍼토리를 가진 전문극단을 만든 것이다. 그룹 시어터는 이전에 없던 극단 체계를 세웠고, 이후 만들어지는 미국 극단의 기준, 또는 표준이 된 것이라 하겠다.

　그다음으로 꼽을 수 있는 것은 미국의 연기 문화인 아메리칸 액팅 메소드 형성이다. 이들은 미국 실험극장에서 배운 것을 그대로 전달하는 것에 그치지 않고 모스크바 예술극장을 방문하고 스타니슬랍스키를 직접 만나는 등의 다양한 방법으로 시스템을 연구하고, 박탄코프 이론과 접목을 시도함으로써 주체적으로 시스템을 수용하여 미국의 새로운 연기 문화인 아메리칸 액팅 메소드를 형성하였다. 그리고 그 메소드는 현재 미국을 넘어 세계에서 널리 쓰이고 있다.

인재 배출도 빼놓을 수 없다. 번역극 위주의 기존 연극에서 벗어나 당시 사회 현실을 담은 창작극을 공연함으로써 오데츠를 필두로 로슨, 쇼, 킹슬리 등의 작가들을 탄생시켰을 뿐만 아니라 존 가필드(John Garfield), 마가렛 바커(Margaret Barker), 러스 넬슨(Ruth Nelson), 피비 브랜드(Phoebe Brand), 아트 스미스(Art Smith), 톤, 카모프스키 등의 배우들과 연출가 카잔도 그룹 시어터를 통해 양성되었다(김미혜 78–79). 이들은 현대 미국 연극과 영화를 이끈 대표적인 인물들이라 할 것이다.

마지막으로 출신 18명이 1960년까지 스튜디오, 워크숍, 대학 등에서 연기 지도를 했을 정도로 많은 연기 교사가 배출되었음도 이야기할 수 있다(Gordon, *Stanislavsky in America* 40). 그중에서도 가장 중요한 인물들에 대해 *The Art of Acting* (2000)의 후기에서 편집자인 하워드 키셀(Howard Kissel)은 다음과 같이 말한다.

> 10년이라는 짧지만, 파란만장한 역사를 가진 그룹 시어터는 훌륭한 배우와 연출가들을 많이 배출했는데, 그중에서도 리 스트라스버그, 샌포드 마이즈너, 로버트 루이스, 스텔라 애들러와 같은 연기 교사들의 탄생은 가장 괄목할만한 성과다. (264)

아메리칸 액팅 메소드의 주요 연기 교사 4명은 액터스 스튜디오, 네이버후드 플레이하우스, 스텔라 애들러 연극 학교(The Stella Adler Theatre School), 그리고 여러 대학과 워크샵 등에서 각자의 방법으로 진화시킨 메소드를 교육하는 일에 평생을 바쳤다. 이들의 노력으로 미국 연기와 연기교육 발전에 이바지할 수 있는 수많은 인재가 양성되었다.[129]

이러한 그룹 시어터의 연기와 연극에 대한 영향들은 그룹 시어터가 미국 극장을 바꾸었다고 웬디 스미스(Wendy Smith)가 말했듯이 이후 만들어지는 미국 연기예술의 새로운 기준점이자 배경이 되었다고 할 수 있다(429). 그룹 시어터가 미국만의 새로운 극단 문화와 연기론을 만들고, 이를 이끌어 갈 극작가, 배우, 연출, 교육자 등을 배출한 것은 현대 미국 연극과 영화, 그리고 연기교육을 지탱할 수 있는 기본 틀을 구축하였을 뿐만 아니라, 그 동력까지를 마련한 것이라 할 수 있기 때문이다.

그룹 시어터를 스타니슬랍스키 시스템의 계승에서 다시 바라보면 스트라스버그가 만든 메소드가 시스템을 엄격히 준수하지 않았다는 면에서는 기존의 비판은 옳다. 그러나 조쉬 로건(Joshua Logan)이 스타니슬랍스키에게 그의 시스템을 사용하여 미국에서 그룹 시어터를 만들고자 한다고 얘기했을 때 그가 보여준 반응은 전혀 다른 것이다.

우리가 당신과 다르다는 것만 명심한다면 당신은 우리가 무엇을 하는지를 알 수 있을 것이다. 우리는 다른 국가적 목표를 가지고 다른 사회에 있다. 당신은 위스키를 좋아하고 우리는 보드카를 좋아한다. […] 당신만의 방법

---

129 이 외에도 아메리칸 액팅 메소드 발전에 힘쓴 이들로는 포에비 브랜드(Phoebe Brand), 우타 하겐(Uta Hagen), 폴 만(Paul Mann), 무어 등의 연기 교사들이 있다(Krasner 147).

을 창안하라! 당신만의 전통을 만들고, 그것이 진부해지지 않도록 깨트려
라. (Logan 53)

스타니슬랍스키의 주장처럼 그룹 시어터에서의 시스템에 대한 미국적
변형 수용은 스타니슬랍스키의 이상을 미국 문화의 관용구로 번역한 것
으로 이해해야 한다(Carnicke, *Stanislavsky in Focus* 38).[130] 또한, 다른 사
상들과 융합하거나 특정 부분을 강조하여 자신들에 맞게 시스템을 흡수
한 그룹 시어터의 시도는 스타니슬랍스키가 시스템을 발전시키고자 끊임
없이 행했던 실험을 통해 강조점이 변화하였듯이 시스템의 발전적 수용
으로도 평가될 수 있을 것이다.

새로운 극단의 형태로 아메리칸 액팅 메소드를 형성하고 인재들을 배
출하여 미국 현대 연극의 토대를 마련하였으며, 스타니슬랍스키 시스템을
자신들만의 방법으로 실험하고 미국적으로 변형 수용한 그룹 시어터는
미국 연극과 연기, 그리고 시스템 계승에서 중요한 지점임이 분명하다.

---

130   볼레슬랍스키 역시 미국인들이 모스크바 예술극장과 같은 기술을 사용할 미국적인 방법을 찾아
      야 한다고 말했고, 이것은 메소드를 만든 스트라스버그에게 영향을 준다(Bartow xxii).

4. 메소드의 핵: 액터스 스튜디오
(The Actors Studio)

　　그룹 시어터가 해체한 이후 아메리칸 액팅 메소드의 주요 교사 4명은 각자 독립적인 교육 기관에서 아메리칸 액팅 메소드를 발전시켰다. 그중에서도 미국 연극과 영화계가 메소드의 도가니가 된 것은 단연코 스트라스버그로 상징되는 액터스 스튜디오의 공이라 할 것이다.

　　그룹 시어터가 해체된 지 7년 만인 1947년 카잔, 루이스, 크로포드에 의해 '액터스 스튜디오'가 설립된다.[131] 그 시작에 대해 59번가에 있는 그리스 레스토랑에서의 만남을 모스크바 예술극장의 시작인 스타니슬랍스키와 단첸코의 18시간 대화와 비교하기도 하고, 잃어버린 그룹 시어터를 재현하자는 것이 처음에 누구의 생각이었는지 의견이 엇갈리기도 한다(Garfield 46-50). 그러나 시작점이 언제이고 누구의 의견이 먼저였든지 간에 분명한 것은 이들 세 사람이 각자의 영역에서 작업하며 한계에 부딪혔고, 그로 인해 그룹 시어터에서 함께 했던 작업이 필요하다고 판단

131　카잔과 루이스가 강의하고, 크로포드가 운영을 맡기로 합의한다(Smith 418).

했다는 것이다. 이들이 액터스 스튜디오를 통해 그룹 시어터의 실험을 이어가고자 했음은 액터스 스튜디오라는 이름이 그룹 시어터의 초기 실험이었던 시어터 길드 스튜디오가 모태라는 것으로도 충분히 알 수 있다 (Carnicke, *Stanislavsky in Focus* 47).

　　이들이 가장 원했던 것은 훈련된 배우다. 1941년 그룹 시어터 해체는 스타니슬랍스키 시스템으로 배우훈련을 하는 전문집단이 미국에 존재하지 않음을 의미했고, 준비되지 않은 배우들과의 7년간 작업을 통해 연기훈련의 필요성을 절감하게 된 것이다. 특히, 연출로서 성공 가도를 달리기 시작한 카잔은 짧은 상업극 연습 기간에 배우들에게 기본기까지 가르쳐야 한다는 것에 힘들어했다. 그는 액터스 스튜디오 개회식에서 "우리는 공통의 언어를 원한다. 그래야 내가 배우들을 지도하는 대신 연출을 할 수 있다"(Garfield 54)고 말하며, 그룹 시어터에 이어 시스템을 공통의 언어로 사용하여 배우를 훈련할 것을 선언한다. 그에 바람은 클루먼이 기술적이고 예술적인 가치가 있는 일반적인 것으로서 스타니슬랍스키의 어휘를 규정하고 통용시키고자 했던 그룹 시어터의 생각과 맞닿아 있다(Clurman, *The Fervent Years* 61). 이것은 액터스 스튜디오가 그룹 시어터와 마찬가지로 시스템을 미국 관용어로 번역하고 변형시키는 장소임을 의미한다(Carnicke, *Stanislavsky in Focus* 48). 액터스 스튜디오는 시스템을 공통의 언어로 사용하여 훈련된 배우들, 언제든 공연이 가능한 전문 배우들을 배출하고자 한다.

　　액터스 스튜디오는 단순한 배우들의 연기훈련 장소를 넘어서 배우에 대한 존중이 깃든 곳이기를 원했다. 1947년 10월 카잔은 학생들을 임시로 맞이하면서부터 이곳을 미국 배우들의 '고향(Homeland)'이라 칭하며 배우들을 위한 곳임을 표명한다(Gordon, *Stanislavsky in America* 125).[132] 그는 1973년 12월 6일에 진행된 액터스 스튜디오의 26주년 기념식 연설을 통해서도 액터스 스튜디오가 배우를 위해 탄생했음을 상기시켰다.

> 스튜디오가 존재하기 전에 배우가 브로드웨이 극장에서 노동력의 일부로 취급받고 그의 기술을 비웃었던 것을 기억할 수 없다면, 누구도 스튜디오가 의미하는 바를 이해할 수 없다. […] 해안가의 노동자처럼 매일 아침 몸을 가꾸고, 운이 좋기를 바라고, 주위를 돌고, 전화를 기다리고, 도로변에 살았고, 비를 피할 곳이 없었던 위대한 전문가였다. (Carnicke, *Stanislavsky in Focus* 47-48)

액터스 스튜디오는 배우들의 연기를 예술로 인정하며 그들이 재능을 연마하고 보통은 맡을 수 없는 역할을 연구할 수 있는 장소가 되고자 했고, 스타 제일주의와 재능을 팔아야 한다는 압박에서 벗어날 수 있는 보호구역이자 안전한 피난처를 자처함으로써 배우들에게 상업주의에서 벗어나 순수하게 연기를 연구할 기회를 제공하고자 한다(Krasner 147).[133] 액터스 스튜디오를 설명한 영화배우 다이안 래드(Diane Ladd)의 말에서 이같은 신념을 다시 한번 확인할 수 있다.

---

132 고든은 배우들이 쉴 수 있는 고향으로 액터스 스튜디오를 표현한 것은 이 시기에 이스라엘 정부가 유대인 난민들의 정착을 위해 미국에서 외교 캠페인을 시작한 것과 무관하지 않다고 한다(*Stanislavsky in America* 125).
133 이 같은 목표는 다른 아메리칸 액팅 메소드 관련 교육 기관에서도 대부분 공유되었다(Krasner 147).

배우는 비난받지 않으면서 연기를 망칠 수 있는 곳이 필요하다. 단두대가 없는 곳. 왜냐하면 배우란 기회와 망각 사이에서 존재하는 종류의 사람이기 때문이다. 그러한 상황 속에서 성장하려면 배우에게는 그들이 평가받지 않아도 되는 공간이 필요하다. 액터스 스튜디오란 결과를 따지는 곳이 아니다. 의사가 수술을 집도하는 것이 아니라면 결과에 연연해 할 필요는 없다. 배우란 순간 순간에 더욱 마음을 써야 하고 그것이 바로 액터스 스튜디오가 권장하는 방식이다. 이것은 마치 연애하는 것과 같은데 연애할 때 결과가 어떨지 신경쓰기 보다는 사랑하고 있는 그 순간에 몰입해야 한다. 그래서 창작과 사랑은 같은 것이라는 것이다. (이찬복 4 재인용)

배우들의 연기만을 위한 장소가 되기 위해서 액터스 스튜디오는 결과물인 공연 제작을 포기한다. 초반에는 공연을 올리기도 하고 이따금 공연에 대한 논의가 없었던 것은 아니나,[134] 연기에 대한 실험 정신을 지키고자 배우들의 순수한 작업장으로 남기로 한 것이다. 이것은 흥행의 부담 없이 연기 기술 개발에만 전념할 수 있는 환경을 만들기 위한 결정이라 할 수 있다. 참여하는 배우들에게 수업료를 받지 않은 것 또한 같

---

134 1948년 9월 첫해 수업을 받은 학생들이 <해가 질 때쯤 해변(Sundown Beach)>을 공연하면서 루이스와 카잔은 그룹 시어터와 같은 극장을 구상하였으나, 수업이 계속 진행되면서 공연을 배제한 채 강의에 집중하기로 합의한다(Scheeder 110, Kazan 302). 뒤늦게 합류한 스트라스버그는 명성을 가져다줄 수 있는 극장을 구상하고 있었고, 실제로 그의 주도로 1964년 체홉의 <세 자매> 공연을 올리기도 한다. 그러나 그 역시 실험 정신을 지키는 것에 결국 동의하며 "액터스 스튜디오가 공연 제작으로 인해 오염되지 않아야 한다"(Carnicke, *Stanislavsky in Focus* 49 재인용)고 주장했다. 이에 대해 루이스 슈더(Louis Scheeder)는 정치적으로 민감했던 반공산주의 매카시 시대(McCarthy era)의 영향에서 벗어나기 위해 액터스 스튜디오는 순수한 연구 단체로 방향을 바꾼 것이고, 이에 따라 공연을 배제했을 뿐만 아니라 모든 작업은 공개되지 않은 채 폐쇄적으로 진행되었다고 한다(134).

은 맥락일 것이다.[135] 공연 제작과 수업료의 수익 창출을 포기한 액터스 스튜디오는 보조금과 기부, 연기 교사들의 봉사로 운영되었다(Carnicke, *Stanislavsky in Focus* 49).[136]

배우를 위해 마련된 토대 위에 마지막으로 남은 것은 회원들의 구성 요건이다. 카잔은 "회원 자격을 얻을 수 있는 유일한 것은 재능이다. [⋯] 우리의 목표는 평범했고, 우리의 원칙은 깨끗했다. 40년 이상 이것은 변하지 않았다"(302)라고 한다. 그의 말처럼 회원들은 오디션에 의한 재능으로만 결정되었고, 엄격한 오디션을 모두 거친 배우는 종신회원이 되었다. 이에 대해 스트라스버그는 다음과 같이 자부심을 드러낸다.

> 솔직히 우리가 많은 돈을 벌 방법들이 있다. 스튜디오에 누군가를 들여보내려고 만 달러를 제시한 사람도 있다. 물론, 그것은 정중했다. 우리가 해야 할 일은 아주 착하고 재능 있는 소녀를 스튜디오로 데려가는 것뿐이다. 우리는 그렇게 한 적이 없다. 그래서 스튜디오에는 독특한 풍미가 있다. 우리는 어떤 중요한 인물도 두지 않는다. 어떤 의미에서 우리는 그만한 재력이 없다. 극장에서 무엇을 할 것인가에 대한 이런 기발한 생각들을 가지고 있을 때, 우리는 여기에 앉아서 어떻게 그 장소를 유지할 것인가에 대해 걱정한다. 하지만 수백만 달러를 마음대로 사용할 수 있는 사람들조차도 스튜디오를 살 수도, 가질 수도 없는 시시덕거릴 수도 없는 곳으로 본다는

---

135 배우들의 연기 공부에 학위가 있을 수 없다고 생각했기 때문에 학교 형태가 아니었고, 학비도 받지 않았다(김미혜 83).
136 이 외에 재정 마련 방법으로 방송 제작 참여가 있었다. 1948년 9월부터 1950년 3월 사이 액터스 스튜디오의 이름을 건 라이브 프로그램을 ABC방송에서 56편 선보였고, 이 수입으로 2년 동안의 재정을 마련할 수 있었다(Garfield 72-73).

것을 잊지 마라. 그들은 그것에 대해 신경 쓸 수 있다. 그게 전부다. 나는
그것을 자랑스럽게 생각한다. [...] 어쩌면 그것은 내가 결코 극복하지 못한
나의 젊은 이상주의에 호소하는 것 같다. 이런 식으로 세상을 다시 보게
될 것 같은 느낌이 든다. 나는 이상주의의 가치를 보여주고 싶었다. 그게
바로 이것이다. 이것은 살 수 없다. 판매할 수 없다. (*Strasberg at the Actors
Studio* 60)

기본 운영 방침, 회원 선발 등 모든 면에서 배우를 위한 비상업적 연
기훈련 전문 기관임을 표명하고 있는 액터스 스튜디오가 본격적으로 시
작된 것은 1947년 10월 5일이다. 이전에 프린세스 극장이었던 브로드웨
이 웨스트 29번가의 구 노동 무대(The Old Labor Stage)에서 첫 강의가
진행되었다. 스타니슬랍스키 시스템을 미국에 처음 공식적으로 소개한
25년 전 볼레슬랍스키 강의와 이를 변형한 조직인 액터스 스튜디오의 강
의가 한자리에서 이루어진 것이다(Garfield 53).[137] 시스템의 미국적 수용
과 실험의 연장선에 있는 액터스 스튜디오가 우연을 통해 이상적인 첫걸
음을 내딛게 된 것이라 할 수 있다.

강의는 26명씩 두 개의 반으로 나뉘었다. 어린 학생들을 위주로 구
성된 반을 카잔이, 더 경험이 많은 기존의 배우들로 이루어진 반의 강의

137　처음 강의에 참여한 회원들은 말론 브란도(Marlon Brando), 줄리 해리스(Julie Harris), 허버트
베르그호프(Herbert Berghof), 몽고메리 클리프트(Montgomery Clift), 밀드레드 던녹(Mildred
Dunnock), 시드니 루멧(Sidney Lumet), 칼 말덴(Karl Malden), 제롬 로빈스(Jerome Robbins),
베아트리스 스트레이트(Beatrice Straight) 등의 배우, 연출, 안무가로 현재 잘 알려진 이들이 포
함되어 있었다. 이들 중 브란도는 카잔이 연출한 테네시 윌리엄스(Tennessee Williams)의 <욕망
이라는 이름의 전차(A Streetcar Named Desire)>에 출연하여 '메소드'를 정의하는 배우가 된다
(Carnicke, *Stanislavsky in Focus* 47).

를 루이스가 맡았다. 카잔과 루이스는 이론보다는 실용성에 초점을 맞추어 강의를 진행하고자 했다.[138] 카잔은 동물 훈련을 포함한 즉흥 위주로 강의하면서 장면 각각의 목표를 위해 요구되는 행동의 의도를 강조했고, 루이스는 기존 배우들이 해보지 않은 역할을 시도하게 함으로써 그들에게 새로운 영감을 주고 도전하게 한다(Scheeder 109-110).[139] 두 사람 외에 몇몇 강사들은 정서 기억을 사용했지만, 두 사람은 이것에 집중하지 않았다. 이는 그룹 시어터를 함께한 스트라스버그를 의식한 것이라 할 수 있다. 카잔과 루이스는 의도적으로 스트라스버그, 또는 그의 메소드를 피하며 주어진 환경, 창조적 선택, 적응, 행동 등을 강조했다(Gordon, *Stanislavsky in America* 135).

그룹 시어터의 실험을 이어가고자 하면서도 그 핵심이었던 스트라스버그를 시작부터 제외하고 그의 색깔을 지우고자 한 이유로는 먼저 스트라스버그의 고압적인 태도를 들 수 있다. 루이스는 "우리(카잔과 나)는 그(스트라스버스)가 우리 모두를 그룹 시어터에서 나오게 하는 데 기여했고, 그가 젊은 배우들을 대하는 강압적인 태도는 우리의 계획과 거리가 멀기 때문에 구성원으로 고려하지 않는 것에 동의했다"(*Sling and Arrows* 183)하고, 카잔은 스트라스버그가 "분노에 대한 재능과 그것이 가져다주는 힘에 취향이 있었다"(61)고 비판하며 "우리가 영원히 없애기로 한 것은 스트라스버그의 가부장주의였다"(162)고 한다. 스트라스버그는 배우들을

---

138 훈련의 방법에 있어서 시스템에 기초한 그룹 시어터의 방법을 가르친다는 일반적인 합의는 있었지만, 교사도 학생도 이에 대해 특별히 거론하지는 않는다. 루이스는 무심코 '루이스 방법(Lewis method)', '카잔 방법(Kazan method)'이라 했다고 한다(Garfield 56-58).

139 카잔은 루이스가 "내부적이고 감정적인 것을 강조하기보다는, 연기의 풍부한 상상력을 강조했다"(302)고 한다.

시험하는 태도로 위협하여 그들을 화나게 하거나 두렵게 할 수 있는 사람이었고, 배우들에게 친절하고 그들을 지지해 주는 집과 같은 분위기를 원했던 설립자들의 생각과는 맞지 않았던 것이다(Carnicke, *Stanislavsky in Focus* 50).[140]

연극과 연기에 관한 생각도 상이했다. 스트라스버그는 심리적인 사실주의 연극을 선호했다면 루이스는 양식화된 연극을 추구했고, 연기에 있어서 스트라스버그가 감정을 강조했다면 카잔은 행동에 숨겨진 의도를 가장 중요시했다(Garfield 56). 설립자들은 그룹 시어터에서 애들러가 스타니슬랍스키를 만나고 파리에서 돌아와 새로운 주장을 펼쳤을 때 스트라스버그가 자신의 권위에 대한 도전을 용납하지 않는 것을 직접 경험했기 때문에 그와의 합의는 이루어질 수 없다고 생각하게 된 것이다.

그러나 카잔과 루이스의 수업 체계는 그리 오래가지 못한다. 주요 교사인 루이스가 창단 바로 다음 해에 카잔과의 불화로 스튜디오를 떠나고,[141] 카잔은 영화와 TV 드라마 연출로 더욱 바빠졌으며, 크로포드는 제작과 관리자의 일로 수업에 전념할 수 없었다. 카잔과 크로포드는 전적으로 강의에 전념할 사람을 찾아야 했다. 결국, 그들이 처음부터 반대했던 그룹 시어터 분열의 중심에 있는 스트라스버그를 영입하기로 한다

---

140 카르니케는 스트라스버그가 그룹 시어터 시절을 회상하며 부족했던 자신의 태도를 반성했음에도 액터스 스튜디오에서 여전히 성질을 억제하는 법을 배우지 못했다고 많은 사람이 말했다고 한다 (*Stanislavsky in Focus* 50).

141 크로포드가 루이스에게 뮤지컬 <러브 라이프(Love Life)>의 연출을 요청했을 때 카잔은 루이스에게 반대 의사를 밝혔으나, 얼마 후 카잔 본인이 그 작품의 연출을 맡는다고 발표하면서 루이스는 배신감을 느끼고 액터스 스튜디오를 떠난다(Lewis, *Sling and Arrows* 188-189, Garfield 69-70).

(Kazan 302).[142] 1948년 9월 여러 교사 중 한 명으로 참여했던 스트라스버그는 다음 해 사내 이사를 거쳐, 1951년에는 예술감독 칭호를 받으며 그 해 액터스 스튜디오의 유일한 교사가 된다.[143]

그룹 시어터에서 '메소드'라는 용어를 처음 만들었던 스트라스버그는 액터스 스튜디오에서 시스템의 변주곡인 자신의 메소드를 미국 연기 이론의 선두에 올려놓는다. 그는 자신의 메소드에 대한 시스템의 영향에 대해 다음과 같이 설명한다.

나는 종종 '스타니슬랍스키 시스템'과 나의 '메소드'의 차이가 무엇이냐는 질문을 받아왔다. 항상 메소드가 스타니슬랍스키 제도의 원칙과 절차에 기초하고 있다고 간단히 언급했다. 30년대 초반부터 그룹 시어터에서 젊은 배우들을 훈련하고 작업하면서, 그리고 나중에 액터스 스튜디오에서 내 수업에 전념하면서 이 원칙들을 사용하기 시작했다. 하지만, 나는 시스템이라는 용어의 함축성을 결코 좋아하지 않기 때문에 항상 우리의 일을 '작업의 방법'이라고 해 왔다. 또한, 시스템이 무엇이고 무엇이 아닌지에 대

---

142 크로포드는 스트라스버그를 반대하는 카잔과 액터스 스튜디오 설립 논의에서 배제되었음에 모욕감을 느끼고 있었던 스트라스버그, 두 사람 모두를 설득했다(Smith 418). 루이스는 자신이 액터스 스튜디오를 떠난 후 카잔이 로건, 마이즈너, 다니엘 만(Daniel Mann), 데이비드 프레스만(David Pressman), 데이비드 알렉산더(David Alexander) 등에 여러 교사의 강의를 시도 해 봤지만, 혼란을 피하기 위해서는 단 하나의 교육 방법에 집중하는 것이 나은 길이라는 판단으로 스트라스버그에게 결국 항복한 것이라 한다(*Sling and Arrows* 190).
143 스트라스버그는 그룹 시어터 해체 후 뉴욕에서 12번의 실패한 공연을 연출했고, 이후 진출한 할리우드에서도 다른 그룹 시어터 단원들과는 대조적으로 기회를 거의 잡지 못했다. 재정적으로 어려워진 그는 동료들의 작품에서 연기 지도를 맡기도 한다. 연출이나 배우로서는 실패했지만, 아메리칸 시어터 윙(The American Theatre Wing)과 드라마틱 워크숍(The Dramatic Workshop) 등에서 연기 교사로서는 명성을 쌓아갔다(Garfield 77-79). 카잔은 스트라스버그가 1951년 1월 제작한 상업극 입센의 <피어 젠트(Peer Gynt)>를 실패하면서 액터스 스튜디오에 오랫동안 머무를 수밖에 없었다고 한다(302-303).

한 많은 논의와 오해, 그리고 스타니슬랍스키 전기 작업과 후기 작업의 혼란이 있었기 때문에 나는 스타니슬랍스키가 우리의 어떤 잘못도 책임지게 하고 싶지 않다. (*A Dream of Passion* 84)

이처럼 스트라스버그가 시스템의 영향을 인정하면서도, 스타니슬랍스키에게 자신이 만든 메소드에 대한 책임이 없다고 한 것은 시스템과 메소드가 다른 것임을 분명히 한 것이다.[144] 그는 그룹 시어터부터 시작된 자신의 메소드를 계속해서 탐색하고 다듬으며 액터스 스튜디오의 활동 외에도 1969년 '리 스트라스버그 연극 연구소(Lee Strasberg Theatre Institute)'[145]를 설립하는 등, 1982년 생을 마감할 때까지 연기 연구와 교육에 힘썼다.

시스템 위에 자신의 색깔을 입혀 메소드를 완성한 스트라스버그의 연극적 목표는 크레이그의 *On the Art of the Theatre* (1911)를 읽으면서 처음 생긴 것이었다.

연기는 예술이 아닙니다. 그러니까 배우를 예술가로 지칭하는 것은 옳지 않다는 얘깁니다. 왜냐하면 우연성이란 예술가하고는 전혀 관계가 없기 때문이지요. […] 오늘날 연극에서 인간의 몸이 재료로 이용되고 있기 때문에, 표현되는 모든 것은 즉흥적인 성격을 가집니다. 배우의 동작, 그의 얼굴 표현, 목소리 등은 모두 다 감정의 조류에 사로잡혀 있습니다. […] 연기

---

144 스트라스버그는 그룹 시어터 시절부터 "나는 스타니슬랍스키의 것이 아니라 나의 메소드를 가르치고 있다"(Lewis, *Sling and Arrows* 71)고 말해 왔다.

145 리 스트라스버그 연극 연구소의 수업 내용은 강민호의 「Lee Strasberg's Method 훈련의 실제에 관한 연구: 연극 '장군 슈퍼' 공연을 중심으로」(중앙대학교, 2013) 13-17 페이지 참조.

자는 자기의 감정에 사로잡혀 있는 겁니다. 감정은 연기자의 신체를 장악하고 자기의 뜻대로 그것을 조종합니다. (크레이그 86-87)

이러한 크레이그의 주장은 연극에서 배우의 연기가 갖는 위치나 가치를 무시하는 것이라 일반적으로 이해되지만, 스트라스버그는 배우의 연기가 필요한 기능과 정확성을 가져야 한다는 것이며 이를 위해서 숙련된 기술이 필요함을 의미한다고 받아들인다(Strasberg, *A Dream of Passion* 27-29). 이후 연구하게 된 디드로의 주장에 대해서는 디드로가 단순히 '감정이 없는 계산된 배우'를 원한 것이 아니라 배우가 원하는 결과를 얻기 위한 '외적이고 기계적인 수단'의 필요성을 말하는 것이고, 이것은 당시 제대로 된 연기론이 없는 상태에서 당연한 결론이었다고 한다(33-35). 크레이그와 디드로는 스트라스버그에게 배우가 원하는 연기를 하기 위해서는 통제가 가능한 기술, 수단으로서의 연기 방법이 필요하다는 결론에 이르게 한 것이라 할 수 있다.

크레이그에서 시작되어 디드로로 이어진 스트라스버그의 연기에 관한 연구는 모스크바 예술극장의 미국 순회공연과 볼레슬랍스키의 미국 실험극장을 만나면서 시스템을 바탕으로 한 메소드라는 결과를 만든다.

그룹 시어터에서 시작되고 액터스 스튜디오에 이르러 완성한 스트라스버그의 메소드 연기훈련은 크게 이완과 집중, 감정을 위한 훈련으로 나뉜다. 이완은 집중의 전제 조건이며, 집중을 통해 이완을 유지할 수 있다. 또한, 감정의 발현은 이완과 집중을 통해서만 가능하다. 이것은 심리적인 부분에 한정된 것이기는 하나 시스템의 원리와 마찬가지로 유기적으로 연결된 것을 의미한다. 이 외에도 정서 기억을 보완하고자 만든 '노래와 춤 훈련(Song and Dance exercise)', 그리고 역할 접근을 위한 '동물 훈련' 등이 있다.

이 중 스트라스버그 메소드의 핵심이라 할 수 있는 배우 자신의 경험에서 감정을 끌어내는 방법인 정서 기억과 관련된 훈련들은 액터스 스튜디오에서 자신만의 방법을 고수할 수 있게 되면서 더욱 확대·발전되었다. '정서 기억의 레퍼토리(Repertoire of emotional memory)', '정서 기억을 위한 1분(1 minute for emotional memory)', '사적인 순간(Private moment)' 등에 한층 더 심리적이고, 개인과 순간에 집중하는 훈련을 만들었다.

정서 기억에 대한 강조는 많은 이들에게 비판받았다. 고든은 스트라스버그가 스타니슬랍스키 시스템에 '메소드'라는 이름을 붙이는 순간부터 '병든 교실 기계' 등으로 비난과 조롱을 받으며 '면허 없이 정신의학과를 개업했다'라는 소리를 듣게 했다고 한다(*Stanislavsky in America* 143, 145). 클루먼은 스트라스버그가 정서적 기억에 의한 '진실한 감정의 광신자였고, 그 외에 모든 것은 부차적이었다'라며 그가 정서 기억에 과도하게 치우쳐 있음을 비판하였고(*The Fervent Years* 44), 루이스는 제목부터 공격적이었던 *Method - or madness?* (1958)에서 정서 기억은 '감정보다는 감성주의에 가깝고, 예술보다는 병리학에 가까운 자기 유도적인 것'이라 하였으며(59), 리처드 혼비(Richard Hornby) 역시 스트라스버그의 정서 기억을 통한 역할 접근은 연기가 예술의 형태가 아니라고 오랫동안 주장해 온 미적 순수주의자들의 주장을 입증하는 것이고, 정서 기억의 내·외적 이분법은 젊은 배우들의 '예술적인 발전을 방해하는 이념적 족쇄'라고 비판한다(7-8). 이 외에도 배우가 역할이 아닌 자신을 드러내어 극에서 유리되고, 자신만의 기억 회상에 빠져 상대 배우와의 단절로 극의 흐름을 유지할 수 없게 만들며, 사실주의 극으로 연기에 폭을 축소한다는 것 등도 비판의 이유이다.

정서 기억을 중심으로 한 스트라스버그의 메소드가 논란과 공격의 대상이 되었다는 것은 그만큼 널리 사용되어 큰 반향을 일으켰다는 증거라고도 할 수 있다. 정서 기억이 배우들의 호응을 얻은 가장 큰 이유는 실용성에 있다. 대표적인 비판으로 소개되었던 이들조차도 그것에 대해서는 의심하지 않았다. 루이스는 정서 기억을 '적절한 준비가 어려운 곳에서 쓸 수 있는 것'이라 하고(*Method - or madness?* 58), 혼비도 '연기에 있어서 가치 있는 혁신'이고, 이를 통해 많은 배우가 탄생했다고 하며 정서 기억의 효용성을 인정했다(7, 185). 특히, 액터스 스튜디오 출신 할리우드 배우들이 성공하면서 더욱 주목받게 된다. 배우 자신의 경험에 대한 집중은 배우의 개성을 극대화하였고, 개인과 순간에 집중된 훈련은 분할된 장면을 촬영해야 하는 영상 매체 배우들에게 더 잘 맞았다.[146] 결과적으로 영화와 TV 드라마에서 수많은 스타를 탄생시켜 메소드를 세계에 알리게 되는 계기가 된다.[147] 스트라스버그의 정서 기억을 선두로 한 심리적인 연기 접근법은 후에 우타 하겐(Uta Hagen), 처벅 등의 연기론으로 심화되어 현재까지도 배우들에게 널리 쓰이고 있다.[148]

---

146 스트라스버그 본인도 영화에 출연했다. <대부 2(The Godfather, Part Two)>에서 이중적인 아버지 역할로 골든 글로브 시상식(Golden Globe Awards)에서 신인상 후보에, 아카데미 시상식에서는 남우조연상 후보에 오르기도 한다. 이후 6편의 영화에 더 출연했다(Gordon, *Stanislavsky in America* 142-143).

147 신현주가 쓴 2015년 청주대학교 박사학위 논문 「미국의 영화산업 발전과 배우 양성시스템 연구: 액터스 스튜디오의 연기 훈련법을 중심으로」의 부록 <액터스 스튜디오 출신의 주목할만한 배우/연출가/극작가>에는 할리우드 스타들을 포함한 액터스 스튜디오 출신들의 명단이 ABC 순으로 정리되어 있다(229-263).

148 스트라스버그의 액터스 스튜디오 훈련에 대한 더 세부적인 내용은 고든이 액터스 스튜디오 관련 저서와 기사, 강사들의 강의 자료, 출신 연극인들과의 인터뷰, 그리고 수업 참관을 바탕으로 훈련을 정리한 *Stanislavsky in America: An Actor's Workbook* (2010) 147-149 페이지 참조.

그룹 시어터 창단과 자신의 상징인 된 액터스 스튜디오로 '메소드'의 시작과 정점을 만들어 내 미국 연기의 역사가 된 스트라스버그는 정작 자신의 성과를 저술로 남기는 것에는 크게 관심이 없었다. 그는 생전에 몇 개의 짧은 글[149]과 브리태니커 백과사전(Encyclopedia Britannica) 14번째 개정판의 연기에 관한 항목을 제공하였을 뿐 자신만의 이론을 저술하지 않았다. 그의 단 하나에 저술인 *A Dream of Passion: the Development of the Method* (1987)는 사후 6년이 지나서야 에반젤린 모르포스(Evangeline Morphos)에 의해 편집·출판되었다. 그 외에 자료로는 스트라스버그의 액터스 스튜디오 수업 녹음을 모아 로버트 헤스몬(Robert Hethmon)이 편집한 *Strasberg at The Actors Studio: Tape-recorded Sessions* (1965)와 롤라 코헨(Lola Cohen) 편집의 *The Lee Strasberg Notes* (2010), 그리고 1970년대 스트라스버그 수업이 녹화된 자료들이 보관되어 있다(Scheeder 177—179).[150]

액터스 스튜디오와 스트라스버그의 메소드를 분석한 이번 장까지를 포함한 III장은 1923년 모스크바 예술극장의 미국 순회공연에서 미국 실험극장, 그룹 시어터를 거쳐 액터스 스튜디오로 이어지는 스타니슬랍스키 시스템의 미국 수용 여정을 확인한 것이라 하겠다. 그중에서 그룹 시

---

149 스트라스버그의 짧은 글들은 다음과 같다. "Introduction." *Acting: A Handbook of the Stanislavski Method.* edited by Toby Cole(Lear, 1947), pp. 10-15., "How to "Be" an Actor(Review)." *The Saturday Review.* Jul. 9, 1955. p. 18., "The Magic of Meyerhold." *New Theatre.* vol. 1, no. 8, Sep. 1934, pp. 14-15., "Past Performances." *Theatre Arts.* vol. 34, no. 5, May 1950, pp. 39-42., "View From The Studio; "Iceman" passes it's one hundredth performance." *The New York Times.* 2 Sep. 1956. 더 자세한 내용은 슈더의 *American Performance and the Cold War, 1947-1961* (New York University, 2004) 177-179 페이지 참조.

150 첫 번째 정서 기억과 만남부터 브레히트와 그로토프스키에 관한 연구까지를 포함한 그의 연극과 연기에 관한 연구 여정을 상세히 기록하고 있는 *A Dream of Passion: the Development of the Method* (1987) 외에 스트라스버그가 저자인 책들은 사후 자료들만을 모아 편집한 것이기에 정확히 스트라스버그의 의도대로 만들어진 저술이라 할 수는 없다.

어터와 액터스 스튜디오는 스타니슬랍스키 시스템이라는 같은 뿌리에서 자라난 것이며 미국에 의해 주체적으로 만들어진 것이기는 하나, 단순하게 연극 제작과 연기교육으로 목표를 달리했다는 것 외에도 분명한 차이를 가지고 있다. 양자 간의 차이를 통해 미국 연기의 역사와 시스템 계승에서 액터스 스튜디오가 갖는 의의를 확인해 볼 수 있다.

먼저, 그룹 시어터가 공연을 제작하여 기존 상업극들을 공격한 것이라면 액터스 스튜디오는 기존 상업극에 침투해 공연 시스템 자체를 변화시키고자 한다(Carnicke, *Stanislavsky in Focus* 48). 액터스 스튜디오는 그룹 시어터처럼 연극과 사회에 대한 메시지를 담은 공연을 만드는 극장보다 훨씬 더 광범위한 목표인 '때와 장소를 가리지 않는 공통의 연기 방식'을 만들어 내는 교육 기관이 되고자 하였고, 액터스 스튜디오에서 탄생된 배우들은 연극뿐만 아니라 영화까지 진출하여 미국 연기 시스템 전체를 변화시켰다. 이러한 대조는 필립 오슬랜더(Philip Auslander)가 포스트모더니즘(Postmodernism) 예술의 전환 과정을 '침략(Transgression)'과 '저항(Resistance)'으로 구분하여 논한 것으로도 설명할 수 있다. 기성 체계의 반대로 시작한 근대주의가 '침략'이라면 이후 내부로 파고들어 기존보다 더 많은 것들을 변화시키는 내부 세력으로 변모한 것은 '저항'이라 할 수 있다. 다시 말해, 기존의 관행과 규범에 반하는 것은 '침략'이고, 권력에 내재한 변화와 파괴가 가능한 힘은 '저항'이다(Auslander 23). 그룹 시어터가 사회주의적 성격과 집단적 이상을 장착하고 순진하게 상업극을 '침략'하여 실패한 것이라면 액터스 스튜디오는 영리하게 상업극 시스템 내부에 침투하여 자신들을 흡수시키는 데 성공한 '저항'이라 할 것이다.

또한, 그룹 시어터가 관객들을 일깨우고자 경제 대공황 현실과 사회주의적 메시지가 담긴 작품들을 공연하면서 사회와 맞섰다면 에드워드 드와이트 이스티(Edward Dwight Easty)가 메소드는 "유연하지 않았다면, 스타니슬랍스키 시대에 죽었을 것"(7)이라고 한 것처럼 액터스 스튜디오는 시대의 흐름과 관객의 요구에 부응했다. 1950년대 미국인들은 '사생활'과 '개인의 성취'를 위해 사회적인 관심사를 대부분 외면했고(Smith 182), 액터스 스튜디오는 이에 맞게 그들 연기론의 중심을 '세계에서 벗어나 자아'로 이동시켰다(Douglas 3 Oct. 1997). 스트라스버그의 정서 기억과 사적인 순간 등은 이에 맞는 옷으로서 '적절한 시기에, 적절한 위치에, 적임자에 의한 전형적인 결과'라 할 수 있다(Smith 418). 액터스 스튜디오의 심리 중심적이고 개인적인 작업은 시대의 요구에 맞게 사회와 집단보다는 개인주의를 높이도록 진행된 것이다. 정치적으로도 마리안느 콘로이(Marianne Conroy)가 '냉전 시대에 민족 문화의 정체성과 목적을 증진하기 위한 문화적 가치의 지표'로 메소드를 표현했고(250), 신시아 바론(Cynthia Baron)이 '공산주의라기보다는 애국주의의 표시'라고 하였듯이 (98) 자국의 연기론인 메소드는 애국주의, 민족주의가 절실했던 냉전 시대의 미국에 필요한 것이었다고 할 수 있다.

그룹 시어터가 스타니슬랍스키 시스템 수용에 만족하고 미국 내에 스타니슬랍스키 정통 계승자가 되고 싶어 했다면, 액터스 스튜디오는 여기서 멈추지 않고 시스템을 흡수·변형하여 '미국적인', '미국만의' 것으로 재탄생시킨 것도 빼놓을 수 없는 차이다.[151] 루이스 슈더(Louis Scheeder)는 다른 이들이 스타니슬랍스키 시스템의 진정한 계승자 자리를 놓고 다투

---

151 스트라스버그의 미국적이라는 선언은 국제주의(Internationalism)와 공산주의라는 모든 유행을 회피할 수 있었다(Scheeder 136).

는 동안 스트라스버그는 스타니슬랍스키와 결별하고 자신만의 연기 스타일을 만들어 낸 것이라 하고(113), 존 해롭(John Harrop)은 메소드가 미국 연극에 독특한 정의를 내렸으며 유럽으로부터 독립할 수 있게 했다고 한다(38-39). 이와 같은 스트라스버그의 공헌과 액터스 스튜디오의 성과에 대해 헤스몬은 다음과 같이 밝힌다.

> 액터스 스튜디오의 형성은 미국 연극을 미국의 다른 탁월한 예술들과 동등한 위치로 격상시키고자 하는 시도의 정점이었다. 새로운 연극은 배우의 위치와 오늘날 미국 연극 위치를 정의하기 위한 스트라스버그의 지속적인 노력으로 [...] 과거 배우들의 전통과 오늘날의 프랑스, 영국, 이탈리아, 독일, 중국의 세계 극장과 같은 동시대 세계의 관점에서, 진정한 의미로 성장했다. (Strasberg, *Strasberg at The Actors Studio* 325)

여기에 영상 분야에서의 성공까지 더해지면서 액터스 스튜디오의 메소드는 날개를 달고 세계로 뻗어 가게 된다. 그룹 시어터가 연극에서 두각을 나타냈다면 액터스 스튜디오는 연극뿐 아니라 영화와 TV 드라마에서도 선전한다. 영화 적용은 그룹 시어터에서도 시도되었던 일이었으나 (Ivins 35), 액터스 스튜디오의 카잔이 영화 연출[152]에서 액터스 스튜디오 출신 배우들을 기용하기 시작하면서 영상 매체 적용이 활발하게 이루어

---

152 카잔은 연극 연출에도 성과가 있었으나 그가 대중들에게 널리 알려지게 된 것은 영화 연출의 성공에서 비롯된다. 그는 브란도를 스타로 만든 윌리엄스의 <욕망이라는 이름의 전차>만으로 1952년 아카데미 시상식 12개 부문에 후보를 올리며 3개 부분을 수상했고, 이후에도 수많은 영화를 남겼다. 그러나 그는 매카시 청문회에서 '친근한 목격자'로 그룹 시어터 당시 함께 사회주의 활동을 했던 8명의 동료를 고발한 사건으로 1999년 아카데미 공로상을 받았을 때 엄청난 비난과 조롱의 대상이 되었다(Gordon, *Stanislavsky in America* 137-140).

졌고 그 성과를 인정받기 시작한 것도 이후에 일이므로 영상 매체에서의 본격적인 메소드 사용은 액터스 스튜디오로 보는 것이 타당하다. 출신 배우들의 활약은 액터스 스튜디오가 영화배우의 산실로서 세계적으로 인정받을 수 있는 계기를 마련했고, 심지어 이들을 메소드 배우라고 칭하기 시작하면서 대중들에게 메소드 배우는 연기를 잘하는 사람을 일컫는 말이 되어버리는 현상을 낳기도 한다. 스타니슬랍스키도 성공하지 못했던 영상 매체 적용이라는 변별점을 장착한 액터스 스튜디오는 이전까지 유럽의 전통을 항상 한걸음 늦게 뒤따르던 미국을 무대와 영상의 경계를 넘어 세계 연기의 중심에 위치시키는 결과를 이룬 것이다.

이처럼 미국을 세계 연기의 중심으로 부상시킨 스트라스버그의 액터스 스튜디오는 시스템 계승에도 중요한 지점이 된다. 스트라스버그가 그룹 시어터에서 시스템을 변형·수용한 것이라면, 액터스 스튜디오에서는 이를 연구·발전시켜 시스템에서 완전한 분리·독립을 선언한 것이라 할 수 있다. 이처럼 자신들만의 방법으로 시스템을 이해하고 발전시켜 새로운 연기론 창조에까지 이른 것은 단순한 수용을 넘어선 시스템 계승의 새로운 방향성을 제시한 것이라 할 것이다. 더불어 액터스 스튜디오가 배출한 할리우드 스타들의 영향으로 메소드뿐만 아니라 그 뿌리인 시스템에 대한 광범위한 관심이 일어나면서 지금의 다양한 연구와 실험들이 가능해졌음도 부정할 수 없는 사실이다.[153] 이 과정에서 메소드를 비판하면서 만들어진 반대급부의 시스템 원전에 관한 진지한 연구들 또한 시스

---

153 세계적으로 스타니슬랍스키 시스템을 전파하는데 스트라스버그의 액터스 스튜디오가 가장 큰 영향력을 발휘했음은 '볼레슬랍스키가 미국에 스타니슬랍스키를 소개한 첫 번째 대변인이라면 스트라스버그는 가장 유명한 대변인'이라고 한 데이비드 가필드(David Garfield)의 글에서도 확인할 수 있다(53).

템 계승에 있어서 중요한 부분이라 할 수 있다.

스트라스버그가 평생을 바친 액터스 스튜디오는 무대와 영상이라는 한계를 넘어서 적용되는 아메리칸 액팅 메소드를 완성하여 세계 연기의 중심이라는 현재 미국의 위상을 만들었고, "당신만의 방법을 창안하라! 당신만의 전통을 만들고, 그것이 진부해지지 않도록 깨트려라"(Logan 53)라는 스타니슬랍스키의 말처럼 스타니슬랍스키 시스템으로부터 시작하여 자신들만의 색깔을 입힌 새로운 연기론 체계를 구축한 시도는 시스템 계승의 또 다른 방향성을 제시하고 여러 갈래의 연구를 양산해 낸 시스템 계승의 새로운 시작점, 재도약이라 하겠다.

리 스트라스버그

스텔라 애들러

샌포드 마이즈너

로버트 루이스

IV

스타니슬랍스키 시스템과 아메리칸 액팅 메소드 비교분석

1. 체험(Experiencing)과
이중 의식(Double consciousness)

　Ⅱ장과 Ⅲ장에서 스타니슬랍스키 시스템의 형성 과정, 관련 저술의 출판과 번역, 그리고 시스템이 미국으로 전해져 형성된 아메리칸 액팅 메소드까지를 논하여 시스템 계승의 흐름을 파악해 보았다. 이제 그 내부로 파고들어 각각의 구체적인 내용과 차이를 확인하는 양자 간의 비교분석을 통해 시스템 지형학 연구의 접점에 도달하고자 한다.

　비교분석의 큰 틀은 스타니슬랍스키 시스템에서 스트라스버그 메소드로의 변곡점이 되는 주요 쟁점을 분석하여 시스템의 지형을 이해하는 것이다. 이미 많은 선행 연구에서 부분별로 진행된 요소별 단순 비교보다는 시스템에서 메소드로의 변화 원인을 집중적으로 논의하는 것이, 그 차이를 근본적으로 이해하는 데 도움이 될 것이기 때문이다. 시스템과 메소드의 차이를 만들어 낸 지점과 그 연유를 짚어 나가며, 필요에 따라 애들러, 마이즈너, 루이스 등의 아메리칸 액팅 메소드에 다른 흐름이라 할 수 있는 교사들의 이론을 비교하여 연구의 목적을 구축하고자 한다.

　시스템과 메소드를 비교하기 위해 이전 장들과 마찬가지로 관련된 다양한 학술 자료들이 사용된다. 그중에서도 시스템에 관한 내용을 담은 스타니슬랍스키의 저서는 러시아판을 강량원이 번역한 『나의 예술인생』 (2000)과 베네데티의 *An Actor's Work: A Student's Diary* (2008), *An Actor's Work on a Role* (2010)을 채택한다. 『나의 예술인생』 외에 나머지 관련 저서들을 베네데티의 영역본으로 사용하는 것은 햅굿 번역의 한계에서 벗어나고자 하는 시도이다. 주지하다시피 햅굿의 번역은 『배우 수업』과 『성격 구축』을 긴 시차를 두고 나누어 출판하면서 시스템의 심리적인 부분만을 인식하게 하였고, 질문과 반대 의견을 비롯한 학생과 교사의 논쟁, 이해를 위한 다수의 예, 개념의 단계적 설명 등에 많은 부분을 삭제하면서 토르초프는 학생들과 교감을 나누지 않는 독단적인 교사가 되었을 뿐만 아니라, 주요 개념들이 단순하고 모호하게 설명되어 근본적인 이해가 어려워지는 결과를 낳았다. 이에 비해 베네데티의 영역본은 스타니슬랍스키의 계획대로 『배우 수업』과 『성격 구축』을 한 권으로 통합한 것이며, 햅굿이 삭제한 많은 부분을 복구함으로써 그의 원래 의도를 좀 더 선명하게 확인할 수 있기에 비교분석의 기본 자료로 적합하다고 판단했다. 다만 번역으로 발생 된 문제를 논할 때는 부분적으로 햅굿 영역본이 사용된다는 것을 밝혀 둔다.

비교분석의 첫 대상은 '체험'과 배우의 '이중 의식'이다. 이 두 개념은 시스템을 형성하는 가장 중요한 근본적인 요소이고, 두 개념에 대한 이해는 시스템과 메소드의 차이가 만들어진 시작점을 확인하는 것이라 할 수 있기에 비교분석 연구의 첫 장으로 마땅하다 할 것이다. 체험의 개념에 대한 논의로 시작해 배우의 이중 의식까지를 파악하고, 시스템에서 메소드로의 변형 과정에서 체험과 배우의 이중 의식에 대해 다른 이해가 생긴 연유와 그 차이를 하나하나 확인하는 두 연기론의 비교분석을 시도하기로 한다.

『배우 수업』 제2장에 학생들의 첫 무대 평가에서 교사 토르초프는 순간적이지만 인상적인 연기를 보여준 마리아와 코스챠를 예로 들며 배우가 잠재의식적 연기를 보여주는 순간, 즉 역할로서의 완전한 '체험'을 통한 연기의 순간은 연기하는 배우와 보는 관객 모두가 무대 위 상황 속으로 빨려 들어가는 완벽한 순간이고, 이러한 순간들의 성공은 학교가 궁극적으로 추구하는 '체험의 예술'이라고 한다(Stanislavski, *An Actor's Work* 16). 다시 말해, '체험'은 역할의 생각과 감정을 배우 자신이 느껴 잠재의식적인 상태에 이른 심적 과정을 말하는 것이고, 이 과정을 통해 표현된 것이 창조적 잠재력을 발휘할 수 있는 완전한 예술의 형태인 '체험의 예술'인 것이다.[154]

토르초프는 토마소 살비니(Tommaso Salvini)[155]가 "모든 위대한 배우는 그가 묘사하고 있는 것을 진정으로 느껴야 한다"고 했으며, 자신은 거기서 한발 더 나아가 역할을 공부하는 동안 한두 번이 아니라 "매 공연에서 느껴야 한다"고 생각한다면서 체험의 중요성을 다시 한번 강조한다(Stanislavski, *An Actor's Work* 19).

---

154 배우가 체험하는 순간을 심리학으로 끌어와 연구하고 다른 이름으로 정의한 이가 있다. 현대 미국의 심리학자 미하이 칙센트미하이(Mihaly Csikszentmihalyi)는 예술가, 체육인, 음악가, 체스의 대가, 숙련된 외과 의사 등의 전문가 집단을 대상으로 그들의 경험이 발생하는 순간을 연구하여 최적 경험에 대한 이론을 발전시켰고, 이것을 '플로우(Flow)'라 한다. 플로우란 행위에 깊게 몰입하여 시공간, 더 나아가서는 자신의 존재까지도 잊어버리는 순간을 일컫는다. 인간은 이때의 경험 자체를 즐겁게 간직하기 때문에 고통을 감내해 가며 그 행위를 다시 하게 되는 것이라 한다. 대표적인 예는 근육의 고통 속에서도 경기에 임하는 운동선수다(칙센트미하이 28-29).
155 19세기 이탈리아의 유명 배우로 셰익스피어의 <오델로>에서 오델로 역으로 명성을 얻었다. 특히, 데스데모나(Desdemona)를 죽이는 장면이 소름이 끼칠 정도였다고 평가받는다. 그는 여러 차례 모스크바 순회공연으로 스타니슬랍스키에게 영향을 주었다(스타니슬랍스키 『배우 수업』 26).

그러나 코스챠는 '체험'의 예로 쓰인 자신의 연기에 대해 자신이 의도한 것이 아니었으며 연기한 그 순간을 기억할 수 없다고 말했고, 토르초프는 이 같은 현상에 대해 "자신의 의지와 상관없이 자신이 무엇을 하고 있는지 생각하지 않고 자신의 감정을 눈치채지 못한 채, 역할로서 수행하는 모든 것이 자발적, 잠재의식적으로 나온 것"(Stanislavski, *An Actor's Work* 16)이라고 한다. 이처럼 의도치 않은 순간에 만들어지는 체험을 스타니슬랍스키는 간접적이고 의식적인 방법 통해 맞이할 방법을 찾고자 했고, 이를 위해 개발된 것이 시스템의 심리적인 기술들이다. 시스템의 심리적 기술을 다룬 『배우 수업』의 본격적인 내용이 시작하는 제2장에서부터 체험의 중요성을 강조하는 것은, 시스템은 '체험'에서부터 시작되는 것이며, 심리적 기술의 모든 것은 '체험'을 향해 달려가기 위한 수단이라는 것을 말해준다. 그러므로 '체험'에 대한 이해 없이 시스템의 체계를 온전히 이해하기는 어려운 일이라 하겠다.

스타니슬랍스키가 체험이라는 개념을 시스템에 도입한 것은 톨스토이로부터 시작된 것이다.[156] 톨스토이는 *What is Art?* (1897)에서 늑대 때문에 겁에 질린 기억이 있는 어린 소년이 자신의 얘기를 사람들에게 들려주는 것을 예로 들면서 "만약 소년이 이야기 도중 느꼈던 것을 다시 한번 경험하고, 듣는 이로 하여금 이야기꾼인 그가 경험한 모든 것을 경험하게 한다면 그것은 예술이다. [⋯] 남의 감정에 감염되는 것이 예술의 근본

---

156 스타니슬랍스키는 예술-문학 협회 시절부터 톨스토이를 만나고, 그의 작품들을 작업했다. 두 사람의 첫 만남에 대해서는 『나의 예술인생』의 '톨스토이와의 만남'이라는 장에 자세하게 기술되어 있다(163-170). 스타니슬랍스키는 첫 연출작이었던 1891년 <문명의 열매>를 시작으로 1902년 <어둠의 힘>, 1911년 <산송장> 등의 톨스토이 작품에 연출과 배우로 참여한다(508-811). 또한, 톨스토이에 대한 영향은 제1 스튜디오에서 함께 한 톨스토이얀(Tolstoyan)이었던 술러지츠키의 영향이기도 하다.

적인 운명이다"(39)라고 한다. 톨스토이는 이를 바탕으로 '예술'을 다음과
같이 정의한다.

> 한 번 경험한 감정을 불러일으키고, 불러온 후에 그것을 움직임, 선, 색채,
> 소리, 말로 표현된 이미지로 전달하여 다른 사람들이 같은 감정을 표현하
> 도록 하는 것, 이것이 예술 활동이다. 예술은 자신이 체험한 감정을 어떤
> 외부 신호를 통해 의식적으로 다른 사람에게 전달하고 다른 사람이 그 감
> 정에 감염되어 경험하는 것으로 구성된 인간 활동이다. (Tolstoy 39~40)

톨스토이에게 예술은 예술가가 경험한 감정을 외부로 전달하는 것을
목표로 스스로 인식이 가능하고 불러낼 수 있는 외부 기호로 표현될 때
시작되는 것이고, 여기서 예술의 중요한 기능은 감염을 통한 전달에 있
다. 스타니슬랍스키는 이와 같은 톨스토이의 예술에 대한 정의와 기능을
시스템에 적용한다.

> 체험은 역할의 "인간 정신의 삶"을 창조하는 창조적 작업의 기본적인 목적
> 을 달성하는 데 도움을 준다. 우리의 목적은 "역할에 있어서 인간 정신의
> 삶"을 창조하는 것뿐만 아니라, 그것을 예술적인 형태로 외적으로 전달하
> 는 것이다. [...] 우리는 유기체로서, 인간으로서의 배우에 살아있는 경험이
> 풍부한 연극만이 모든 이해하기 어려운 뉘앙스, 즉 역할의 숨겨진 깊이를
> 전달할 수 있다는 것을 우리의 작업 과정을 통해 확신하게 되었다. 이런
> 종류의 연기만이 관객들을 완전히 사로잡을 수 있고, 무대에서 행해지는
> 모든 것을 그들이 이해할 뿐만 아니라 더 중요하게는, 그들 자신에 내면을

풍요롭게 하고, 시간으로 지워지지 않을 흔적을 남길 수 있는 지점으로 그들을 데려올 수 있다. (Stanislavski, *An Actor's Work* 20–21)

스타니슬랍스키는 공연에서 배우의 체험을 통한 연기로 관객에게 이 체험을 전달할 수 있는 것이 자신의 목표라 하고 있다. 이것은 그가 톨스토이의 예술에 관한 생각을 바탕으로 시스템의 주요 개념인 체험을 만들어 냈으며, 이를 통해 연기와 배우를 예술에 위치시킨 것이라 할 수 있다. 스타니슬랍스키가 톨스토이의 예술에 대한 정의와 기능을 연기로 가져오면서 예술가의 경험된 감정은 배우의 체험이라는 개념이 되었고, 이 체험을 통한 연기가 예술이 관객들을 감염시키는 것과 같은 일을 해내는 것이 되면서 연기는 정당한 예술, 배우는 예술가가 된 것이다.

톨스토이의 영향으로 연기를 예술과 연결하는 매개체가 된 체험은 역할 구현을 위한 심리적 과정이라는 본분 외에도 시스템을 유지할 수 있는 실용적인 역할을 한다. 먼저, 다른 예술들과 시스템을 통한 연기를 구별할 수 있는 기준점이 된다. 『배우 수업』 제2장에서 토르초프는 "체험이 없는 곳에는 진정한 예술은 없다"(Stanislavski, *An Actor's Work* 28)라며 시스템의 '체험의 예술'과 '재현의 예술(The art of representation)',[157] '상투적인 연기(Cliché acting)', '과장된 연기(Ham-acting)'의 구분에 체험을 이용한

---

157 재현의 연기를 옹호한 코클랭 앨더(Coquelin Elder)에게서 스타니슬랍스키가 그 이름을 따온 것이다(Carnicke, *Stanislavsky in Focus* 114). 코클랭은 이성적인 연기를 주장한 디드로와 감성적인 연기를 지지한 피에르 레몽드 드 생트-알빈(Pierre Rémond de Sainte-Albine)의 논쟁을 이어받아 감성을 내세운 헨리 어빙(Henry Irving)과 대척점을 이루게 된다. 감성과 이성으로 나누어진 배우 연기론에 대한 논쟁에 대해서는 이재민의 「뜨거운 배우와 차가운 배우」(한국연극학, 2014) 참조.

다.[158] '체험의 예술'은 매 순간 체험을 통해 만들어지는 것이 중요한 것이라면, '재현의 예술'에서 체험은 준비 과정 중의 하나로만 존재하며 내면의 내용을 명확하게 표현할 수 있는 외적 형태를 찾는 것이 더 중요하다. 이에 반해 관습적인 표현의 '상투적인 연기'와 일반적인 고정관념에 갇힌 '과장된 연기'는 체험이 배제되어 있다. 다른 방법론과 다르게 재현의 연기를 예술로 구분하는 것은 체험의 예술처럼 매 순간이 아닐지라도 체험의 순간이 있었기에 인정되는 것이고, 나머지 연기 방법에서 체험은 단지 우연일 뿐이므로 예술로 인정될 수 없다.[159] 이처럼 체험으로 연기를 구분한 것은 시스템에서 연기를 예술로 승화시키는 조건으로서 매 순간의 체험을 통해서 연기하는 배우가 예술가로 존재할 수 있다는 것을 다시 한 번 확인시켜 준다. 시스템은 체험을 기준점으로 예술로서 연기와 예술가로서 배우에 대한 구분을 분명히 한다.

또한, 체험은 배우가 자신의 연기를 주체적으로 평가, 점검하는 방법이 된다. 배우의 연기는 순간에 소멸하고 수행의 주체인 자신과 분리될 수 없는 것으로서 체험의 개념이 생기기 이전에 연기를 평가할 방법은 타인의 시선에 의한 막연한 감상 외에는 없었다. 그러나 체험의 순간은 연기에서 배우 자신이 느끼는 것이기에 연출가나 평론가, 관객 등의 평가에 의해서만 판단할 수 있었던 연기를 배우 스스로 점검할 방법이 마

---

158 햅굿이 『배우 수업』 제2장의 제목을 "연기가 예술일 때(When Acting Is an Art)"(Stanislavski, *An Actor Prepares* 12)라고 한 것에 비해 베네데티는 "예술로서의 무대와 상투적인 것(The Stage as Art and Stock-in-trade)"(Stanislavski, *An Actor's Work* 16)이라는 제목을 통해 체험을 통한 연기와 다른 연기 방법들의 분명한 구분을 보여준다.

159 이 외에 '예술의 악용(The exploitation of art)'이 있다. 역할이 아닌 배우로서 자신을 드러내 관객의 환심을 사고자 하는 연기로 역할로서 관객에게 연기를 보여준다는 연극의 기본 원칙에서 벗어난 것이기에, 가치가 없는 것이라 하며 체험을 통한 연기 구분에도 포함하지 않는다(Stanislavski, *An Actor's Work* 34).

련된 것이라 할 수 있다. 체험의 이러한 두 가지 용법은 체험이 실용적인 방법으로서 시스템을 지탱하는 중심점이라는 것을 보여준 것이라 하겠다.[160]

체험의 탄생 배경과 그 역할을 살피면서 체험이 시스템 정립의 기본 바탕이 되고 있음을 확인했다. 그러나 체험은 시스템의 핵심이라 할 수 있으면서도 아이러니하게 시스템에서 이해하기 가장 어려운 개념이다. 가장 큰 이유는 체험에 대한 설명 방식에 있다. "체험의 예술은 무엇입니까?"라는 코스챠의 질문에 "당신에게 일어난 일이기 때문에 당신은 그것이 무엇인지 알고 있다"(Stanislavski, *An Actor's Work* 16)라며 즉답을 피하고, '영감(Inspiration)', '창조적 자연(Creative nature)', '잠재의식적 창조(Subconscious creation)' 등과 관련지으며 그 의미로 유도할 뿐 명확하게 정의하지 않는다. 그 실천의 방법과 목적에 대해서도 체험은 "자연적으로 발생하는 것"(27)이고, "역할에서 인간 정신의 생명을 창조하고 무대에서 예술적 형식으로 그 생명과 소통한다는 배우의 기본 목적을 달성한다는 데 도움이 된다"(19)라고만 기술하고 있다. 그러므로 체험에 대한 우리의 이해는 은유적이고 간접적으로 표현된 이야기들의 유추에서 비롯된 것일 수밖에 없다.

스타니슬랍스키가 이렇듯 직접적인 체험에 관한 정의를 피하고 있는 이유는 크게 두 가지로 분석할 수 있다. 우선 스타니슬랍스키가 의도적으로 처음부터 단정적으로 정의 내리기를 피하여 시스템의 다른 개념들

---

160 제2장에서 재현의 예술과 체험의 예술을 비교하면서 토르초프가 "매 순간을 체험하는 우리의 연기는 그 체험을 새롭게 느끼고 물리적으로 새롭게 구현해야 한다"고 한 것은 체험이 공연의 '현장성'과 공연을 실행하는 '배우'의 존재를 각인시키는 기능을 한 것이라고도 할 수 있다 (Stanislavski, *An Actor's Work* 23).

과 함께 이해되기를 원한 것으로 보인다. 스타니슬랍스키는 시스템의 심리·신체적 기술은 각각 하나의 장 이상을 할애 해 논의한다. 그러나 체험은 시스템이 추구하는 예술의 목표를 논한 『배우 수업』 제2장을 시작으로 여러 장에서 산발적으로 나누어 거론하고 있다. 이는 『배우 수업』 제9장의 '정서 기억'이 체험에 관한 이야기로 시작하고(Stanislavski, *An Actor's Work* 195–196), 마지막 장인 제16장에서 토르초프가 친구들과의 수술 장면 놀이를 예로 들면서 체험에서 '진실과 믿음', '만약에'가 존재할 때, 그 힘이 발휘된다는 토르초프의 말에서 알 수 있듯이 체험은 심리적 기술들과 모두 연결되어 있기 때문이다(326). 또한, 체험을 위해서는 편안한 신체 상태가 필요하며 몰입할 수 있는 정당한 희곡 분석도 필요하므로 체험은 심리적 기술 이외에 시스템의 다른 요소들과도 연결되어 있다. 결국, 체험은 심리적 기술을 포함한 시스템의 모든 부분과 유기적으로 연결된 것으로서 어떤 하나의 요소나 역할로 규정할 수 없는 것이다. 스타니슬랍스키는 시스템의 중심축으로서 모든 기술과 연결된 체험이 다른 기술들과 함께 이해되도록 유도한 것이라 하겠다.

다음으로 체험이 가진 의미의 복합성을 말할 수 있다. 체험을 의미하는 러시아어 'пережива́ние(perezhivanie)'는 동사 'пережи́ть (perezhit)'[161]에서 파생된 행동 명사(Noun of action)이다(Hobgood 149). 체험의 뜻을 『러시아어–한국어 사전』(2018)에서는 '경험, 체험, 견문, 경력, 경험 내용(경험으로 얻은 지식, 능력, 기능), 인상, 감각, 유물, 잔존물' 등

---

[161] '경험(체험)하다, (위험 따위에) 부닥치다, (사람, 물건이) 견디다, 인내하다, 조우하다, (괴로운 일, 불행을) 참고 견디다, 곤란을 당하다, 고민하다, 고통스럽게 체험하다' 등의 뜻을 가지고 있다(안또니나 1103).

이라 한다(1103). 이처럼 다양한 의미의 동적인 행동 명사를 스타니슬랍스키가 선택하여 사용한 것은 체험이 하나의 의미를 넘어 다양하게 해석되기를 원한 것이라 할 수 있다.

카르니케는 체험의 접두사 'пере(pere)-'는 영어에서 동작의 반복이자 지속을 의미하는 're-', 'through-'에 해당하는 것으로서 체험은 반복되는 공연 속에서 배우가 완전히 '극에 사로잡혔을 때'의 '자연스럽고 올바른' 상태 지속을 의미하는 것으로 체험에는 '집중'과 '몰입'이 포함된 것이라 하고(*Stanislavsky in Focus* 110), 백승무 역시 체험의 접두사 의미에 착안하여 심리적인 문제에 관한 소통을 의미한다고 하며 '교감(Communion)'으로 해석될 수 있다고 한다(128). 또한, 『배우 수업』 제16장의 토르초프가 친구들과 함께한 수술 장면 놀이 경험담에서 실제 수술과 같은 공포와 놀이에 즐거움 사이, 즉 체험은 현실과 허구 사이의 교차 '감각'이라고도 할 수 있다(Stanislavski, *An Actor's Work* 326). 이처럼 체험은 우리가 일반적으로 사용하는 번역인 '역할로 사는 것', 즉 역할로서의 단순 경험을 넘어선 복합적인 의미를 내포한 개념이다. 스타니슬랍스키가 만든 체험 개념의 특별함은 현대 러시아 문학 사전(The Dictionary of Contemporary Russian Literary Language)에서 '일반적이지 않은 상태에서 경험하는 방법'이라 하면서 '역할의 심적 상태의 진정한 침투'라고 별도로 요약된 것으로도 충분히 알 수 있다(Hobgood 149).

체험의 정의, 형성 배경, 기능, 체험의 유기성과 복합적인 의미 등을 살핀 지금까지의 과정은 체험이 단순히 이해될 수 없는 특별한 개념이며, 시스템을 이루는 중심축이라는 것을 확인한 것이라 하겠다. 체험에 대한 전반적인 이해가 이루어졌다면, 이제 체험과 동반되어야 하는 배우의 이

중 의식에 대해 논하여 시스템을 형성하는 중심 기반에 대한 이해를 돕고자 한다.

무대 위의 배우는 '역할'로서의 나와 '개인'인 나가 동시에 존재하는 이중적인 존재이다.[162] 배우가 이중적 존재라는 것은 배우 자신이 연기의 도구이자 주체라는 것이고, 한편으로는 배우로서의 자의식과 역할로서의 의식이 공존함을 의미하기도 한다. 배우의 역할과의 관계, 즉 배우의 '이중 의식(Double consciousness)'에 대해 크리스토퍼 B. 밤(Christopher B. Balme)은 *The Cambridge Introduction to Theatre Studies* (2008)에서 배우가 역할과의 거리를 최소한으로 줄인 '관여(Involvement)', 배우가 관찰자로서 존재하는 '거리 두기(Detachment)', 배우가 자신의 자아를 드러내는 상태인 '역할의 자기 소멸(Self-renunciation)'로 구분한다(22).[163]

스타니슬랍스키의 역할로서 체험에 대한 강조는 위에서 밝힌 밤의 세 가지 구분 중 어느 것도 아닌 '역할과 배우 자신을 동일시'한 것으로 생각하기 쉽다. 그러나 스타니슬랍스키는 역할로서의 체험과 함께 배우로서의 자신을 자각하는 것이 중요하다고 한다.

배우는 연기할 때 둘로 나뉜다. 살비니는 "연기를 할 때는 웃고 울면서 동시에 내 웃음과 눈물을 분석해 더 깊이 감동하게 하고 싶은 이들의 마음

---

162 배우의 이중적인 면에 대한 표현은 영어에서 'Duality', 'Dualism', 'Double feeling', 'Double-consciousness', 'Double personality' 등으로 지칭되고, 우리나라는 이를 배우의 '이중성', 또는 '이중 의식'이라 번역하여 사용하고 있다.

163 서나영은 「배우의 이중 의식과 연기 훈련: 스타니슬랍스키·브레히트·그로토프스키를 중심으로」(서울대학교, 2019)에서 밤의 '배우와 역할 사이의 거리'에 대한 구분을 기준으로 부제에 명시된 세 사람에 배우의 이중 의식 관점을 논한다. 스타니슬랍스키는 '배우-통제자', 브레히트는 '배우-관찰자', 그리고 그로토프스키는 '훈련과 성찰'로 구분하여 연구하였다.

을 울릴 수 있도록 이중의 삶을 산다"라고 말했다. 보다시피, 이중의 삶은 영감을 받는 것을 멈추지 않는다. 반대로! 하나가 다른 하나를 돕는다. (Stanislavski, *An Actor's Work* 456).

자기 자신을 비판하는 비평가 역할에 성공한 코스챠가 느낀 것이 이를 다시 한번 확인시켜 준다.

나는 비평가로 역할을 했을 때 여전히 코스챠로서의 나 자신을 잃지 않고 있다는 것을 느꼈다. 내가 이러한 결론을 내린 이유는 내가 연기할 때마다 나의 신체 변화를 관찰하는 즐거움을 느꼈기 때문이다. 내 절반은 관객이고, 절반은 헐뜯는 비평가였다. 그를 다른 사람으로 부를 수 있을까? 비평가는 나에게서 나왔다. 나는 그대로 가운데로 나뉘었다. 반은 배우였고, 다른 반은 관객과 같이 보는 이였다. 이상하다. 이렇게 둘로 나누어진 느낌이 걸림돌이 되는 것이 아니라 창의적인 과정을 촉발하고 격려했다. (Stanislavski, *An Actor's Work* 527)

토르초프가 "역할의 성격묘사는 배우로서 인간을 가리는 가면이다. 우리는 가면을 썼을 때, 우리는 우리 자신의 가장 친밀하고 흥미로운 내부를 드러낼 수 있다. 이것이 역할 성격묘사의 가장 중요한 측면이다" (Stanislavski, *An Actor's Work* 535)라고 하며 가면으로서 역할과 자신으로서의 배우가 함께 공존함을 말하고, 자기 자신 안에 두 존재가 소통하는 것이 자신을 편안하게 해주었다는 것 역시 이중 의식을 인정한 것이라 할 수 있다(233-324). 이러한 이중 의식의 강조는 밤의 구분 중 '관여'

에 해당하는 것으로 스타니슬랍스키는 체험을 통해 역할과 최대한 가까운 감정을 느끼면서도 공연으로서 실행할 수 있는 이성적인 감각이 유지되기를 원한 것이라 하겠다. 다시 말해, 시스템에서는 체험을 통한 '역할로서의 나'와 이를 이성적으로 '통제할 수 있는 나' 사이의 균형, 또는 서로의 도움 속에서만 무대에서 배우의 연기가 완전해질 수 있는 것이다.

스타니슬랍스키의 이중 의식에 관한 주장은 디드로로부터 시작된 것이라 볼 수 있다. 그는 실제 공연을 거듭하면서 자신이 톨스토이를 바탕으로 정리한 이론처럼 연기의 예술은 명확하게 구분될 수 없으며[164] 배우와 역할은 통합될 수 없다는 것을 깨닫고, 디드로에 배우의 이중 의식에 대한 관점을 받아들인다(Carnicke, *Stanislavsky in Focus* 117–178). 배우의 이중 의식은 무대에서 '역할'로서의 배우 외에 '관찰자·통제자'로서의 자아가 배우 안에 존재함을 인정하는 것으로 '역할'로서 자아와 이를 바라보는 다른 자아는 각각 일정 부분 수동적이고 완전히 주체적일 수 없기에, 능동적인 배우를 추구한 자신의 주장을 뒤집어 디드로의 의견에 동조한 것으로 보일 수 있다.

그러나 스타니슬랍스키는 『배우 수업』 제2장에서 체험의 예술과 재현의 예술을 비교하면서, 재현의 예술에는 매 순간이 아닐지라도 체험의 순간이 존재함으로 예술로 인정한 것이라 한다. 이는 재현의 연기를 예

---

164   『배우 수업』 제2장에서 토르초프는 각각의 예술을 구분하면서도 "예술은 단지 이론적으로 분리된 범주로 나눌 수 없다. 현실과 실천은 이름을 붙이는 것에는 관심이 없다. 실제로 우리는 위대한 예술가들이 인간의 나약함 때문에 상투적인 연기에 빠지고, 상투적인 배우들이 순간적으로 진정한 예술의 수준으로 올라가는 것을 종종 본다"(Stanislavski, *An Actor's Work* 35)라며 예술의 경계는 모호하고 언제든 변화될 수 있다는 것을 밝히고 있다. 같은 장에서 코스챠의 연기가 처음 시작은 상투적이고 과장된 연기였으나, 우연히 체험의 순간을 맞이하게 된 것이 충분한 예가 될 것이다.

술의 영역에는 속하지만 매 순간을 체험하는 체험의 연기보다는 하위 개념으로 취급한 것으로 재현의 예술에 시작점이라 할 수 있는 디드로 주장에 대한 부정이라고도 볼 수 있다. 실제로 그는 연기론 정리의 필요성을 깨달은 1906년 핀란드 휴가에서 디드로의 『배우의 역설』을 읽었고, 자신의 저술 러시아 편집자인 구례비치에게 연기의 역사를 고려할 때 디드로의 이론과 싸워야 한다고 한다(Carnicke, *Stanislavsky in Focus* 115). 또한, 『배우 수업』 제2장에서는 디드로의 사상을 이어받은 재현을 대표하는 배우인 코클랭이 "배우는 사는 것이 아니라 연기한다. […] 예술은 실생활도 아니고, 그것이 반영된 것도 아니다. 예술은 그 자체로 창조자"라고 말한 것에 대해 토르초프는 "그런 오만한 도전에 동의할 수 없다"라며 재현의 연기에 대해 "아름다움은 있지만, 깊이가 없다. 깊이 있는 것이라기보다는 효과적이다. 내용보다 형식이 흥미롭다"라고 낮추어 평가한 것으로도 알 수 있다(Stanislavski, *An Actor's Work* 26). 스타니슬랍스키는 계획에 의해 수동적으로 실행되는 재현의 연기보다는 매 순간의 체험을 통해 배우에 의해 능동적으로 만들어지는 연기만이 관객을 자극할 수 있다고 생각한 것이다. 이러한 재현의 연기에 관한 생각을 바탕으로 만든 체험을 주요 축으로 하는 시스템 안에서 배우의 이중 의식에 관한 디드로의 입장 수용이 모순으로 보이는 것은 당연하다 할 수 있다.

스타니슬랍스키는 두 개념의 이질성에도 불구하고 함께 수용하는 것을 택한다. 체험으로 예술로서의 연기를 구분함에 있어서는 디드로가 추구하는 계산대로 실행하는 수동적인 배우의 존재를 거부한 것이기도 하고, 배우에게 역할 외에 또 다른 자아가 있다고 인정한 것은 배우의 이중 의식에 대한 디드로의 주장을 받아들인 것이 되면서 시스템에는 디드로의 이론에 대한 두 가지 상반된 입장이 모두 담기게 된다. 이것은 전면적으로 자신의 이론을 전환한 것이 아니라, 체험을 바탕으로 한 이론적인 기본 틀은 유지하면서 실용적인 부분에 있어서는 디드로의 주장을 일정 부분 수용한 것이라 할 수 있다. 즉, 스타니슬랍스키는 배우와 역할의 관계에서 '거리 두기'의 관점이라 할 수 있는 디드로 연기론을 절반만 수용하여 체험을 통한 '능동적 감성'과 이중 의식의 '이성적 사고'가 결합 된 '역할'과 '관찰자·통제자'가 공존하는 연기론을 만든 것이다. 그는 체험으로 연기 이론으로서의 기반을 다지고 배우의 이중 의식을 통해 연기를 효과적으로 실천할 수 있는 토대를 마련해 이론과 실천 사이의 균형을 맞추고자 한 것이라 하겠다.

시스템에서 동반되어야 하는 체험과 배우의 이중 의식 개념을 논의하면서 두 개념은 시스템 이해의 기본이어야 하는 시스템 형성의 중심 기반임을 확인하였다. 그러나 "스타니슬랍스키 메소드"(Clurman, *The Collected works* 369)의 줄임말이라고 할 정도로 스타니슬랍스키 시스템의 계승을 자처한 '메소드'는 체험과 배우의 이중 의식에 대한 전혀 다른 인식으로 형성되었다. 이 지점이 시스템과 메소드가 서로 다른 길을 걷게 되는 시작이라 할 것이다. 그 연유에 대한 분석은 미국에서의 스타니슬랍스키 저술 번역과 출판으로부터 시작해야 한다.

버넷 M. 합굿(Burnet M. Hobgood)은 스타니슬랍스키가 미묘하고 복잡한 의미를 전달하기 위해 '체험'이라는 단어를 선택한 것으로 영어로 번역됨에 있어서 동사와 명사 형태를 가진 하나의 단어인 'Experiencing'으로 번역하는 것이 다양한 의미를 담아낼 수 있는 가장 올바른 선택이라 한다(149). 그러나 지금까지 우리나라의 스타니슬랍스키 저술 번역을 지배하고 있는 미국 최초 영역본의 번역자 햅굿은 전혀 다른 선택을 한다.

『배우 수업』의 원제목을 직역하면 '체험의 창조적 과정에서 자신에 대한 배우의 작업(The Actor's Work on Himself in the Creative Process of Experiencing)'[165]이지만, 미국에서는 상업적으로 더 매력적인 '배우 준비 (An Actor Prepares)'로 출판되면서 제목에서부터 체험이 배제되었다. 본문에서도 체험이 '삶의 예술(The art of living a part)', '장면을 사는 것(To live the scene)', '감각(Sensations)', '살고 체험하는(Living and experiencing)', '경험(Experience)', '감정적 경험(Emotional experience)', '창조(Creation)'[166] 등의 여러 형태로 번역되면서 체험은 하나의 개념으로 인식되지 않는다.[167] 합굿은 번역자 햅굿이 자신에게 보낸 서신에서, 체험의 중요성을 인정하고 있으나 자신의 번역은 각 문맥을 더 명확하게 이해시키기 위한 결정임을 밝혔다고 한다(149).[168] 그러나 부드러운 문맥의 연결을 위해 자의적으

---

165 우리나라에서 2019년 러시아 전집 2권의 14%를 발췌 번역한 이진아는 『체험의 창조적 과정에서 자신에 대한 배우의 작업 천천읽기』라는 제목으로 원전의 제목을 살리고자 했다. 또한, 이번 장의 기본 자료로 사용되고 있는 베네데티의 *An Actor's Work: A Student's Diary* (2008)는 제목에서 체험이라는 단어를 사용하고 있지 않지만, 『배우 수업』은 '체험', 『성격 구축』은 '구현'으로 구분하여 시스템의 중심축인 체험을 분명히 드러낸 것이라 할 수 있다.

166 햅굿이 번역한 *Creating a Role* (1961)의 44페이지를 보면 '살고 체험하는(Living and experiencing)', '감정적 경험(Emotional experience)', '창조(Creation)' 등 햅굿의 자의적 번역을 한눈에 확인할 수 있다.

167 '느낌'을 말하는 러시아어 'чувствование(chuvstvovaniia)'를 '경험(Experience)'으로 번역하기도 한다(Carnicke, *Stanislavsky in Focus* 109).

168 햅굿의 이 같은 번역은 『나의 예술인생』 편집자였던 J. J 로빈슨(J. J Robbinson)이 처음 책에 '역할로 사는 예술(The art of living the part)'이라는 표현을 쓴 것에 영향으로 보기도 하고 (Hobgood 149), 러시아에서 모스크바 예술극장을 방문하여 '살다(Live into)'라는 말을 들었다는 비평가 룰의 영향이라고도 할 수 있다(Ruhl 161). 이러한 영향으로 만들어진 햅굿의 영역본은 체험의 많은 의미 중 '살아가는 것'에만 집중하게 되었고, 이것이 세계 각국으로 출판되면서 다른 나라들에서도 '체험'에 대한 이해는 미국과 같은 상황에 놓이게 된다.

로 추가된 '감정적'과 같은 형용사는 체험과 감정의 구분을 모호하게 만들고, 여러 단어로 다르게 번역된 체험은 그 존재 자체를 위협받게 되면서 햅굿의 의도는 찾아볼 수 없는 것이 되고 말았다. 즉, 햅굿 번역은 연기의 경험적 차원보다는 감정적 색채를 선호함으로써 미국에서 시스템을 심리적 기술로 이해시켰고, 체험은 시스템의 중심으로서 힘과 일관성을 상실한 것이라 할 수 있다.

번역뿐만 아니라 스타니슬랍스키 저술 간의 출판 시차도 체험과 배우의 이중 의식에 대한 이해에 문제가 된다. Ⅱ장에서 이미 논의되었듯이 저술 간의 출판 시차는 시스템을 심리적인 기술로 인식하게 만들면서 심리·신체적 유기성에 대한 이해 결여 등의 문제를 초래했고, 이것이 체험의 이해에도 영향을 끼쳤음은 당연하다 할 것이다. 무엇보다도 가장 문제가 되는 것은 배우의 이중 의식에 대한 이해이다. 배우의 이중 의식이 대부분 설명되는『성격 구축』이『배우 수업』이후 13년 후에야 출판되면서『배우 수업』만으로 이해된 시스템에는 배우의 이중 의식 개념이 거의 존재하지 않기 때문이다.

체험과 배우의 이중 의식에 대한 오류를 동시에 보여주는 예로는『배우 수업』의 다음과 같은 부분이 있다. 역할에 대해 생각하고 행동하면 '역할에 가까워지고 하나 된 느낌(Come close to the role and will begin to feel as one)'을 받을 수 있는 것이며, 이것이 '역할을 체험하는 것(Experiencing a role)'이라 한 것을(Stanislavski, *An Actor's Work* 19), 햅굿의 번역에서는 '너의 역할과 일치하다(Unison with your role)', '역할을 살다

(Living the part)'로 표현한다(Stanislavski, *An Actor Prepares* 14).[169] 즉, 『성격 구축』이 존재하지 않는 미국의 상황에서 역할과 가깝다는 역할의 일치가 되었고, 체험을 통한 역할은 역할을 사는 것이 되면서 체험과 배우의 이중 의식은 존재하지 않게 된 것이다.

저술 오역과 출판의 시차, 여기에 러시아 교사들의 언어적 한계까지 더해져 미국에서는 시스템을 형성하는 주요 기반인 체험과 배우의 이중 의식은 배제된 채, 시스템의 계승을 말하면서도 전혀 다른 기반을 가진 메소드라는 연기론이 탄생하게 된다. 메소드를 형성하는 시스템에 대한 기본적 이해는 다음과 같이 정리할 수 있다.

첫째, 시스템은 심리적인 연기론이다. 시스템을 신체와 심리를 분리한 채 심리적인 것에만 집중된 연기론으로 이해하면서, 감정은 신체와의 유기적인 연결 없이 만들어질 수 있는 하나의 독립적인 존재이며 연기의 유일한 조건이 되었다. 『성격 구축』의 출판이 지연되고, 심리적 기술을 다룬 『배우 수업』만이 존재하는 13년 동안에 만들어진 메소드가 기울어진 운동장에서 굴러가는 공처럼 심리적인 기술로 향하게 된 것은 어쩌면 당연

---

169 『배우 수업』에서 교감을 설명한 제10장에서도 자신 안에 주체와 객체로 나누어진 두 중심이 존재하고 서로 소통한다고 하면서 '자기 교감(Self-communication)'이라는 개념을 소개하지만 (Stanislavski, *An Actor's Work* 233-234), 바로 상대와의 교감에 대한 설명이 이어지고 있어서 이 부분만으로 배우의 이중 의식을 명확히 받아들이기는 힘들다. 그러므로 배우의 이중 의식에 대한 이해에는 좀 더 명확하게 관점을 밝힌 『성격 구축』이 필요하다. 또한, 자기 교감에 대한 설명에서 햅굿 번역에는 러시아판에서 삭제된 부분인 힌두교의 생체 에너지 '프라나(Prana)'에 대한 설명이 있는데(Stanislavski, *An Actor Prepares* 197-199), 당시로서는 생소한 이 동양 사상의 개념은 배우의 이중 의식을 모호하고 신비로운 것으로 만든다. 베네데티 번역본에는 '태양신경총 (Solar plexus)'이라고만 번역된 프라나는 인간의 심장 근처에서 나오는 에너지를 말한다. 햅굿 영역본에서 여러 부분의 삭제가 다른 개념들의 이해를 모호하게 만들었다면, 그의 번역에만 나타난 다소 어려운 이 개념의 설명은 스타니슬랍스키의 동양 사상에 영향을 볼 수 있는 것에는 도움이 되지만, 배우의 이중 의식에 대한 이해에는 오히려 어려움을 준 것이라 하겠다. 동양 사상에 대한 스타니슬랍스키의 영향에 대해서는 카르니케의 *Stanislavsky in Focus* (1998) 138-145 참조.

한 일이라 할 것이다. 여기에 햅굿에 의해 감정적인 방향으로 번역된 체험은 본래의 유기성과 복합성을 보여주지 못한 채 이 오류를 극복할 힘이 없었다.

둘째, 시스템에서 배우는 '역할을 사는 것'이다. 역할과 가까워지기 위한 체험의 존재나 동반되어야 하는 배우의 이중 의식이 희미해진 채, '역할로 사는 것'이 배우가 역할을 구현하는 최고의 성취 과정으로 번역되면서 역할과 배우는 동일시된다. 스트라스버그는 이를 발전시켜 역할을 하는 것을 배우의 자기표현으로 만들었고, 이를 보여주는 대표적인 예는 자기만의 개성을 그대로 살려 스타가 된 할리우드 배우들이다.[170]

셋째, 시스템은 심리적 연기 훈련법이다. 체험을 위한 방법들은 역할로 살아가기 위한 노력이 되어 훈련에서의 성실성으로 받아들여지고 심리적인 기술들만 실천하면 이루어질 수 있는 것이 되면서, 스타니슬랍스키가 만들고자 했던 연기 체계는 사라진 채로『배우 수업』은 심리적 기술의 용법서가 되었다. 톨스토이의 예술에 정의를 바탕으로 만들어진 시스템의 이론적 체계가 배제된 메소드는 역할로 살아가는 나를 드러내기 위한 성실한 심리 훈련법이 된 것이다.

이를 다시 정리하면, 시스템에서의 체험과 배우의 이중 의식이 잘못 전달되면서 메소드는 체험을 배우 자신의 경험으로, 배우의 이중 의식을 배우와 역할의 동일화로, 이론과 훈련의 복합체계인 시스템을 심리

170 　스트라스버그는 1960년 액터스 스튜디오 학생들에게 스타니슬랍스키의 '배우의 이중 의식'에 대해 알고 있으나 본인은 박탄코프의 '배우와 역할의 차이가 없어 보이는 것'을 선호한다고 한다. 스트라스버그가 뒤늦게 출판된 스타니슬랍스키 저술 등에 의해 배우의 이중 의식에 대한 개념을 깨달았지만, 본인의 의지로 계속해서 '배우와 역할의 동일화'를 추구한 것이라 할 수 있다 (Carnicke, *Stanislavsky in Focus* 122).

훈련법으로 만든 것이라 하겠다. 이에 따라 시스템과 메소드는 상이한 '감정'의 주체를 갖게 된다. 스타니슬랍스키는 역할로서의 체험을 통한 감정을 주장하므로 감정의 주체는 역할이 되는 것이고,[171] 메소드의 감정은 역할이 아닌 배우 자신의 것이 되면서 다른 주체를 갖게 된 것이다. 이것이 시스템과 메소드의 근본적인 차이가 형성된 시작이라 할 수 있다.

그래서 메소드는 무엇보다도 배우 자신의 감정에 집중한다. 스트라스버그는 배우의 감정을 위해 배우 자신의 경험을 바탕으로 한 '정서 기억'이라는 하나의 심리적 기술에 집중하였고,[172] 점차 고백적인 자기표현으로 발전하게 되면서 메소드는 연기론이 아니라 심리치료라는 비판까지 받게 된다. 그가 감정만을 위한 극단적인 정서 기억으로 향하게 되면서 다른 아메리칸 액팅 메소드 교사들이 반기를 들고 시스템에 대한 올바른 이해를 주장하기도 한다. 그러나 애들러는 시스템의 중심으로 행동을 외치면서도 지적 분석에 갇혀 있었으며, 교감을 내세운 마이즈너 역시 배우와 역할의 의식을 구분하지 않은 채 상대의 심리에만 의지하게 되면서 스트라스버그가 만들어 낸 메소드의 대안이 되지 못했을 뿐만 아니라 그들도 그 한계 안에 머무른 것이라 하겠다.

또한, 시스템과 메소드는 '이상'과 '실용'이라는 큰 차이를 보여준다. 메소드가 현재까지 전 세계적으로 널리 쓰이고 있는 것으로 훈련법으로서

---

171 이에 대해 로즈 와이만(Rose Whyman)은 시스템에서 배우의 감정은 '실제 감정이 아니라 무대 위의 역할에 대한 실제 체험'이라 하고(45), 카르니케는 시스템에서 배우는 자신이 아니라 역할을 표현하는 것을 잊지 않는다고 한다(*Stanislavsky in Focus* 116).

172 스트라스버그가 이완, 집중, 정서 기억이라는 세 가지의 요소를 강조했다고 하지만 이완과 집중은 정서 기억으로 향하기 위한 준비일 뿐이기 때문에 스트라스버그 메소드의 핵심은 정서 기억이라 할 수 있다.

가치가 증명되었듯이 시스템과 변별점이 되는 메소드의 가장 큰 장점은 실용성이라 할 수 있다. 체험의 개념을 살펴보면서 확인하였듯이 수많은 의미가 담겨 있으며 심리·신체적으로 얽히고설킨 시스템의 개념들을 스타니슬랍스키는 은유와 간접적 표현을 택해 설명했고, 실제 적용 방법들도 개념 설명을 위한 예시들일 뿐 구체적으로 어떤 훈련법이 적용될 수 있는지는 자세히 설명하지 않는다. 따라서 모든 요소가 유기적으로 이해되고, 변화가 가능하도록 개념을 단정 짓거나 자세한 설명을 피한 스타니슬랍스키의 의도와는 다르게 시스템은 쉽게 이해할 수도, 쉽게 다가갈 수도 없는 이상이 되어버리고 만 것이다. 이에 반해 메소드는 그들만의 이해를 바탕으로 실용적인 연기 훈련법으로서 적용할 방법을 찾았다. 그리고 스타니슬랍스키의 저서들이 모두 출판되고 시스템이 심리·신체적 과정이라는 것이 밝혀진 후에도 그들은 초기에 형성한 메소드를 중심으로 자신들만의 연기론으로서 진화를 꾀한다. 이를 이어받은 후기 메소드 주자들이라 할 수 있는 하겐과 처벅 등의 교사들 또한 같은 방법으로 메소드를 발전시켜 나간다. 메소드는 자신들만의 방법으로 모호한 이상에 머무르는 시스템과는 다른 현실적 적용이 가능한 실용적 용법이 되는 길을 찾은 것이다. 나름의 방법으로 시스템을 이해하고 발전시켜 세계에 전했다는 메소드의 시스템 계승에서 의의도 여기에서 비롯된다.

지금까지의 체험과 배우의 이중 의식에서의 시스템과 메소드에 차이를 논한 이번 장은 본격적인 비교분석을 위한 기본적 배경 설명과도 같은 과정이었다고 할 수 있다. 시스템을 근본적으로 이해하기 위해서는 체험과 배우의 이중 의식에 대한 이해가 수반되어야 하며, 메소드로의 변화 지점도 이 개념들의 잘못된 이해로부터 시작하기 때문이다. 체험을 위한 수단이자 심리적 기술인 '정서 기억'은 이번 장에서 논한 두 개념의 이해 차이가 어떻게 다르게 발전되었는지를 보여주는 지점이자 시스템과 메소드의 차이를 선명하게 보여주는 예라 하겠다.

2. 정서 기억(Emotion memory)

　기원전 2세기의 문법학자이자 법률가였던 아울루스 겔루스(Aulus Gellus)는 '기억'을 연기의 수단으로 사용한 비극 배우 폴루스(Pollus)에 대해 '소포클레스(Sophocles)의 엘렉트라(Electra) 역할을 하면서 얼마 전 세상을 떠난 아들의 유골 항아리를 무덤에서 꺼내 마치 오레스테스(Orestes)의 유골처럼 끌어안고, 모방이 아닌 진정한 슬픔과 거짓 없는 한탄으로 공간을 가득 채웠다'고 한다(Cole 14-15). 또한, 조셉 R. 로치(Joseph R. Roach)는 디드로의 『배우의 역설』이 "역할의 도구가 되는 배우의 신체와 동일하게 신체 기억의 존엄성을 부여한다"(145)하고, 프랑스 배우 프랑소와-조셉 탈마(François-Joseph Talma)[173]가 '이상적 모델'을 완성하기 위해 배우에게 내적 경험의 자료가 필요하다고 한 것은 상상력과

173　탈마는 나폴레옹 1세(Napoléon I)의 호감을 얻어 유럽 통치자들 앞에서 공연했을 정도로 당대 인정받던 프랑스 배우 중 한 사람이다. 1763년 프랑스에서 태어나 영국에서 어린 시절을 보낸 뒤 귀국하여 1780년 코미디 프랑세즈(Comédie Française)에 입단하면서 배우 생활을 시작했으며, 생을 마감하는 1826년까지 무대에 섰다(브로켓 『연극의 역사 I』 541).

함께 기억을 "진실과 예술, 내적 느낌과 외면 형태 사이의 이론적 다리"(173)로 인정한 것이라 한다. 이처럼 기억은 아주 오래전부터 배우의 연기에 사용되고, 배우와 예술의 관계를 논하는 주제가 되었다. 스타니슬랍스키는 이를 시스템 심리기술의 하나인 '정서 기억'[174]으로 만들었고, 데빈 E. 말콤(Devin E. Malcolm)은 스타니슬랍스키의 이 작업이 "배우의 예술과 배우의 기억을 영원히 연결한 것"(23)이라 한다.[175]

스타니슬랍스키가 정서 기억을 포함한 심리·신체적 기술들의 개발 필요성을 느끼기 시작한 것은 그가 '대수술'이라고 표현했을 정도로 연기에 관한 생각의 변화를 맞이한 예술-문학 협회 시절 푸쉬킨의 〈인색한 기사〉를 공연하면서다. 이전까지 모방을 바탕으로 연기했던 스타니슬랍스키는 모방의 대상을 찾을 수 없는 노인 역할을 맡으면서 "역을 창조하기 위해 누구를 끌어와야 하나? 어떤 배우의 어떤 역을 모방하지? 한번도 무대에서 그 역이 연기되는 것을 본 적이 없다. 심지어는 어떤 배우가 그 역을 어떻게 연기할지 추측할 수도 없다"(『나의 예술인생』 120)라고 고민할 수밖에 없었다. 그는 연출가 페도토프의 도움으로 모방에 의한 연기가 잘못되었음을 깨닫고, 모방의 대상을 찾는 것이 아닌 역할을 위한 새로운 방법이 필요하다는 결론에 이른다.

---

174 러시아어로 'эмоциональная память(emocionalnaya pamjat)'인 '정서 기억'은 영어로 'Emotion memory', 'The memory of feelings'로 번역한다(Stanislavski, *An Actor's Work* 197-8). 메소드는 이 용어를 'Emotional memory', 'Affective memory'로 사용했으며, 우리나라는 '정서적 기억', '정서 기억'으로 번역하여 표기한다. 이해의 혼란을 막기 위해 이번 장에서는 '정서 기억'으로 통일하여 사용하기로 한다.

175 말콤은 *An Actor Remembers: Memory's Role in the Training of the United States Actor* (University of Pittsburgh, 2012)에서 스타니슬랍스키, 스트라스버그, 애들러, 조셉 체이킨(Joseph Chaikin), 스티븐 왕(Stephen Wangh), 앤 보가트(Anne Bogart), 티나 란다우(Tina Landau) 등을 비교 대상으로 사회과학의 관점에서 기억과 배우훈련의 관계를 논의한다.

역에 도달하기 위해서는 무언가가 필요하다. 그것은 가까이에 있다. 바로 여기, 내 가까이에, 그것을 붙잡아야 한다… 붙잡는다. 그러나 어느 사이에 그것은 빠져나가 버린다. 정확히 자신의 발끝만큼 멀어진다. 정신적인 내용이 없는 텅 빈 마음으로 역의 강한 장면에 접근하게 되면 역과의 거리가 더 멀어져서 역의 강한 감정에는 도저히 다다를 수 없다는 것이 드러날 뿐이다. (스타니슬라프스키 『나의 예술인생』 125)

말콤은 스타니슬랍스키의 이러한 깨달음이 그 자신을 변화시켰을 뿐만 아니라 연극계의 혁명이 된 것이라 한다(23–24). 스타니슬랍스키가 모방이 아닌 역할만의 정서가 담긴 역할을 창조할 새로운 방법들을 찾고자 한 것이 시스템 기술 개발의 시작이라 할 수 있기 때문이다. 이후 스타니슬랍스키는 심리·신체적 기술들을 만들어 가게 되고, 그중 정서 기억은 시스템의 가장 중요한 행동 요소로 자리 잡는다.

정서 기억을 설명하는 『배우 수업』 제9장은 토르초프가 이전에 학생들이 성공적으로 행했던 장면을 반복하는 것으로 시작한다. 이전의 경험으로 무엇을, 어떻게 해야 하는지를 이미 알고 있다고 생각한 학생들은 자신 있게 그 장면을 수행했으나 토르초프는 "이전 우리의 노력은 직접적이고 성실하며 신선하고 진실했지만, 오늘 한 일은 잘못되고 불성실하며 교묘하다"(Stanislavski, *An Actor's Work* 195)는 참혹한 평가를 내린다. 학생들이 느끼고 체험했다는 반발에 그는 "모든 사람은 필연적으로 삶의 매 순간 무엇을 느끼고 체험한다. […] 그 모든 문제는 당신이 정확히 무엇을 '느끼고', '체험'하였는가이다. […] 나는 관객으로서 당신이 내부적으로 어떻게 반응하고, 무엇을 느끼는지 아는 데 훨씬 더 관심이 있다"(196)고 답한다. 이는 인간적인 반응에 투자하지 않은 연기가 어떻게 기계적이고 형식적으로 변하는지를 보여줌으로써 시스템이 원하는 연기는 단순한 행동 수행이 아닌 내적인 부분이 채워져야 함을 말한 것이라 할 수 있다(Merlin 61). 행동의 물리적 형태만을 기억하고 그 안에 감정을 담아내지 못하는 연기는 모방과 다를 것이 없기 때문이다. 토르초프는 이를 위해 "실제 세계에서 역할에 생명을 불어넣기 위해서는 자신의 개인적인 경험"(Stanislavski, *An Actor's Work* 196)이 필요하다고 하며 정서 기억을 다음과 같이 설명한다.

> 경험했던 모든 감정을 되살리는 데 도움이 되는 그런 종류의 기억이 바로 정서 기억이다. 시각 기억이 오랫동안 잊고 있던 풍경이나 사람의 이미지를 내면의 눈앞에서 되살리듯, 한 번 경험한 감정은 정서 기억에서 되살아난다. 완전히 잊힌 줄만 알았던 기억이 갑자기 생긴 힌트, 생각, 친숙한 모양에 의해 되살아나고, 처음보다는 약하게, 때로는 더 강하게, 혹은 같거나 약간 변형된 형태의 과거 감정에 다시 한번 사로잡히게 된다.
> (Stanislavski, *An Actor's Work* 199)

즉, 배우의 심리적 기술 중 하나인 '정서 기억'은 배우가 과거에 있었던 자신의 직·간접 경험을 불러내 연기 창조에 활용하는 것을 의미한다(김태훈 『스따니슬랍스끼 연기학 전문 용어』 122).

정서 기억은 '신경 조직에는 모든 경험의 흔적이 남는다'는 리보[176]의 행동주의(Behaviorism)[177] 이론에서 시작된 것이다(Ribot 141). 리보가 쓴 *The Psychology of the Emotion* (1898)에 제11장 "The Memory of Feeling"의 화두는 시스템의 목표이자 정서 기억을 만든 이유가 되었다.[178]

후각 및 미각, 내적 감각, 과거의 고통과 쾌락, 이전에 경험한 감정의 이미지가 자발적으로, 또는 의지에 따라 의식에서 되살아날 수 있는가? (Ribot 141)

원하는 연기를 '의지에 따라 의식에서 만들어 낼 방법'을 찾는 것이 스타니슬랍스키가 모방의 연기에서 벗어나고자 한 이후 최고의 목표였으며, 과거에 들었던 소리나 만졌던 감촉으로 옛 기억이 되살아나듯 연기도

---

176 1839년 프랑스에서 태어난 리보는 1888년 프랑스 단과대학 교수로 임명되었고, 단과대학 최초의 심리학 연구실장으로서 프랑스 실험 심리학(French experimental psychology)을 만들었다. 프로이트 심리학이 미국에서 지지받았다면, 리보에 행동주의는 러시아에서 권위를 얻었다. 그는 독일 철학자 쇼펜하우어(Schopenhauer)에 관한 논문으로 관심을 받기 시작하였고, 혁명 이후 마르크스주의적 유물론이 지배하게 되면서 그의 이론은 더욱 주목받게 된다. 그의 주요 서적은 프랑스에서 출판된 지 2년 만에 러시아어로 번역되었으며, 스타니슬랍스키는 필기로 가득한 6권을 소유하고 있었다(Carnicke, *Stanislavsky in Focus* 131-132 재인용). 그가 고통, 쾌락, 맛, 냄새 등에 대한 기억을 60명에게 기술하도록 요구한 것은 현대의 기준으로는 턱없이 부족한 기준의 실험이지만, 당시로는 새로운 시도라 할 수 있다. 이 실험은 익사할 뻔한 사람이 자신이 당한 일을 얘기하는 일화로 『배우 수업』 본문에서 구현되었다(Stanislavski, *An Actor's Work* 198).
177 미국의 심리학자 존 브로더스 왓슨(John Broadus Watson)에 의해 주창된 심리학파의 하나로 인간을 체계적으로 설명하고 이해하기 위해 객관적으로 관찰할 수 있는 '행동'을 연구 대상으로 해야 함을 강조하는 심리학 연구다(양돈규 675).
178 『배우 수업』 제9장에서 토르초프는 정서 기억을 처음에는 리보를 따라 'Affective memory'라 불렀으나, 현재는 'The memory of feelings', 'Emotion memory'라 부른다고 하며 정서 기억이라는 용어가 리보부터 시작되어 변형된 것임을 밝히고 있다(Stanislavski, *An Actor's Work* 197-198). 햅굿 번역에서는 이 부분을 삭제한 채 'Emotion memory'란 용어를 사용하고, 정서 기억의 예시로만 리보를 언급한다.

'경험을 바탕으로 되살릴 수 있을까'라는 정서 기억을 만든 고민도 이 안에 있는 것이기 때문이다. 그는 리보의 이론을 통해 정서 기억이라는 시스템의 기술 중 하나를 구체화했을 뿐만 아니라, 시스템의 목적을 확인한 것이라고도 할 수 있다.

리보는 정서 기억을 '구체적(Concrete) 기억'과 '추상적(Abstract) 기억'으로 분류한다(148). 추상적 기억은 감정의 조건, 상황, 부차적인 요소만을 기억할 수 있는 지적인 기억을 말하는 것으로 사람들의 기억 대부분은 이 범주에 속하며, 그에 비해 구체적 기억은 다른 사람들보다 훨씬 적은 수의 시·청각 기억력이 좋은 사람들이 가지는 기억으로 당시의 상황과 함께 감정적 상태를 기억하는 것이다(152-153). 다시 말해, 추상적인 기억은 복제품, 실제 사건의 대체물, 또는 인상에 추가된 지적 요소일 뿐이라면, 구체적인 기억은 원래의 감정만큼이나 확실히 몸 안에서 느끼는 것을 말하는 것으로 두 개념이 분류되는 지점은 '현재 상태에서 과거를 느끼느냐'의 문제라 할 수 있다(161-163). 또한, 두 개념은 심리·신체적 유기성에서도 차이를 보인다. 리보가 추상적 기억을 설명하면서 "온몸을 진동하지 않는 감정은 순전히 지적인 상태일 뿐"(163)이라고 한 것에서 알 수 있듯이 구체적 기억에서 감정적 상태를 기억한다는 것은 심리·신체가 함께 반응하는 것을 말한다. 즉, 추상적 기억은 과거의 '상황'만을 기억하는 단순한 '지적인 기억'에 머무르는 것이라면, 구체적 기억은 과거의 '상태'를 '심리·신체적으로 느끼는 것'이라 하겠다.

리보는 추상적 기억과 구체적 기억을 나누어 정서 기억을 설명하는 제11장 전체의 실험을 통해 구체적 기억이 실제로 존재하지만 자주 나타나지 않는다는 것을 발견한다. 그는 피실험자들이 종종 추상적인 기억을 구체적인 기억으로 착각하며, 구체적인 기억은 드물게 발생할 뿐이라 한다. 특히, 출산과 같은 특별한 경험들이 얼마나 드물게 구체적으로 기억될 수 있는 현상인지를 신경학적 방어 기제(Defense mechanism)[179]로 설명하면서 예리한 소수의 사람에게는 식별되지만, 대다수에 사람들에게는 구체적 기억이 거의 없다고 결론짓는다. 이는 일반론으로서 정서 기억의 가치에 의문을 가진 것이라 할 수 있다. 이 외에도 증명할 수 없는 문제들과 부딪친다. 먼저, 구체적인 기억이 왜 '기억'으로 여겨져야만 하는가이다. 만약 그 대상이 현재 어떤 상태를 경험한다면, 그것은 단지 과거에 바탕을 둔 새로운 '경험'과 다르지 않다는 것이다. '감정'과 '기억', 구체적인 '기억'과 병적인 '환각'에 대해서도 구별할 방법을 제시하지 못한다. 리보는 정서 기억의 개념을 창안하였으면서도 증명하거나 설명할 수 없는 문제들로 정서 기억 자체에 회의를 느낀 것이라 할 수 있다.

리보의 이 같은 연구 결과 중 스타니슬랍스키는 몇 가지 특징을 자신만의 해석으로 수용하여 시스템의 '정서 기억' 개념으로 만든다. 먼저, 구체적인 기억이 소수에게만 적용된다는 것이다. 리보는 구체적 기억이 시인이나 예술가와 같은 일부 예리한 사람들에게만 나타나는 것이고, 다수에게는 적용되지 않는다고 한다(154). 리보에게 자신의 이론에 대한 회의적 시각을 안겨 준 이 문제는, 스타니슬랍스키가 구체적 기억을 받아들이는 데에 전혀 방해되지 않는다. 그는 구체적 기억이 배우들에게

---

179 개인의 불안을 감소시키기 위해 욕망을 무시하거나 현실을 왜곡하는 등에 비합리적인 방법을 쓰는 무의식적인 방어 책략의 총칭인 정신분석학 용어다. 방어 기제의 유형으로는 억압(Repression), 부정(Denial), 투사(Projection), 반동형성(Reaction formation), 퇴행(Regression), 전치(Displacement), 대치(Substitution), 승화(Sublimation), 동일시(Identification), 합리화(Rationalization), 주지화(Intellectualization) 등이 있다(박준성 91-93).

나타날 수 있다고 생각한다. 연기를 예술이라 생각하고, 그 예술을 행하는 배우가 예술가라는 톨스토이를 통해 만든 연극 예술의 대전제 안에서는 당연한 일이기 때문이다. 다만, 스타니슬랍스키도 구체적 기억이라는 현상 자체가 드물게 나타나는 것을 인정하며 배우가 이를 활성화하기 위해서는 구체적 기억을 자극하는 기술에 대한 이해와 습득이 필요하다고 한다(Stanislavski, *An Actor's Work* 198, 221, 225). 그는 적절한 훈련이 있다면 예술가인 배우는 구체적 기억을 맞이할 수 있다고 생각한 것이다.

다음으로, 구체적 기억의 심리·신체적 유기성이다. 리보는 어떤 경험에 대한 기억으로 얼굴이 창백해지거나 붉어지는 것처럼 감정과 감각에 대한 기억이 함께 나타난다고 한다. 스타니슬랍스키는 이를 받아들여 시스템 정서 기억에 심리·신체적 유기성을 담았다.[180] 정서 기억을 다루고 있는 『배우 수업』 제9장에서는 정서 기억에 직접적으로 사용되는 오감(Five senses)을 통한 감각 기억, 외적 자극, 그리고 '만약에', '주어진 상황' 등과 연결될 뿐만 아니라 '상상력', 희곡의 '비트와 과제', '주의집중', 내·외적 행동에 대한 '진실과 믿음' 등에 이제까지 『배우 수업』 전체에서 다루어진 모든 과정이 정서 기억을 위한 자극제가 된다고 한다(Stanislavski, *An Actor's Work* 225).[181] 이것은 정서 기억이 심리·신체적 유기성 안에 있음을 말하는 것이다. 대부분의 심리적 기술, 행동과 희곡 분석의 기본

---

180 시스템에서 쓰이는 '감정'이라는 단어는 감정과 감각 모두를 의미하는 러시아어 'чу́вство(chuvstva)'이다(Carnicke, *Stanislavsky in Focus* 139). 이는 정서 기억을 포함한 시스템 전체에 심리·신체적 유기성이 내포되어 있음을 의미한다고 할 수 있다.

181 햅굿 번역에서는 이 부분이 삭제되었다. 심리·신체적 유기성이 드러난 이 부분을 삭제한 것은 정서 기억을 심리기술로만 이해하는 데 영향을 끼쳤을 것으로 보인다.

개념을 소개한 이후에 정서 기억을 설명한 순서 또한 이를 의미한다고 하겠다. 여기서 중요한 것은 스타니슬랍스키가 리보의 이론을 사용하면서 한 단계 발전을 꾀했다는 것이다. 리보가 구체적 기억 안에 추상적 기억의 요소가 포함된다는 것을 발견하는 데 그쳤다면, 스타니슬랍스키는 추상적 기억과 같은 주어진 상황, 그리고 외적 자극, 오감의 기억 등을 사용하여 정서 기억에 도움이 될 방법을 찾는다. 리보는 구체적 기억이 추상적 기억의 상황과 함께 드러나고 자극에 의해 나타날 수도 있다고 밝히면서도 구체적 기억으로 발전할 방법을 찾은 것이 아니기에 스타니슬랍스키의 작업은 의미 있는 것이다. 리보가 실험과 관찰을 통해 구체적 기억의 심리·신체적 성질을 규명했다면, 스타니슬랍스키는 이를 받아들여 연기론으로 발전시킨 것이라 하겠다.

마지막으로 '기억과 감정', '기억과 경험', '기억과 환각', '구체적 기억과 추상적 기억'의 구분 문제이다. 리보가 자신의 한계라 말하는 이 지점을 스타니슬랍스키는 연기론의 관점에서 해석하고 수용한다. 리보의 이론을 훈련이 가능한 기술로 발전시키면서 시스템에서 '정서 기억'은 감정을 향해가는 과정이 된다. 즉, 시스템의 정서 기억은 '기억'으로 발생하는 '감정'이라는 인과 관계 안에 있는 것으로 '기억과 감정'의 구분은 그에게 무의미하게 된 것이다. '경험과 감정'의 구분 역시 체험을 통해 감정에 도달하는 시스템에서는 마찬가지의 관계에 있는 것으로 보아야 할 것이다.

'기억과 환각' 구분은 다음의 예시들로 설명할 수 있다. 『배우 수업』에서 정서 기억을 처음 설명하기 위해 행한 미친 사람이 문밖에 있다는 상황극은 만약에 문밖에 미친 사람이 있다면 어떻게 할 것인가라는 가정이지 진짜 미친 사람이 왔다는 착각에 빠지는 것이 아니며, 자신의 사생활과 비슷한 상황을 연기한 배우가 연기를 성공적으로 해낼 수 있는 것은 실제 상황이 아니라는 전제 안에서 기억을 자극으로 사용해 이루어 낸 일로 정서 기억 적용에서 배우의 이중 의식이 환각을 막아주는 장치가 된다는 것을 의미한다. 스타니슬랍스키는 정서 기억에서 '만약에'와 배우의 '이중 의식'을 통해 '기억과 환각'의 구분을 가능하게 한 것이라 할 수 있다.

가장 중요한 것은 '추상적 기억과 구체적 기억'의 구분이다. 앞서 소개된 이전 수업에서 진행했던 장면을 단순 반복했던 학생들이 진짜로 느껴야 한다고 토르초프에게 혼났던 장면은 마치 추상적 기억과 구체적 기억의 차이를 설명하는 것과 같으며, 리보의 실험을 좀 더 극적으로 만든 같은 사고에 대한 전혀 다른 기억을 가진 두 사람의 예도 같은 경우라 하겠다(Stanislavski, *An Actor's Work* 198).[182] 이는 스타니슬랍스키가 구체적 기억을 받아들여 정서 기억으로 만든 것이며, 추상적 기억을 정서 기억의 설명에 사용한 것이라 할 수 있다. 또한, 구체적 기억은 이전 장에서 논의했던 '체험'과 '느끼는 것'이라는 점에서 닮아있어, 구체적 기억과 추상적 기억의 구분은 체험과 재현의 구분을 떠올리게도 한다. 즉, 기억의 비교 구분을 통해 체험을 유지하는 시스템의 핵심 기술로서 정서 기억의 의미도 다시 한번 확인한 것이라 할 수 있는 것이다. 추상적 기억과 구체

---

182 토르초프는 다음과 같이 말한다. "두 명의 여행객이 조류에 의해 절벽에 고립되었다. 그들이 탈출한 후 그 일의 인상을 이야기했다. 그들 중 한 명은 자기 행동 하나하나를 기억했다. 어떻게, 어디서, 왜, 어디로 내려왔는지, 어떻게 발을 디뎠는지, 어디로 뛰어내렸는지를 기억했다. 다른 한 명은 다른 것은 기억하지 못했지만, 그가 겪었던 감정들을 기억했다. 첫 흥분, 그다음에 온 경계심, 불안, 희망, 의심, 그리고 마지막 공황 상태를 기억했다. 이 감정은 그의 정서에 기억으로 남아있었다"(Stanislavski, *An Actor's Work* 198).

적 기억의 구분은 시스템의 정서 기억 개념과 함께 이를 이해할 수 있는 대조 개념을 만든 것일 뿐만 아니라, 시스템에서 정서 기억의 가치를 확인해 주는 지점이 되었다.

이처럼 스타니슬랍스키는 리보의 구체적 기억을 자신만의 해석으로 받아들이고 시스템의 정서 기억으로 만들었다. 리보의 이론에서 일반화에 어려움을 만든 구체적 기억이 '소수에게만 일어나는 일'이라는 것은 배우가 예술가라는 전제 아래 필요한 훈련이 이루어진다면 문제가 되지 않는다. 또한, '기억과 감정'과 '기억과 경험'의 구분은 정서 기억의 인과 관계가 되고, '기억과 환각' 구분의 어려움은 배우의 '이중 의식', '만약에'로 보완하였으며, '추상적 기억과 구체적 기억의 구분', '심리·신체적 유기성'은 적극적으로 흡수하여 정서 기억의 내용이 된 것이다. 시스템의 정서 기억은 스타니슬랍스키가 리보의 이론을 연기론에 맞게 변용하여 발전시킨 것이라 하겠다.

리보의 영향 아래 완성된 정서 기억은 시스템의 기술일 뿐만 아니라 시스템 전체의 이해를 드러낸다. 스타니슬랍스키가 『배우 수업』 서문에서 연기는 "무의식적 감정, 배우의 본능"(Stanislavski, *An Actor's Work* xxiv)을 기반으로 하고 있다고 밝히고 시스템에 관한 글을 펼친 것은 시스템에서 개발된 모든 기술이 이 직관적인 감정을 불러내기 위한 '미끼'임을 의미한다.[183] 다시 말해, 시스템은 감정을 일깨우는 심리·신체적 기술인 것이다. 이 중 정서 기억은 『배우 수업』 제9장 전체에 나타나는 시스템에 다양한

---

183   토르초프는 "우리 연구의 연속적인 단계는 정서 기억과 반복되는 새로운 미끼(혹은 자극)를 가져왔다. 실제로 만약에 내가, 주어진 상황, 상상력, 비트와 과제, 주의집중, 내면과 외면의 행동에 대한 진실과 믿음은 우리에게 적절한 미끼를 제공했다"(Stanislavski, *An Actor's Work* 225)고 한다.

요소와의 연관성을 통해 시스템의 가장 큰 특징인 심리·신체적 유기성을 보여주며 과거의 경험을 떠올려 감정에 도달하게 한다. 즉, 정서 기억의 과정은 유기적인 심리·신체적 기술로 감정을 일깨우는 것이라는 시스템의 목표와도 같은 것이라 하겠다. '정서 기억을 중심으로 시스템의 개념이 매듭지어졌다'라는 표현처럼 정서 기억은 시스템의 과정과 목표, 특징을 모두 보여주며 그 전체 개요를 드러낸 것이라 할 수 있다(Carnicke, *Stanislavsky in Focus* 126).

이처럼 시스템 전체의 축소판이라 할 수 있는 정서 기억은 미국으로 전해지면서 전혀 다른 양상을 보인다. 스트라스버그가 "나의 정서 기억에 대한 정의는 스타니슬랍스키와 나의 선생님인 리처드 볼레슬랍스키의 작업을 바탕으로 한다. 그리고 여기에 내가 독서한 내용과 지식을 추가했다"(*The Lee Strasberg Notes* 146)라고 하였듯이 메소드의 정서 기억은 시스템으로부터 온 것이나 볼레슬랍스키의 전달과 스트라스버그가 추가한 이론에 의해 변형된 것이라 할 수 있다. 이 같은 메소드의 정서 기억에 대해 기억의 구분과 그에 따른 용어, 목적, 특징, 이해와 실행 방법으로 나누어 시스템과의 비교 논의를 하며 하나하나 살펴보기로 한다.

시스템과 메소드는 기억의 구분과 용어 선택에서부터 차이를 드러낸다. 스타니슬랍스키는 지금까지 논의되었던 경험에 대한 기억으로 감정을 동반하는 '정서 기억'과 과거의 시·청각 등[184]에 감각적인 부분의 기억

---

184 토르초프는 시각과 청각을 포함한 오감에 대한 설명에서 미각, 후각, 촉각도 오감의 구성 요소이지만 시·청각에 비해 덜 강력하여 대부분 보조적인 수단의 역할을 한다고 한다(Stanislavski, *An Actor's Work* 202).

인 '감각 기억'으로 구분한다. 두 개념은 서로 독립되어 있으나 감각 기억은 정서 기억에 영향을 줄 수 있는 중요한 존재라 한다(Stanislavski, *An Actor's Work* 200, 203).[185] 시스템에서 감각 기억과 정서 기억은 서로 다른 것으로 구분되면서도 함께하며 도움을 주는 존재라 할 수 있다.

이에 반해 스트라스버그는 기억을 '정신적 기억(Mental memory)', '육체적 기억(Physical memory)', '정서 기억'으로 나누고 '정서 기억' 안에는 '감각 기억'과 '감정적 기억'이 있다고 한다(*A Dream of Passion* 112-113). 스트라스버그는 '정신', '육체', '정서'를 분리함으로써 '신체'와 '심리'를 구분하면서도 '정서'라는 틀에 '감각'과 '감정'을 하나로 수용한다. 그가 수업에서 '감정적 기억'과 '정서 기억'을 혼동하여 사용하기도 한다고 한 것도 '정서', '감정', '감각'을 하나의 덩어리로 생각하고 있음을 말해주는 것이다(111). 스트라스버그의 이와 같은 통합 수용의 연유는 햅굿 번역과 자신이 가장 큰 영향을 받았다고 밝힌 볼레슬랍스키에게서 찾을 수 있다.

스트라스버그가 읽은 『배우 수업』 햅굿 번역본에는 감각 기억이 정서 기억을 불러왔던 폴카(Polka)로 시작된 친구들의 싸움에 대한 예시가 삭제되었고, 학생들과 함께 오감을 이해하는 과정들도 축약되면서 그는 감각 기억의 중요성이 축소된 채로 받아들였을 것으로 보인다. 또

---

185 토르초프는 술에 취해 폴카를 들었지만 어디서 들은 것인지 기억하지 못하는 친구들의 대화를 예로 들어 설명한다. 그들은 폴카를 어디서 들었는지 기억하기 위해 오감의 기억을 동원하여 그날 밤을 회상한다. 이 과정에서 폴카에 대한 기억뿐만 아니라, 서로 모욕을 주고받았던 감정 상태까지를 기억하게 되면서 둘은 다시 다투게 된다. 토르초프는 이 일화가 오감 간의 긴밀한 관계를 보여주고, '감각'이 '감정'에 미치는 영향을 보여준다고 하며 배우에게는 정서 기억뿐만 아니라 감각 기억도 필요하다고 한다(Stanislavski, *An Actor's Work* 202-203). 스타니슬랍스키는 감각 기억과 정서 기억, 즉 '감각'과 '감정'을 구분하면서도 감각 기억을 정서 기억에 도움을 줄 수 있는 존재라고 생각한 것이다. 토르초프가 감각 기억과 정서 기억을 병행하여 설명하는 것이 더 편리하다고 한 것도 이러한 연유라 할 수 있다(200).

한, 그가 들었던 미국 실험극장의 볼레슬랍스키 수업도 영향을 미쳤다. 그는 볼레슬랍스키가 정서 기억을 '분석적 기억(Analytic memory)'과 '느낌의 기억(Memory of feeling)'으로 나누었으며, 자신은 분석적 기억을 '정서 기억'과 '감각 기억'으로, 느낌의 기억은 '감정적 기억'으로 불렀다고 한다(111). 분석적 기억에 '정서'와 '감각'이 함께하고 느낌의 기억이 '감정'을 말한다는 것은 '감정'과 '감각'에 구분을 무너뜨린 것이며, '정서'와 '감정'이라는 비슷한 개념을 분리한 것이기도 하다. 이에 대해 스트라스버그는 볼레슬랍스키가 영어 구사에 능하지 못해서 생긴 문제인 듯 보이며, 자신은 이를 극복하기 위해 '감정'과 '감각'을 분리한 개념을 세웠다고 밝히지만(69-70), '정서'로 '감각'과 '감정'을 함께 묶은 것은 볼레슬랍스키가 만든 기억 경계의 모호함에 영향을 받은 것이라 할 수 있다. 햅굿의 번역으로 감각 기억의 중요성이 축소되고, 감각과 감정의 경계를 무너뜨린 볼레슬랍스키의 영향으로 스트라스버그는 정서 기억이 '감각'과 '감정'으로 나뉜다고 얘기하면서도, 결국은 '감정'이라는 하나의 뭉뚱그려진 범주에 넣어 사용한 것으로 볼 수 있다.[186] 스트라스버그가 훈련에서 감각 기억을 중요시한 것도 정서 기억의 '감정'을 위한 준비 단계일 뿐이기 때문이다.[187]

---

186 스트라스버그는 볼레슬랍스키의 수업이 강조하는 것은 '집중'과 '정서 기억'이라 하면서 정서 기억에 대해 과정을 소환하는 '분석적 기억'과 배우가 무대에서 성취할 수 있도록 돕는 진짜 '감정의 기억'으로 나뉜다고 한다(*A Dream of Passion* 69). 그가 감정의 기억을 '진짜'라고 표현한 것에서 무엇보다도 감정을 우위에 두고 있음을 알 수 있다. 그는 볼레슬랍스키가 강조한 '집중' 안에 훈련으로 '감각 기억'을 편입시키고, 이 모두를 '감정'을 위한 '정서 기억'으로 완성한 것이라 할 수 있다.
187 이에 대해 스트라스버그의 감각 기억에 대한 자세한 설명과 훈련이 차지하는 비중을 예로 들며 반대 의견을 제시할 수도 있다. 그러나 감각의 기억 훈련은 이완과 집중을 통해 정서 기억에 몰두하게 한다는 과정 중에 있는 것으로, 결국 감각의 기억은 '감정'의 기억으로 향하기 위한 조건이라 할 수 있기에 정서 기억과 대등한 위치의 독립된 개념이라 할 수 없다.

메소드의 정서 기억은 용어에서부터 '감각'과 '감정'의 경계가 모호한 채로 '감정'으로 향하고 있음을 확인하였다. 이제부터 살펴볼 세부 내용은 양자 간의 차이를 더 분명하게 드러낸다. 정서 기억은 시스템의 축소판이라 했듯이 시스템의 특징, 내용, 목표를 고스란히 담고 있는 기술로서 역할의 완전한 체험을 위한 하나의 미끼, 즉 잠재의식에 이르기 위한 의식적인 시스템의 수단 중 하나를 말한다. 여기서 첫 번째 중요한 지점은 정서 기억이 시스템의 기술 중 '하나'라는 것이다. 지금까지 시스템의 많은 요소와 관련된 정서 기억의 정의, 형성 배경, 기능을 논하면서 그 중요성을 강조했다. 그러나 정서 기억이 시스템에서 중요한 부분이라 해서 시스템의 유일한 수단이거나 목표 지점, 전체는 아니다. 정서 기억이 시스템의 많은 요소와 관련되었다는 것은 시스템에서의 중심적 위치를 설명하는 것이기도 하지만, 정서 기억에 다른 요소나 기술이 필요함을 의미하기 때문이다. 이는 다시, 정서 기억이 결과가 아닌 '과정'이라는 것을 의미하기도 한다. 『배우 수업』의 정서 기억을 설명하는 제9장에서 코스챠의 정서 기억이 발전하는 과정과 이를 설명하는 수업은 이러한 특성을 잘 보여준다. 하나의 기억은 다른 기억들과 합쳐지고 여기에 외적 자극들과 상상력이 추가되면서 전혀 새로운 것이 탄생한 코스챠의 경험,[188] 그리고 가구를 옮기거나 조명의 강도를 달리하여 임한 연습은 다른 경험이나 외적 자극으로 감정이 변화하고 그로 인해 행동이 나타난다는 것을 보여준다. 멀린은 이 같은 정서 기억의 과정에 대해 "심리적인 과정이 외부 자극에서 자발적인 감각으로, 그다음엔 상상력과 잠재적인 행동에 이

---

188   토르초프는 이에 대해 "모든 경험과 감정의 흔적은 하나의 더 넓고 깊은 기억으로 증류된다" (Stanislavski, *An Actor's Work* 206)고 한다.

르는 것"(63)을 보여준다고 하며 "정서 기억은 그 자체로 끝이 아니라 배우의 심리·신체적 감수성의 미세한 조정이며, 배우의 상상력이 있는 팔레트 색의 조합"(62)이라 한다. 정서 기억은 시스템의 많은 요소와 연결된 중심 개념이면서 다른 기억, 외적 자극, 그리고 시스템의 요소들과의 조화를 통해 변화와 발전이 가능한 심리·신체적인 유기성과 역동성을 가진 시스템의 과정과 같은 하나에 기술인 것이다.

그러나 스트라스버그의 메소드에서 정서 기억은 핵심이자 목표이다. 스트라스버그는 스타니슬랍스키의 리보에 관한 영향을 자세히 기술하면서 리보가 스타니슬랍스키에게 "배우에게 영감이 떠오르면 무슨 일이 생기는가, 혹은 배우에게 생기는 영감의 본질은 무엇인가"(*A Dream of Passion* 112)라는 연기에 대한 근본적인 질문에 대한 해결책을 제시해 준 것이라 한다. 그리고 바로 이어서 정서 기억의 종류를 설명하고 정서 기억이 무대 위의 "기본적인 재료"(113)라고 한 것은 그가 이 해결책이 정서 기억이라 말하는 것과 같다. 그가 이 같은 결론을 내린 이유는 정서 기억의 원리를 설명한 예로 든 뇌 전문의 와일더 펜필드(Wilder Penfield)의 실험을 보면 알 수 있다. 펜필드는 간질 환자를 치료하는 과정에서 뇌의 어떤 부분에 자극을 주면 환자가 과거의 경험을 떠올린다는 사실을 발견하고, 같은 지점을 30번 넘게 자극해서 같은 과거를 회상하게 했다고 한다(113-114). 이는 개에게 먹이를 줄 때마다 종을 울리면, 나중에는 먹이를 주지 않고 종만 울려도 개가 침을 흘린다는 파블로프의 실험을 떠올리게 한다.[189] 스트라스버그는 '간접적'으로 다가오거나 '자발적'으로 생겨나

189　실제로 스트라스버그는 "프로이트가 아니라 파블로프에게서 우리가 훈련받은 방식"(Schechner 198)이라고 한다. 그러나 당시 미국을 지배한 프로이트의 정신분석학 영향도 스트라스버그의 저서에 고스란히 드러나기에 메소드에서 프로이트의 영향 또한 무시할 수 없다.

는 것이 아닌, 확실한 '자극'으로 즉각적인 '결과'를 만들 수 있는 도구로 정서 기억을 생각한 것이다. 그는 정서 기억이 만들어지는 과정, 즉 '감정이 찾아오는 과정'보다는 '자극을 통한 감정 형성'이라는 결론'에 더 관심이 있었다고 할 수 있다.

스트라스버그는 더 나아가 감정을 '통제'할 수 있다고 생각한다. 그의 이러한 의지는 시스템의 '잠재의식'에 대한 반대로 해석할 수 있다. 스타니슬랍스키는 배우가 완전히 극에 빠지는 최상의 순간은 잠재의식의 순간에 있다고 하면서 이 순간은 배우의 의지에 상관없이 나타난다고 한다(Stanislavski, *An Actor's Work* 17).[190] 그러나 스트라스버그는 통제할 수 없는 잠재의식을 배우의 적으로 취급하고(Carnicke, *Stanislavsky in Focus* 137), "감정은 순간에 단순한 자극에서 오는 것이 아니라 통제된 과정을 통해서 일어난다"(Strasberg, *A Dream of Passion* 35)고 하며 감정을 통제할 방법을 찾고자 한다. 그에게 정서 기억은 이 수단으로서 가장 적절한 것이었다. 이를 리처드 쉐크너(Richard Schechner)와의 인터뷰에서도 분명히 밝힌다.

> 무대 위 배우의 감정이 결코 진짜여서는 안 된다. 그것은 항상 기억된 감정이어야 한다. 지금 당장 일어나는 감정은 통제 불능이다. 어떤 일이 일어날지 모르기 때문에 배우가 항상 그것을 유지하고 반복할 수는 없다. 기억된 감정은 배우가 창조하고 반복할 수 있는 것이다. (Schechner 197)

---

190 무의식을 나누는 두 개념 중에 스타니슬랍스키가 말하는 '잠재의식'은 의식으로 전환될 수 없는 실제 '잠재의식' 개념이 아니라 언제든지 의식적으로 드러날 수 있는 의식인 '전조 의식'에 가깝다(남상식 109-110). 여기서 잠재의식이 의식적으로 드러날 수 있다는 것은 스트라스버그가 말하는 직접적인 '통제'와는 다른 간접적 기술을 통한 것이다.

기억된 감정, 즉 정서 기억이 감정을 통제할 수 있는 수단이 되면서 나머지 통제할 수 없는 수단들은 철저히 배제한다.[191] 이 같은 스트라스버그의 생각은 당시 미국의 사회적 분위기에 의한 것이라 할 수 있다. 그가 시스템을 받아들인 시기는 미국이 심리학적 렌즈를 통해 사회현상을 바라보기 시작한 시대이다. 미국 문화 현상을 연구한 슈더는 프로이트, 칼 구스타프 융(Carl Gustav Jung), 샌더 페렌치(Sandor Ferenczi) 등의 정신분석학[192]자들이 1900년대 초에 미국을 방문하였고, 이들 중 상당수가 세계 2차 대전 이후 미국에 정착하면서 미국 전체가 심리학적 이론인 정신분석학에 매료되었다고 한다(172–173). 인간의 정신세계를 분석하는 학문이고 신경증 치료의 방법이기도 한 정신분석의 영향 아래 스트라스버그는 선택할 수 없고, 제어할 수도 없는 잠재의식은 배우의 연기를 방해하는 것으로 생각하게 된 것이다. 그가 프로이트의 이론처럼 배우의 나쁜 습관은 어린 시절로부터 생겨난 잠재의식에서 시작된다고 하면서, 배우들의 과거에서 그 원인을 찾고 분석하여 극복해 내는 과정은 마치 치료와도 같은 것으로 스트라스버그가 심리 치료적이라는 비판에 이르게 한 요인이기도 하다.[193] 스타니슬랍스키의 잠재의식 개념은 미국의 프로이

---

191   스트라스버그의 아들이자 제자로서 현재 연기 교사로 활동하고 있는 존 스트라스버그(John Strasberg)는 에바 메클러(Eva Mekler)와의 인터뷰에서 자신의 아버지 스트라스버그 수업에 대해 "아버지의 작업은 어디까지나 배우에게 자신의 감정을 자극하도록 가르치는 데 중점을 둔 것으로 생각한다. […] 아버지는 그런 일(자발적인 일)이 일어나는 것을 허락하지 않았다"(Mekler 93)고 밝힌다.

192   프로이트에 의해 창시된 성격 발달 및 정신 장애 치료에 관한 이론으로 인간의 성격은 생에 초기 몇 년 동안의 발달로 결정되며, 무의식이라는 인간 내면 심층부에 감춰진 심리적 갈등이 인간의 행동을 결정한다고 한다. 정신분석학은 '정신분석'이라 칭하기도 한다(박준성 199, 양돈규 523).

193   스트라스버그는 A Dream of Passion: the Development of the Method (1988)의 제6장에서 배우들의 신체 긴장에 대한 여러 예시를 설명하면서 "심리학자들이 말하는 외적인 감정 경험의 형태를 보유하고 있는 영역이다. 체계적인 연습으로는 이러한 긴장을 교정할 수 없다. 이 영역은 대부

트적 관점을 통해 메소드에 받아들여지면서 가고자 하는 이상이 아니라 극복해야 할 문제점이 된 것이라 하겠다.[194]

스트라스버그의 감정에 대한 결과론적 시각과 통제 가능하다는 의지는 정서 기억을 통해 메소드를 즉시 실행할 수 있는 '기법', 감정의 '통제 수단'으로서의 공식과 같은 과정을 만든다. 이완된 몸으로 감각을 사용하여 자신의 과거를 회상하고, 이를 통해 감정을 되살려 역할에 대입한다. 이를 위해 몇 가지 조건이 필요하다. 우선, 연극과 비슷한 충격적인 사건이어야 하고, 다음으로는 7년 이상 지난 경험이어야 한다.[195] 그리고 세 번 이상 성공적인 적용이 이루어진다면 '감정적 원천'으로 인정될 수 있다고 한다(Hull 85-87). 이는 실현이 가능한 구체적인 방법을 제시함과 동시에 통제를 위한 기능을 만든 것이라 할 수 있다. 또한, 스트라스버그는 정서 기억을 뒷받침하기 위해 다른 훈련법을 고안하기도 한다. 목욕이나 신체를 단장하는 등에 남을 의식하지 않고 수행하는 '사적인 순간'은 정서 기억 훈련을 어려워하는 배우들의 긴장을 풀기 위해 만들어졌으며, 익숙한 노래를 박자와 음을 변조하여 부르면서 그에 따른 행동을 수행하

분의 심리학 학교가 중요하게 다루는 몸과 마음의 연결을 통해 접근할 수 있다"(98-99)라고 하며 본인의 심리학적 접근을 밝히고 있다.

194 스트라스버그는 시스템에 담긴 동양적 사상들도 거부했다. 그는 스타니슬랍스키가 몸과 마음의 불가분 관계, 감정의 초월적인 의미, 명상과 관련된 훈련 등을 통해 시스템에 요가, 힌두교 등의 동양적 사상들을 녹여내고자 한 것이라 한다. 그러나 자신은 "선이나 요가, 명상 등의 연습은 인간 개인의 삶에는 도움이 될지 모르나, 연기에서 자신을 표현하는 데는 도움이 되지 않는다는 것을 발견한다"(Strasberg, *A Dream of Passion* 105)라고 한 것은 통제할 수 있는 수단인 정서 기억을 중심으로 한 메소드에는 이 모호한 동양 사상들이 도움이 되지 않는다고 판단한 것이라 할 수 있다. 스타니슬랍스키의 동양 사상 영향에 대해서는 카르니케의 *Stanislavsky in Focus* (1998) 138-145 페이지 참조.

195 현대의 기억에 관한 연구도 정서 기억에 오래된 기억이 더 적합하다는 믿음에 확증이 된다. 중년 이후의 기억은 10세부터 25세 사이에 발생한 사건을 다른 연령대의 경험보다 잘 기억한다고 하며 이 기간을 '추억의 혹(Reminiscence bump)'이라 한다(Malcolm 73).

다가 어색하고 당혹스러운 감정이 폭발할 때 완성되는 훈련인 '노래와 춤'은 감정과 표현 사이의 연결 고리를 만들고자 한 시도이다. '정서 기억의 레퍼토리' 구축도 정서 기억을 통해 생성된 감정을 언제든지 꺼내 쓸 수 있도록 만드는 것이며, '정서 기억을 위한 1분'은 연기 실행 직전에 정서 기억을 통해 감정에 몰입하는 시간을 말한다. 관찰을 통해 등장인물을 창조하는 '동물 훈련'을 제외한 거의 모든 훈련법이 정서 기억, 즉 감정이라는 결과를 위해 존재하는 것이다.

멀린이 "정서 기억의 장에서 가장 중요한 교훈은 결과보다는 과정이 중요하다는 것"(63)이라 했듯이 스타니슬랍스키의 정서 기억은 '감정을 만나는 과정에 하나'로서 감정은 과정에 의해 자연스럽게 수반되는 것이라면, 스트라스버그의 정서 기억은 감정이라는 결론을 만들어 내고 이를 통제할 수 있는 '배우의 열쇠'가 된다(Strasberg, *A Dream of Passion* 121). 정서 기억은 메소드의 핵심이자 목표를 넘어 모든 것이라 할 수 있다.

이처럼 대조적인 스트라스버그와 스타니슬랍스키의 정서 기억에 대한 태도는 개념과 실행 방법을 설명하는 부분에서 잘 드러난다. 스트라스버그가 자신의 주장에 뒷받침될 심리적인 연구를 바탕으로 정서 기억의 개념을 설명하고 그 훈련법을 구체적으로 제시한 것이라면, 스타니슬랍스키는 토르초프를 통해 정서 기억에 관한 물음에 직접적인 대답을 회피하며 관련된 모든 것들에 대한 폭넓은 이해를 강조한다. 그는 정서 기억에 다가가는 방법에 대해 이전 장의 체험과 마찬가지로 은유적으로 표현할 뿐이다.

만약 새가 그에게 날아가지 않는다면, 짙은 녹색 덤불 속에서 그것을 추적할 방법이 없다. 특별한 휘파람 소리를 이용해 숲 밖으로 불러내는 것 외에는 달리 방법이 없다. 우리는 이것을 '유인'이라고 한다. (Stanislavski, *An Actor's Work* 225)

스타니슬랍스키가 정서 기억이라는 미끼를 사용하여 체험이라는 새가 오기를 기다리는 수동적인 사냥꾼이라면, 스트라스버그는 정서 기억이라는 총을 가지고 감정을 잡는 공격적인 사냥꾼이라 할 수 있다. 카르니케는 복잡한 신학을 일련의 규칙으로 분류한 광신도들처럼 메소드는 스타니슬랍스키의 복잡한 감정 개념을 단순화시키고 성문화(成文化)한 것이라 한다(*Stanislavsky in Focus* 127).[196] 이해하거나 실행하기 어렵게 은유적 표현으로 간접적인 방법만을 설명한 시스템에 보란 듯이 실행의 길을 보여주는 지도와 같은 구체적인 훈련법을 제시했기 때문이다. 이것이 메소드가 세계적으로 널리 활용될 수 있는 이유라 할 것이다.

마지막으로 논의할 정서 기억의 가장 중요한 차이점은 적용 방법

---

196 베네데티는 *Stanislavski and the Actor* (1998)에서 스타니슬랍스키의 저서들이 시스템 이해의 기본서라 하면서도, 구체적인 훈련 방법과 상세한 강의 내용을 제시하지 못한 것은 한계라고 한다(xi-xii). 그는 이를 극복하기 위해 스타니슬랍스키 생의 마지막 기간 조수 중 한 명이었던 이리나 노비츠카야(Irina Novitskaya)의 *Uroki Vdoxnovenija* (1984)를 중심으로 훈련의 방법을 구체적으로 서술했고(xiii), 스타니슬랍스키의 『배우 수업』, 『성격 구축』, 『역할 창조』의 영역인 *An Actor's Work: A Student's Diary* (2008)에서는 러시아 원본을 바탕으로 부록에 연습 방법과 용어 설명 등을 추가하여 스타니슬랍스키 저서들의 한계를 보완하고자 한다(*An Actor's Work* xxii). 같은 이유로 멀린은 *Konstantin Stanislavsky* (2003)를, 무어는 *The Stanislavski System: The Professional Training of an Actor* (1960)와 *Stanislavski Revealed: The Actor's Guide to Spontaneity on Stage* (1968)를 출판하였다. 우리나라에는 현재 무어의 두 번째 책이 『소냐 무어의 스타니슬랍스키 연기수업: 배우의 자발성을 위한 무대 지침서』(예니, 2002)란 제목으로 한은주에 의해 번역 출판되었다. 나머지 책들은 현재까지도 우리나라에 번역되지 않았다.

과 배우 개인의 역할 투영에 있다. 시스템에서 정서 기억은 배우의 정서를 일깨우고 역할을 창조하는 간접적인 방법으로 쓰이지만, 역할에 직접 적용되지는 않는다. 이는 그룹 시어터를 함께 했던 로건과 스타니슬랍스키의 대화에서 확인할 수 있다. 로건이 정서 기억을 사용해 감정을 형성한 후 재빨리 무대에 선다고 하자, 스타니슬랍스키는 다음과 같이 말한다.

> 그 방법이 도움이 될 수 있다. 그것은 배우로서 시작할 때, 우리가 고전적인 형태의 연기에서 탈피하고자 할 때 도움이 된다. […] 내 방법은 화장실, 뒤쪽 현관, 숲속 깊은 곳 등의 원하는 소리를 낼 수 있거나 무엇이 좋은지를 알아내기 위해 할 수 있는 모든 실수를 할 수 있는 곳에서 한다. 그곳에서 당신은 마음껏 기억을 떠올릴 수 있다. […] 찾은 것이 자신에게 맞을 때까지 반복하면 완벽해질 수 있다. 그러면 여러분은 자신의 개인적이고 당혹스러운 감정을 배제하고, 리허설에 임할 수 있다. 누구에게도 공개석상에서 내 방식을 연습하라고 요구하지 않는다. (Logan 53)

스타니슬랍스키가 배우의 사적인 경험이 드러나는 정서 기억을 리허설에서도 사용하지 않은 것은 배우의 심리적인 면을 걱정한 것이며 개인의 경험이 역할에 직접 투영되는 것을 막고자 한 것이라 할 수 있다. 그러므로 시스템의 정서 기억은 배우 개인의 훈련 영역으로 역할 창조의 간접적 방법일 수는 있으나, 실제 적용의 대상은 아니다. 스트라스버그 역시 정서 기억 적용에 '7년 이상의 기억'이라는 조건을 달아 배우의 심리상태를 배려하고자 한다. 그러나 그는 적용에서 스타니슬랍스키와는 전혀 다른 태도를 보인다. 그룹 시어터 시절부터 스트라스버그와 함께한 루이스는 그 당시 정서 기억 사용을 다음과 같이 기억한다.

> 리처드 볼레슬랍스키가 1925년 스타니슬랍스키의 정서 기억을 미국에 가져와서 미국 실험극장에서 스텔라 애들러, 헤롤드 클루먼, 리 스트라스버그, 그리고 그룹 시어터 원년 멤버들에게 보여주었다. 1931년부터 리 스트라스버그는 그룹 시어터의 나머지 사람들에게 그의 기술을 가르쳤다. (그는 아직도 가르치고 있다) 우리는 무대에 입장할 때마다 감정적으로 준비하기 위해 "1분 갖기"를 할 정도로 너무 많이 사용했다. 우리는 무대 한쪽에 앉아 눈을 감고 긴장을 풀고 집중하며 다가오는 장면의 "분위기를 느끼기" 위해 정서 기억 훈련을 했다. 내가 기억하는 바로는 때때로 등장 신호를 듣는 데 문제를 일으키기도 했다. (*Advice to the Players* 125)

연기 실행 전 1분의 시간 동안 정서 기억에 몰입한 후 연기가 시작되기를 원한 스트라스버그의 메소드에서 역할에 배우 자신이 투영되는 것은 당연한 일이라 할 것이다. 스트라스버그의 이와 같은 정서 기억 적용은 시스템을 가르쳐 준 볼레슬랍스키로부터 시작된 것으로 볼 수 있다. 볼레슬랍스키가 쓴 *Acting: The First Six Lessons* (1933)에는 이를 분명히 보여주는 부분이 있다. 장면 연기 중 감정에 도달하는 것을 힘들어하는 배우에게 배우 본인의 경험을 떠올리게 한 다음, 바로 이어서 그 장면을 다시 실행할 것을 요구한다. 배우가 역할이 아니라 나 자신을 연기하는 것이 아니냐고 묻자, 그는 "연극은 실제로 존재하지 않는 것들을 보여주기 위해서 존재한다. 무대에서 사랑할 때 정말 사랑하는가? […] 당신은 창조물을 실제의 것으로 대체한다"(Boleslavsky 41)라고 답한다. 볼레슬랍스키는 역할에 배우 자신이 투영되는 것을 개의치 않고 정서 기억을 서슴없이 사용했고, 스트라스버그는 그의 영향 아래 배우의 이중 의식이 배제된 채 번역된 『배우 수업』까지 받아들이면서 정서 기억을 통해 배우 자신이 투영된 역할을 만들게 된 것이다.[197] 메소드가 역할이 아닌 배우 자신을 그대로 드러낼 뿐이라는 비판을 받게 되는 것은 이 지점의 문제이다.

용어의 구분에서부터 목적, 특징, 이해와 실행의 방법까지 확연히 다른 모습을 가진 시스템과 메소드의 정서 기억 비교분석 결과는 이전 장에서 논의되었던 체험과 배우의 이중 의식에 다른 이해로 다시 귀결된다. 결과론적 '감정'을 최우선으로 하며 정서 기억에 몰두한 메소드는 역할을 '배우 자신'으로, 체험을 통한 잠재의식을 '자신의 감정'으로 변화시킨 것이기 때문이다. 이는 결국, '역할'의 '체험'을 통해 '잠재의식'으로 향하는 시스템, 그리고 '자신'의 '정서 기억'을 통해 '감정'으로 가는 메소드라는 항로가 전혀 다른 연기론이 된 것이라 하겠다.

스트라스버그의 정서 기억은 시스템과의 근본적 차이를 만든 지점일 뿐만 아니라, 아메리칸 액팅 메소드의 다른 흐름을 형성하게 되는 원인이 된다. Ⅲ장에서 이미 논의되었듯이 스트라스버그의 정서 기억 사용은 그룹 시어터 시절부터 애들러를 비롯한 다른 단원들과의 마찰을 만들어 그룹 시어터가 분열되는 계기가 되었고, 이후 만들어진 아메리칸 액팅 메소드의 다른 흐름은 스트라스버그에 대한 반대, 다시 말해 정서 기

---

197 스트라스버그가 정서 기억 훈련이 자신에 관해 이야기하는 것이고, '나는…'이라고 시작한다고 한 것에서도 배우 개인에 집중하고 있음을 알 수 있다(*The Lee Strasberg Notes* 32). 이러한 훈련 과정은 역할 창조에 자신을 투영하는 당연한 결과를 가져온다.

억의 절대적인 힘과 남용에 대한 반발로 시작된 것이라 할 수 있는 것이다.[198] 이들의 정서 기억에 대한 반감은 시스템을 올바르게 전하겠다는 사명하에 다른 시스템의 요소들에 집중하게 한다. 루이스와 애들러는 행동, 마이즈너는 교감을 내세우고 정서 기억이 아닌 자신들이 말하는 부분을 우선시해야 한다고 주장한다. 그룹 시어터 시절부터 이들이 공통으로 비판하고 있는 것은 정서 기억의 절대적 위치, 그리고 그 적용이 극의 집중을 방해하고 역할이 아닌 배우 자신을 드러낸다는 것이다. 루이스는 이에 대해 정서 기억 때문에 역할과 맞지 않는 자기 경험을 반영하는 실수를 저지른다고 하면서 무대에서 상대역의 말을 듣는 대신 정서 기억으로 만든 장면의 분위기가 희미해질까 감정을 보존하려고 애쓰는 것은 '정신적 악감정'에 빠진 것이며, 상대의 행동과 말을 보고 들을 수 없는 귀머거리나 장님이 된 것이라고 한다(*Advice to the Players* 128, 130). 애들러는 "스트라스버그는 죽었다. 배우로서 모든 소재를 자기 삶에서만 찾을 수도, 자기 경험에서만 연기 선택과 감정을 엄격히 끌어낼 수도 없다"(*The Art of Acting* 65)라고 더 강하게 비판한다. 마이즈너 역시 대부분의 젊은 배우들은 정서 기억을 도구로 사용할 만큼의 경험이 없다고 하면서 자신은 정서 기억을 전혀 사용하지 않는다고 한다(79). 이 외에 다른 비판도 대부분 이들의 관점과 크게 다르지 않다. 정서 기억은 집착이라 불릴 만큼 과한 스트라스버그의 정서 기억에 대한 집중이 불러온 반감 아래 극

---

198 정서 기억에 대한 무분별한 남용도 볼레슬랍스키로부터 시작된 것이라 할 수 있다. 그는 살인의 감정을 모기 잡는 것에 비유하며 셰익스피어의 <오델로>에서 오델로가 데스데모나를 죽이는 장면에는 이 이상의 경험은 필요치 않다고 한다(Boleslavsky 44). 그는 스트라스버그에게 정서 기억을 처음 알려주었을 뿐만 아니라, 쉽고 간단한 문제로 인식하게 하여 남용하는 데도 영향을 끼쳤을 것으로 보인다.

의 상황과 역할에서 벗어나 배우 자신을 드러내는 것이 가장 큰 비판에 논점이다.

그러나 이들이 정서 기억을 무조건 배제한 것은 아니다. 루이스는 정서 기억이 연습에 대한 준비로는 사용될 수 있다고 하고(*Advice to the Players* 130), 애들러는 감정이 행동을 자극할 수 없을 때 사용할 수 있다고 한다(*The Art of Acting* 139). 상호작용이 핵심인 연극에서 준비된 결과인 감정이 있다는 자체가 역할과 유리되는 것이라 한 마이즈너도 배우가 혼자만의 시간에 훈련으로 하는 시도는 막지 않는다고 한다(79). 모두가 특별한 장면이나 배우 개인의 훈련을 위해서는 사용될 수 있다고 인정한 것이라 하겠다. 이 역시 다른 비평들에서도 마찬가지로 드러난다. 즉, 스트라스버그가 만든 정서 기억은 효과가 없는 것이 아니라 어떤 방식으로 적용하느냐의 문제에서 비판받는 것이라 하겠다.

이 지점에서 이들의 이해가 시스템의 정서 기억을 제대로 인지했다면 이러한 결론에 이르렀을지 의문이 생긴다. 이들 비판의 주요 논점은 지금까지 논의되었듯 시스템의 정서 기억이 추구하는 것이 아니기 때문이다. 그러나 스트라스버그가 실용적인 연기의 기술로 정서 기억을 변화시키고 이를 이용한 배우 개인의 매력을 드러낸 할리우드 스타들이 탄생하지 않았다면, 이렇게 비판의 대상이 될 만큼 주목받았을지도 의문이다. 정서 기억은 메소드나 시스템을 떠올렸을 때 가장 먼저 생각나는 것이고, 현재도 가장 많이 사용되는 것이 사실이기 때문이다. 스트라스버그의 정서 기억 영향으로 만들어진 다른 연기론들이 이에 대한 증거라 할 것이다. 가장 극단적인 예는 현재 할리우드 최고 스타들의 교사로 알려진 처벅이다.[199] 그는 배우 개인의 심리에 초점을 맞추고 스트라스버그의 정서 기억 개념을 적극적으로 사용한다. 처벅은 배우 개인의 고통을 발견하고 이해하는 것이 연기 과정의 본질이라 하면서 자신의 연기론은 배우 개인의 트라우마(Trauma), 고통, 강박 관념, 욕망 등에 집중하여 이 장애 요소들을 극복하는 '투쟁(Struggle)'의 연기론이라 한다(Chubbuck 1). 그는 정서 기억의 변형이라 할 수 있는 '대체(Substitution)'를 사용하는데, 이것은 희곡의 주어진 상황을 대체할 개인적인 상황을 선택하는 것을 말한다. 이 때 대본의 상황이 아닌 자신의 감정적인 관점에서 고를 것을 강조한다 (56). 그의 연기론은 스트라스버그가 비난받았던 부분을 더 확대해 감정과 배우 자신에 집중하고 더 치료적으로 진화한 것임에도 효용성을 입증하며 많은 연기 현장에서 적용되고 있다. 처벅 외에도 많은 연기 교사와 배우들이 정서 기억을 변용하여 현장에서 사용하고 있음은 정서 기억을 실용적이고 즉각적인 수단으로 변모시킨 스트라스버그의 공헌을 인정하게 한다. 양자 간의 차이를 논하면서 어느 쪽이 옳고 그르다 할 수 없는 것도 이 때문이다.[200]

심리·신체적 '유혹의 개요'인 시스템은 스타니슬랍스키 일생의 작업으로서 연기 창조를 도울 수 있는 의식적인 수단을 내·외적인 모든 부분

---

199 브래드 피트(Brad Pitt), 샤를리즈 테론(Charlize Theron), 엘리자베스 슈(Elisabeth Shue), 디몬 하운수(Djimon Hounsou), 할리 베리(Halle Berry) 등에 스타들이 그의 강의를 들었다(Hope 20).

200 하겐 역시 스트라스버그의 정서 기억 영향 안에 있는 연기 교사라 할 수 있다. 그는 메소드의 기반이 된 심리학이 이데올로기 밖에 존재하는 것으로 메소드가 어떤 연극 장르에도 적용될 수 있고, 배우가 각 장르의 본질적인 의미를 드러낼 수 있는 도구가 되는 것을 촉진한다고 하며 스트라스버그의 심리학적 접근을 옹호한다(Love 276). 또한, 극적 상황이 자연스러운 감정을 유도하지 못할 때 자신에게 자극될 만한 상황으로 바꾸어 감정을 촉발해 주는 정서 기억의 변형인 '대체' 개념을 처벅과 마찬가지로 사용한다(하겐 43).

에서 찾는 것이었고, 정서 기억은 그 유혹의 요소 중 하나이다(Carnicke, *Stanislavsky in Focus* 127). 그는 정서 기억을 포함한 모든 요소에 내·외적 작업의 유기성을 강조하며 어떤 하나의 기법과 단정적으로 연관되는 것을 피하고자 은유적으로 표현되는 간접적인 접근법을 유지한다. 그러나 스트라스버그는 내적인 작업, 그중에서도 정서 기억이 "내가 메소드를 확립하는 데 전념해야 할 과제"(*A Dream of Passion* 60)이고, 메소드는 배우가 도구로서 자신을 조절할 수 있는 절차라 하며(122) 이에 치중하여 만들어진 결과가 이번 장의 내용이 되었다.

　정서 기억은 시스템과 메소드가 전혀 다른 연기론이 된 주요 원인이며 메소드의 시작부터 지금까지 가장 뜨거운 논의 대상으로서 양자 간의 비교분석에서 가장 중요한 지점이라 할 수 있다. 두 연기론을 지탱하며 그 특징적 성질을 모두 품고 있는 개념인 정서 기억의 차이를 이해하는 것은 시스템과 메소드를 올바르게 파악하는 것일 뿐만 아니라, 시스템에서 메소드로의 진화를 이해하기 위해서는 꼭 필요한 연구이기 때문이다.

　또한, 두 연기론의 정서 기억은 연기론이 가야 할 방향에 대해 생각하게 한다. 스타니슬랍스키가 모호한 '이상'에 그쳤다면 스트라스버그는 '구체적인 방향'을 제시하며 효용성이라는 가치를 입증했고, 스트라스버그가 실제 적용을 위해 편리하게 만든 방법들이 더는 다른 곳으로 움직일 수 없는 '한계'에 가두었다면 스타니슬랍스키는 모든 요소와의 유기성을 강조하여 '여러 갈래의 길'을 열어둔 것이라 할 수 있다. 시스템과 메소드가 정서 기억의 이해와 적용으로 보여준 연기론으로서의 전혀 다른 방향성이 이상적인 연기론이 가야 할 길이 무엇인지 고민하게 하는 것이다. 이것이 시스템과 메소드의 변곡점을 연구하여 시스템의 지형학 연구를 구축한다는 기본 의의 외에 정서 기억을 분석한 가장 큰 이유가 되었다.

3. 행동(Action)

    스타니슬랍스키는 토르초프를 통해 연극의 예술적 목표를 완성하는 것은 "역할의 정신적 삶을 창조하고, 그 삶에 육체적 구현을 부여하는 것"(Stanislavski, *An Actor's Work* 36)이라 한다. 톨스토이의 '예술가가 경험한 감정을 전달하는 것'이라는 예술의 정의를 스타니슬랍스키가 연기로 가져오면서 시스템에서 역할의 정신적인 삶을 창조하는 것은 배우가 경험한 감정인 '체험'이 되었고, 이를 육체적인 배우의 행동으로 관객에게 전달하는 것은 '구현'이 된 것이라 하겠다. 즉, 시스템의 연기는 체험을 통한 감정을 행동이라는 연기 언어로 구현하는 것을 의미한다.

    비교분석의 첫 장이 체험과 배우의 이중 의식으로 시스템과 메소드의 기본 틀, 체계를 위한 전제에 대한 분석이었다면, 다음 장인 정서 기억에 대한 논의는 연기의 내용인 '감정'이라는 내적 측면에 관한 것이라 할 수 있다. 이번 장에서는 '구현'이라는 연기의 외적 부분에 대해 전달 언어인 '행동'을 중심으로 논의하고자 한다. 시스템과 메소드의 연기론으로서 체계를 유지하는 전제, 내용, 전달 언어, 혹은 두 연기론의 내·외적 측면 모두를 확인하는 것으로, 양자의 개념과 함께 시스템에서 메소드로의 변화를 근본적으로 이해하고자 하는 것이다.

'행동'은 일반적으로 '몸을 움직이는 것'을 의미하거나 그 동작 자체'를 말한다(동아출판 2575). 그러나 시스템에서 '행동'을 말하는 러시아어 'действие(déjstvie)'의 의미는 '자유의사에 따른 행동'을 말하는 '행위'에 더 가깝다고 할 수 있다(2577).[201] 그 연유를 파악하는 것은 『배우 수업』의 토르초프가 말한 행동의 어원을 살펴보는 것으로 시작해야 한다.

연기는 행동이다. 연극의 기본은 하는 것, 역동성이다. 고대 그리스어의 "극"이라는 단어는 "수행되는 행동"을 의미한다. 이에 대응하는 라틴어는 Actio이고, 이 단어의 어근은 "행위", "행동"이라는 우리의 단어로 전달되었다. 그래서 극은 볼 수 있는 행동이고, 그가 등장하면 배우는 행동의 대리인이 된다. (Stanislavski, *An Actor's Work* 40)[202]

---

201 이에 대한 적극적인 의견으로 행동보다는 '행위'라는 용어를 쓸 것을 주장하는 이들이 있다. 김태훈은 가장 소극적인 무(無) 행동, 짓거리, 움직임, 행동, 행위 순으로 점차 포용 범위가 넓어진다고 하며 연기는 가장 포괄적인 개념인 행위로 봐야 한다고 한다(「스타니슬랍스키 신체적 행위법」 117-118). 신대식 역시 김태훈과 같은 의견을 제시하고(65), 홍재범은 시간의 연속선상에 행동과 최종적 의지, 상황이 결합 된 것이 행위라는 데즈몬 모리스(Desmond Morris)의 이론을 근거로 '특정한 목표와 자유 의지'가 있는 가장 넓은 의미의 행위 사용을 주장한다(「<'극적'인 것>의 체험: 에쮸드 연행」 48-49). 이들의 주장은 단순한 신체적 움직임으로서의 행동 개념을 넘어선 심리적인 것이 포함된 포괄적 개념으로 시스템의 행동이 이해되기를 바라는 것이라 할 수 있다. 본 연구에서는 '행동'이라는 용어를 사용하면서도, 행동의 특성을 다양하게 논의하는 것으로 이들의 주장을 수용할 것임을 밝혀 둔다.

202 『배우 수업』에 밝힌 행동의 어원에 관한 내용은 햅굿의 번역에서 삭제되었다. 이후 출판된 『역할 창조』에서 한 번 더 행동의 어원에 대해 밝힌 것은 햅굿 번역에도 존재한다. 그러므로 미국에서 행동 개념에 대한 아리스토텔레스의 영향이라 볼 수 있는 어원에 대해 밝혀진 것은 『역할 창조』가 출판된 1961년 이후라 할 수 있다.

스타니슬랍스키가 '극'을 수행하는 행동, 즉 '하는 것(Doing)'으로 받아들이면서 극을 이루는 행동은 의미 없는 단순한 움직임이 아닌 것이 된다.[203] 다시 말해, 행동의 어원이 고대 '극'에서 왔음은 행동이 극과 같이 '목적'을 가진 개념임을 의미한다.[204] 이는 미국 실험극장의 수업을 통해 시스템을 받아들인 퍼거슨의 설명을 통해 쉽게 이해할 수 있다. 그는 시스템의 행동 개념이 아리스토텔레스와 같은 말을 하고 있다고 확신하면서, 극작가가 줄거리, 성격, 언어를 자연에서 모방하듯이 연기도 배우가 자신의 지각을 모방하는 것이라 하며 행동을 '욕망에 대상을 향한 정신적 움직임'으로 이해해야 한다고 한다. 또한, 미국 실험극장에서 행동을 찾을 때 'to 부정사'를 사용하는 것이 유일한 방법이라고 가르친 것은 '동력'과 같은 행동이 수동적인 상태일 수 없기 때문이라 한다(86-87). 즉, 시스템의 행동은 무의미한 움직임이 아니라, '목적'을 담고 있는 '역동적인' 개념이다. 행동의 역동성은 연극이 미술이나 문학과 같은 수동적인 여타의 예술과는 다른 살아 움직이는 예술이라는 것을 의미하기도 한다. 톨스토이의 '예술가가 경험한 감정을 전달하는 것'이라는 예술의 정

---

203 카르니케는 스타니슬랍스키가 'To act, To play'를 칭하는 러시아어 'играть(igrát')' 대신에 'To behave, To take action'을 말하는 'действовать(déjstvovat')'를 사용한 것이 이를 의미한다고 한다(*Stanislavsky in Focus* 147).

204 행동의 목적은 행동의 이유로 표현될 수 있다. 토르초프는 "무대에서 일어나는 모든 일은 어떤 이유나 다른 것들이 있어야 한다. 당신이 거기에 앉았을 때 당신은 단지 관객에게 자신을 과시하기 위해서가 아니라, 이유가 있어야 한다"(Stanislavski, *An Actor's Work* 39)하고, 브로치를 잃어버린 상황극을 하는 마리아가 외적인 표현에만 머무르자 '브로치를 찾지 않으면 학교에 다닐 수 없다'고 공표하여 절실하게 브로치를 찾을 이유를 주어 연기에 성공할 수 있게 한 뒤 "일반적으로 행동해서는 안 된다. 근거가 있고 적절하며 생산적인 방식으로 수행해야 한다. [⋯] 진정한 행동은 근거가 있고 적절해야 한다"(42)고 말한 것으로도 행동에는 이유, 즉 목적이 필요함을 알 수 있다. 멀린은 이에 대해 "인간의 모든 행동은 분명한 목적이 있고 '내가 무엇을 할까?', '왜 그것을 할까?', '어떻게 그것을 할까?'라는 질문에 답한다. 배우는 자신이 무대에 서는 이유가 주어진 순간에 자신이 무엇을 하고 왜 그것을 하는지를 전달하기 위해서라는 것을 기억해야 한다"(46)고 한다.

의가 연극과 연기를 예술에 합류시킨 것이라면, 아리스토텔레스를 통해 받아들인 행동 개념의 역동성은 연극과 연기를 다른 예술들과 구분하게 한 것이라 할 수 있다. 토르초프가 행동의 개념을 설명하면서 연극의 특성은 "역동적이고 능동적인 성격"(Stanislavski, *An Actor's Work* 40)이라 한 것으로도 알 수 있다. 또한, "삶은 행동이고 행위이기 때문에 삶 자체가 창조한 우리의 예술은 탁월한 행위를 하고 있다"(Stanislavski, *An Actor's Work on a Role* 136)라 한 것도 삶의 역동성을 담아낼 수 있는 행동으로 이루어진 연극 예술의 특별함을 말하는 것이라 하겠다.

행동의 형성 배경이라 할 수 있는 어원을 통해 행동의 정의와 가장 큰 특징인 목적을 담고 있음과 역동성을 확인하였다. 더 많은 행동의 특성에 대해 본격적으로 논하기 전에 행동 개념의 전제라 할 수 있는 감정과 행동의 관계와 그 범위에 대한 논의가 선행되어야 할 것이다. 『배우 수업』 제3장에서 토르초프는 감정과 행동의 관계에 관해 다음과 같이 설명한다.

> 감정을 강요할 수는 없다. 그것은 가장 역겨운 종류의 과장된 연기로 이어진다. 그러므로 행동을 선택할 때는 감정을 그대로 두어라. 그것은 질투, 사랑, 또는 고통을 불러일으키는 어떤 일의 결과로 저절로 나타날 것이다. [...] 진정한 배우는 열정의 외적인 표현이나 형태를 모방하거나 과장과 같은 기계적인 연기에 빠지지 않고, 진정한 인간 방식으로 행동해야 한다. 열정과 역할을 연기할 것이 아니라 열정의 영향을 받아 역할로서 반응해야 한다. (Stanislavski, *An Actor's Work* 43)

감정에 신경 쓰지 말고 행동하다 보면 감정이 자연스럽게 따라온다는 것은 행동과 감정이 인과 관계에 있음을 의미한다. 이에 대해 멀린은 "논리적 행동은 배우 내면의 감정 구조를 자극한다"(26) 하고, 카르니케는 "공연 중에 배우에게 요구된 행동을 수행하는 것에 집중하면 역할의 감정은 행동의 자연스러운 결과가 된다"(*Stanislavsky's System* 25)고 한다. 이전 장에서 사냥꾼이 미끼로 새를 유인하는 것에 비유하여 정서 기억을 비롯한 기술들을 통해 감정이 생긴다고 한 것도 같은 의미라 하겠다. 행동과 감정의 관계는 '행동을 통한 감정'이라는 시스템 체계의 큰 틀인 인과 관계를 보여준 것이라 할 수 있다.[205]

행동의 범위에 대해서도 생각해 봐야 한다. 행동을 외적 움직임이라고만 이해하면 내면적 행동은 행동의 영역이 아닌 감정을 만드는 심리적인 부분으로 인식하게 되고, 행동을 인간의 심리와 분리된 신체 개념으로 받아들이게 된다. 그러나 스타니슬랍스키는 심리·신체가 분리될 수 없다고 믿었다.

그(스타니슬랍스키)의 견해 중 첫 번째이자 전반적인 바탕이 되는 것은 몸과 마음이 연속적인 심리·신체적 상태를 대표한다는 그의 총체적 믿음이다. 육체적 결과 없이 감정은 결코 존재할 수 없다고 믿었던 프랑스 심리

---

205 안재범은 스타니슬랍스키가 게오르크 빌헬름 프리드리히 헤겔(Georg Wilhelm Friedrich Hegel)이 주장한 근대 고전주의(Classicism)의 특성을 보여준다고 한다. 예술은 아리스토텔레스가 주장한 단순한 자연의 모방만으로는 불충분하며 창작자의 숙련이 더해져 실제 현실보다 이상에 가까운 것이 될 수 있다고 한 '수단으로서 예술'이라는 헤겔의 인과론적 구조와 '목적을 위한 행동'이라는 스타니슬랍스키의 행동 개념이 비슷하다는 것이다. 이는 연기의 주체가 배우임을 말하는 것이기도 하지만, 연기가 배우에게 종속되어 있다는 우열의 구조를 보여주는 것이라 한다(278-279).

학자 테오듈 리보로부터 영향을 받아 몸과 마음을 나누는 서구 개념을 거부한 것이다. '육체와 분리된 감정이라는 것은 존재하지 않는다'라는 리보의 주장을 반영해, 그는 모든 신체적인 행동에는 심리적인 요인이 존재하고 심리적인 것에는 신체적인 요인이 존재한다고 주장한다. (Carnicke, *Stanislavsky's System* 16–17)

심리와 신체가 분리될 수 없음은 행동에서도 드러난다. 토르초프가 무대에서 전혀 움직이지 않았던 학생의 연기에 대해 "누군가 무대에서 움직이지 않고 앉아 있다고 해서 그가 수동적이라는 의미는 아니다. […] 당신은 외적인 육체가 움직이지 않았음에도 내적인 정신이 움직였다"(Stanislavski, *An Actor's Work* 40)라고 한다. 이는 눈에 보이지 않든 실행으로 보이든 간에 배우의 행동은 계속된다는 것을 의미한다. 즉, 행동은 외적으로 보이는 움직임만을 말하는 것이 아니라 배우의 내적이고 심리적인 움직임까지를 포괄하는 개념이다. 이러한 행동의 범위를 바탕으로 시스템의 연기는 다음과 같이 정의될 수 있다.

육체적 고요함은 강렬한 내적 행동의 결과인 경우가 많으며, 이는 창조적인 작업의 중요하고 흥미로운 지점이다. 예술의 가치는 내면의 내용으로 정의할 수 있다. 그래서 나는 내 공식을 수정하고 다음과 같이 말할 것이다. 연기는 정신적, 육체적 행동이다. (Stanislavski, *An Actor's Work* 40)

행동의 전제라 할 수 있는 행동의 범위와 감정과 관계는 시스템의 근원이라 할 수 있는 체계를 형성하고 있는 '행동을 통한 감정'이라는 인과 과정과 핵심적 특징인 '심리·신체적 유기성'을 보여주며 시스템에서 연기를 정의할 수 있게 한 것이다. 그러므로 행동은 시스템을 지탱하는 중심이자 핵심이라 할 수 있고, '연기는 행동'이라는 말은 다시 '시스템은 행동'이라 바꿔 말할 수 있다.

위의 전제들을 바탕으로 시스템의 중심인 행동의 특성을 표현, 단위와 연속성, 그리고 마지막으로 시스템의 다른 요소와의 관계로 나누어 자세히 논해보기로 한다. 먼저, 행동의 표현에 대해서 살펴보자. 토르초프는 행동이 명사로 표현될 수 없음을 강조한다.

> 명사는 특정한 상태, 이미지, 단순한 사건을 표현하는 묘사이다. 알다시피, 명사는 이러한 표현을 비유적으로 또는 형식적으로만 표현할 뿐, 역동성이나 행동을 암시하지 않는다. (Stanislavski, *An Actor's Work* 149)

'슬픔', '기쁨', '환희', '좌절' 등의 상태, 혹은 결과라 할 수 있는 감정, 사건, 이미지 등의 묘사에는 명사를 사용할 수 있지만, 역동성을 가진 행동은 명사로 표현될 수 없다는 것이다. 토르초프는 명사 앞에 '나는 원한다(I want)'를 배치하면 '욕망과 충동'이 존재하는 행동의 개념이 된다고 설명한다(Stanislavski, *An Actor's Work* 149). 이때, 중요한 것은 '나는 원한다'에 대입되는 명사인 '무엇'이 구체적이고, 실질적이어야 한다는 것이다. 토르초프는 '힘'이라는 단어에 '나는 원한다'를 대입하면 '나는 힘을 원한다'라는 비현실적인 목표 설정이 되는 것을 예로 들며 성취할 수 있도록 현실적이어야 한다고 한다(149–150). 즉, 행동은 즉각적인 실행이 가능하고 역동성을 품을 수 있는 동사로 표현해야 한다.

다음은 행동의 단위와 연속성에 관한 논의이다. 시스템 용어인 비트[206]는 행동의 조각들인 하나의 가장 작은 움직임부터 극을 형성하는 주요 흐름이 되는 큰 행동까지의 단위를 의미한다. 스타니슬랍스키는 연극이 필수적인 큰 비트, 이를 나눈 중간 비트, 또다시 계속해서 세분화할 수 있는 작은 비트들로 구성된다고 하면서 행동이 "가장 큰 것에서 중간 것까지, 중간 것에서 작은 것까지, 작은 것부터 가장 작은 것까지, 다시 한번 결합하고 가장 큰 것으로 돌아갈 수 있도록 해야 한다"(Stanislavski, *An Actor's Work* 140)고 한다.[207] 그리고 큰 비트를 중심으로 '조직적으로 서로 연결'되어 있는 행동의 경로가 배우들의 연기를 안내하게 되는 것이라 한다(141-143, 314). 비트들의 연결로 연기를 수행할 수 있다는 것은 마치 배의 선장이 암초, 조류 등의 여러 난관을 세세히 기억하지 않고도 좌표들이 연결된 항로로 배를 조정할 수 있듯이 연기가 작은 행동들이 합쳐진 큰 행동들로 이어진 경로를 통해 수행될 수 있다는 것을 말한다(139). 작은 행동이 모인 큰 행동이 연기의 경로가 되는 행동의 흐름을 만들어 내는 것이며, 이 흐름은 하나의 행동에서 다른 행동으로 연속적으로 이어지는 것이라 하겠다.

마지막으로 행동과 시스템의 다른 요소들에 관계다.[208] 코스챠가 벽난

---

206 조각을 의미하는 비트는 미국에서 'Beats'로 인식되었고, 햅굿은 'Units'로 번역한다. 카르니케는 처음 미국에서 'Bits'가 'Beats'로 인식된 것은 초기에 시스템을 전달한 러시아 교사들의 억양 문제였을 것이라 하며, 희곡의 조각들이 연결되어 있음을 하나의 줄에 구슬로 엮어진 목걸이(Beads)를 연상하면서 생겨난 용어일 것으로 추측할 수 있다고 한다(*Stanislavsky's System* 34).

207 비트를 나누는 방법은 '극에서 꼭 필요한 것은 무엇인가'라는 질문으로 극을 구성하는 가장 큰 비트들을 정하고, 이 큰 비트 아래 하나의 목적을 가진 중간 크기와 더 작은 것들로 나눈다. 이는 작품 분석을 위해 사용된다(Stanislavski, *An Actor's Work* 141-142).

208 행동을 설명하는 『배우 수업』 제3장의 제목부터 행동과 함께 '만약에', '주어진 상황'이 나오는 것은 이 세 가지 개념의 긴밀한 연관성을 드러낸 것이라 할 수 있다. 그러나 햅굿의 번역은 『배우 수업』 제3장의 제목을 '만약에'와 '주어진 상황'을 배제한 채 '행동'으로만 표기하였다. 이를 받아들인 우리나라 역시 마찬가지이다(Stanislavski, *An Actor's Work* 37, *An Actor Prepares* 33).

로를 피우는 장면에서 실제 성냥이 없어서 불을 붙일 수 없다고 하자, 토르초프는 "당신에게 필요한 건 다른 것이다. 만약에 진짜 성냥을 손에 쥐었다면 지금 하는 일을 아무렇지 않게 그대로 했을 것이라는 믿음은 필수적이다. 어느 날 햄릿 역을 할 때, 그의 마음속의 모든 복잡함을 헤치고 나면 왕을 죽이는 순간에 이르게 된다. 정말로 모든 것이 당신의 손에 진짜 날카로운 검이 있느냐에 달려있을까? 그것이 없으면 정말 연극을 끝낼 수 없을까? 아니, 당신은 검 없이 왕을 죽이고 성냥 없이도 불을 붙일 수 있다. 대신 당신은 자신의 상상력에 불을 붙여야 한다"(Stanislavski, *An Actor's Work* 45)고 한다. 이는 행동이 '만약에'[209]라는 가정으로 시작해야 한다고 하는 것이다. 그리고 "그것(만약에)이 무엇보다도 중요한 것은 모든 창조적 행위를 시작한다는 사실에 있다. […] 배우에게 '만약에'는 현실의 세계에서 우리가 창의력을 발휘할 수 있는 유일한 세계로 이끌

---

209 '만약에'의 중요한 특징은 즉각성, 다층성, 그리고 망상과의 차이다. 토르초프는 즉각성에 대해 다음의 예를 들어 설명한다. 그는 금속 재떨이와 가죽 장갑을 학생들에게 전해주며 "당신을 위한 차갑고 작은 개구리와 부드러운 작은 쥐"라고 하자 학생은 깜짝 놀란다. 그는 "단순한 것이 아니라 즉각적이고 본능적인 행동을 유발하는 '마법적인 만약에(magic ifs)'"였다고 한다(Stanislavski, *An Actor's Work* 49). 즉, '만약에'는 마법처럼 순간을 변화시킬 수 있는 즉각성을 가진 것이라 하겠다. 다음으로 다층성에 대해서는 "연극에는 주인공의 행동선을 정당화하기 위해 작가와 다른 사람들이 만든 수많은 '만약에'가 있다. 여기에는 우리의 단층이 아니라 다층의 '만약에'가 있다. 즉, 상당한 수의 가설과 아이디어가 이를 보완하며, 모두 교묘하게 얽혀 있다"(49)라고 한다. '만약에'는 배우뿐만 아니라 작가를 비롯한 모든 연극을 만드는 사람들에게 적용될 수 있으며, 수많은 '만약에'가 쌓여 극이 완성된다고 하는 것이다. 마지막으로 '만약에'와 망상과의 차이에 대해서는 다음과 같이 설명한다. "나는 여러분에게 망상을 요구하지 않았다. 나는 내 감정을 여러분에게 강요하지 않았지만, 각자가 자연스럽게 모든 것을 경험할 수 있는 절대적인 자유를 주었다. 그리고 여러분은 미친 사람에 대한 내 이야기를 실제, 또는 실제와 같이 받아들이지 않고 가설로 받아들였다. 나는 이 가상의 미친 사람을 진실로 믿도록 강요한 것이 아니라, 그런 일이 현실에 존재할 수 있다는 가능성을 수용하도록 했다"(51)고 한다. 다시 말해, '만약에'는 철저한 가정이지 실제로 존재한다는 망상이 아니라는 것이다. 이와 같은 '만약에'의 중요한 특징에 대해 햅굿 번역에서는 『배우수업』 제3장의 제목에서부터 '만약에'가 배제되면서 분량이 축소되었다. 그로 인해 다층성, 망상과의 차이 등은 배제되었고, 즉각성에 대해서도 구체적인 몇 가지 예가 삭제된다. 대신, 베네데티 번역에는 없는 선로의 너트를 훔친 가난한 농부의 재판을 예로 '만약에'가 결론 도출에 도움이 된다는 것을 더 강조하고 있다(Stanislavski, *An Actor Prepares* 48-50).

어 주는 지렛대다"(48)라며 행동을 시작하게 하는 '만약에'의 중요성을 강조한다. 이때 조건으로 "'만약에'의 비밀은 자극으로서 그것이 실제적인 사실, 있는 것, 있을 수 있는 것에 대해 말하는 것이 아니라는 사실에 있다... '만약'... 이 단어는 진술이 아니라 대답해야 할 질문이다. 배우는 그것에 답하려고 노력해야 한다"(50)고 한다. 즉, 행동에 필수적인 '만약에'는 행동을 시작하는 가정이며, '만약에'로 시작하는 질문의 답이 행동이라는 것을 의미한다고 하겠다.

'만약에'에 대한 설명에서 시스템의 많은 요소가 등장하는 것을 볼수 있다. 우선 극의 진실과 '만약에'의 전제가 되는 '믿음'이 있고, '만약에'를 펼칠 수 있는 '상상력'이 요구된다. 특히, 상상력에 대해서 토르초프는 "상상력을 발휘하지 못한다면 당신은 어떤 배우인가? 나에게 12명의 아이를 데려와 이것이 새 아파트라고 말하게 하면 당신은 그들의 상상력에 놀랄 것이다. 그들은 끝나지 않을 게임을 생각할 것이다. 그러니 아이처럼 돼라!"(Stanislavski, *An Actor's Work* 46)라며 그 중요성을 강조한다. 또한, 배우가 극에 참여하는 데 주어진 모든 조건을 말하는 '주어진 상황'[210]도 필요하다고 밝히고, 행동과 지금까지 소개된 요소들의 관계를 다음과 같이 설명한다.

'주어진 상황'은 '만약에'와 마찬가지로 "상상의 산물"인 가정이다. […] 하나

---

210 토르초프는 푸쉬킨이 극작가에게 요구한 "정열의 진실, 가정된 상황에서 진실로 보이는 감정" (Stanislavski, *An Actor's Work* 51)은 배우에게도 적용되는 것이라 하며 주어진 상황의 의미를 설명한다. '주어진 상황'은 줄거리, 사실, 사건, 기간, 행동의 시간과 장소, 삶의 방식, 연극을 이해하는 방법, 자신이 연극에 이바지한 부분, 세트, 의상, 소품, 음향 효과 등에 배우에게 공연에서 주어진 모든 것을 말한다(52-53).

는 가설(만약에)이고 다른 하나는 이로 인한 결과(주어진 상황)다. '만약에'는 항상 창조적인 행동을 시작하고 '주어진 상황'은 그것을 더욱 발전시킨다. 하나는 다른 하나 없이 존재할 수 없으며 필요한 힘을 얻을 수도 없다. 그러나 그것들의 기능은 다소 다르다. '만약에'는 잠자고 있는 상상에 박차를 가하고, '주어진 상황'은 그것을 위한 실체를 제공한다. 함께, 그리고 개별적으로 그것들은 한 걸음 더 나아가도록 돕는다. (Stanislavski, *An Actor's Work* 53)

행동은 '만약에', '주어진 상황'과 함께 발전되는 서로가 필요한 존재라는 것이다. 행동에서 '만약에'는 그 출발점이 되어 '상상력'을 일깨우고, '주어진 상황'은 '만약에'라는 가정을 구축하고 행동의 전개를 돕는 기반이다. '주어진 상황'을 바탕으로 '만약에' 이 상황이라면 어떻게 할 것인지에 대한 고민이 '상상력'과 합쳐져 극의 행동을 만들게 되는 것이다. 그리고 이 모든 과정은 극에 대한 '믿음' 아래서 이루어질 수 있다. 또한, 여기에는 상대역과의 '교감'과 극의 모든 상황에 대한 '적응'도 필요할 것이다. 이처럼 행동을 촉발하는 '만약에'부터 마지막 '적응'에 이르기까지 행동에는 시스템의 거의 모든 요소가 연결된다고 할 수 있다. 이는 '연기는 행동'이라는 것을 '시스템은 행동'이라고 바꿔 표현할 수 있듯이 연기의 모든 요소에 행동이 필요하고, 연기의 체계를 말하는 시스템의 모든 곳에는 행동이 존재함을 의미한다.[211]

---

211 행동에는 '템포-리듬'도 중요하다. 템포와 리듬은 음악 전문 용어에서 온 것으로 스타니슬랍스키는 상호연관성을 강조하기 위해 하나로 결합한 용어로 사용한다. 템포-리듬은 수행되는 행동의 속도와 강도를 의미한다. 그러나 단순히 외적인 행동을 말하는 것이 아니라 내적이고 정서적인 것이 포함된 것이다(크리스티 255-256).

지금까지 논의된 시스템의 행동에 특성들을 바탕으로 스타니슬랍스키가 생의 말기에 구체적인 기술로 완성한 것이 '신체적 행동법'과 '능동적 분석(Active analysis)'이다. 이 두 기술은 같은 것으로 오인하기도 한다. 그러나 약간의 차이가 있다. 간단히 정리하자면 신체적 행동법은 행동을 사용한 장면이나 역할 접근을 말한다. 그리고 능동적 분석은 이 신체적 행동법의 과정을 작품 전체에 적용한 방법이다. 즉, 행동을 통해 연기에 접근한다는 것은 두 개념이 공통적이나, 이를 적용하는 대상에 있어서만 장면과 역할, 그리고 작품으로 나뉘는 것이며 능동적 분석은 신체적 행동법을 품고 있는 개념이라 할 수 있다. 멀린이 '신체적 행동법'의 목표는 역할의 '과제'[212]를 성취할 수 있도록 정확하고 논리적인 행동의 순서를 찾는 것이고, '능동적 분석'은 신체적 행동법을 반복하면서 배우들이 사건, 언어, 이미지에 대한 세부 사항을 쌓아가는 것이라 한 것으로 충분히 설명될 것이다(30, 34). 그러므로 능동적 분석에는 당연히 신체적 행동법의 과정이 포함된다. 능동적 분석은 다음의 신체적 행동법의 과정을 반복하여 극 전체를 분석하는 방법이다.

212　과제는 배우가 수행해야 하는 목적과 같은 일을 말하며, 과제는 내적인 것과 외적인 것으로 나뉜다. 예를 들어 잘 지내고 싶은 상대와 악수한다면, 내적인 과제는 그에게 호감을 얻는 것이고 외적인 과제는 손을 내밀어 상대의 손을 잡는 것이라 할 수 있다. 스타니슬랍스키는 과제를 선택할 때 필요한 사항을 다음의 8가지로 정리한다. '1) 관객을 지향하지 않고 배우를 지향하는 것. 2) 배우와 역할 모두에게 맞는 것. 3) 예술적이고 창조적인 것으로서 연기의 기본 목표에 도움이 되는 것. 즉, 역할의 인간으로서 정신적 삶을 창조하고 예술적으로 소통하는 것. 4) 관습적이고 가식적인 것이 아닌 역할을 앞으로 나아가게 하는 살아있고, 역동적이고, 인간적인 것. 5) 배우 자신과 동료 배우, 그리고 관객까지 믿음을 가질 수 있는 것. 6) 체험을 자극할 수 있는 흥미롭고 자극적인 것. 7) 역할의 전형적이고 정확한 작업. 8) 얄팍한 것이 아니라 역할의 깊은 의미에 부합하는 것'이라 한다. 그리고 배우들에게 만연해 있는 상투적 연기로 이어지는 기계적인 과제에 대해 경계하라고 덧붙인다(Stanislavski, *An Actor's Work* 145). 과제는 햅굿의 번역에서 '목표(Objective)'로 번역되었고, 필요 사항에 '역할을 추진할 수 있는 능동성 있는 것'을 추가하여 9가지로 정리된다(Stanislavski, *An Actor Prepares* 118-119).

1단계. 한 장면을 읽는다.

2단계. 장면이 어떤 내용인지, 어떻게 '비트'로 나뉘는지, 주된 '행동'이 무엇인지 토론한다.

3단계. 배우들은 에쮸드[213]를 통해 장면을 구성한다. 종종 침묵의 에쮸드로 시작하기도 한다. 사전 토론에서 선택된 행동들이 올바른지 테스트한다.

4단계. 에쮸드에서 어떤 순간이 잘 이루어졌는지, 신체적 행동의 논리적 연결에서 벗어난 부분이 있는지 확인한다. 그리고 다시 1단계로 돌아간다. (Merlin 30 참조)

능동적 분석은 이와 같은 신체적 행동법을 충분히 반복하면서 점점 상상력을 제한하고 극의 구조를 추적해야 한다. 이것이 신체적 행동법과 능동적 분석을 구분하는 지점이 된다(Carnicke, *Stanislavsky in Focus* 156). 능동적 분석의 과정을 다시 정리하면 배우들은 희곡과 자신들이 행한 행동들을 비교하면서 점차 희곡과 가까워지고, 연습이 진행됨에 따라 희

---

213 '에쮸드(этюд, etjud)'는 '즉흥극'이나 '즉흥연기'를 지칭하는 'Improvisation'과 같은 개념으로 우리나라에서 흔히 사용되지만, 에쮸드와 즉흥극은 활용과 의미에서 차이가 있다. 즉흥극이 즉흥성을 목표로 해보지 않은 연행을 의미한다면, 에쮸드 역시 즉흥성에 중점을 두지만 일회적인 연행을 의미하지 않으며 여러 번 반복하더라도 심리·신체적 행동의 가치를 인식하고 습득하게 하는 데 더 큰 목표가 있다(홍재범 「에쮸드의 연행의 자기치료 과정과 문학적 상상력」 253). 훈련의 과정 중 사전단계로서 '즉흥극', '상황극'이 쓰이기도 함으로 즉흥극은 에쮸드 범위 안에 속하는 개념으로도 생각할 수 있다. 에쮸드는 제시된 구성안에서 배우의 즉흥을 요구하는 것으로, '즉흥성'과 '정확히 짜인 구조'가 합쳐진 것이다. 그러나 상황을 인식한다고 하여 역할의 감정 변화나 대사, 행동 등을 미리 정하는 것은 아니다. 중심 사상, 역할의 목표, 장소, 주어진 상황, 사건의 결말, 주제 등의 핵심적 사항만을 인식하고 즉흥적으로 부딪치는 것을 말한다. 에쮸드를 활용할 수 있는 방법에는 크게 세 가지가 있다. 배우 교육, 희곡 분석 및 역할 창조 그리고 정해진 희곡 없이 줄거리와 주제만을 가지고 하는 집단 창작의 경우에 활용될 수 있다(김태훈 「살아있는 Stanislavsky System, 그 실제적 활용에 관한 연구」 343-347).

곡의 주어진 상황에서 비롯된 요구를 받아들여 점점 더 구체화해 간다. 그리고 희곡이 필요해지는 다음과 같은 마지막 단계가 온다.[214]

> 모든 이야기가 우리 각자에게 세세히 분명해졌다. 우리는 그것이 진정한 사건이라고 믿기 시작했고, 무대에서 그것을 실현하고자 하는 우리의 열망은 더욱 강해졌다. [⋯] 우리는 연습 작업의 다음 단계로 넘어갈 수 있다. 이 단계는 희곡이 필요하게 되는 단계이다. 우리의 에쮸드는 작가의 말을 통해 더 많은 표현을 요구하는 지경에 이르렀다. 이것은 내적 욕구의 결과로 점차 저절로 일어났다. (Toporkov 165, 177)

이처럼 배우들이 신체적 행동법을 통해 역할의 성격과 그에 따른 정당한 행동을 만드는 반복적인 과정 후, 희곡을 맞이하여 극을 최종적으로 완성하는 것이 능동적 분석이다. 신체적 행동법이 행동을 통해 역할과 장면을 정당화할 방법을 찾는 것이라면, 작품 분석의 방법이면서 점차 구현에 다가가는 능동적 분석은 작품 분석과 구현의 경계를 허문 것이라 할 수 있다. 테이블에 둘러앉아 역할의 성격, 극의 구조와 같은 작품 분석을 마친 후에야 움직임까지를 포함하게 되는 분석과 구현이 분리된 고전적인 방법과는 달리 능동적 분석은 분석과 구현을 통합하여 하나로 만든 것이다.[215] 이는 다시 시스템 전체의 통합이라 할 수 있다. 스

---

214 능동적 분석 과정은 역설적으로 보이기도 한다. 희곡에서 벗어나고자 하는 시도이면서도, 결국은 희곡의 필요성을 경험하게 되기 때문이다(Carnicke, *Stanislavsky in Focus* 158).

215 스타니슬랍스키가 구체적인 기록을 남기지 못하고 사망하면서 현재의 신체적 행동법과 능동적 분석에 대한 정보는 그의 마지막 제자들에 달려있다고 할 수 있다. 이들의 이해와 전달에 따라 각기 다르게 사람들에게 전해지면서, 신체적 행동법과 능동적 분석은 시스템의 다른 기술들에 비해 분명하지 않은 것이 사실이다. 특히, 우리나라의 경우는 능동적 분석에 관련된 번역본이 없는 채

타니슬랍스키가 자신의 생 후반 연기에 관한 이론들을 정리하면서 만들어진 신체적 행동법을 포함한 능동적 분석을 베네데티가 "시스템의 모든 요소로 배우, 그리고 그의 작업을 유기적으로 만들며 더 큰 통합으로 이끈 것"(*Stanislavski: An Introduction* 69)이라 하였듯이 분석과 구현의 경계뿐만 아니라 행동과 감정, 체험과 구현, 연습과 공연을 통합한 시도라 할 수 있기 때문이다. 시스템의 모든 요소가 결합 된 신체적 행동법을 포함한 능동적 분석은 행동을 중심으로 한 시스템의 새로운 기술이면서 이전의 연구를 통합하는 기술인 것이다. 또한, 배우의 행동을 중심으로 만들어지는 능동적 분석의 과정은 연극의 중심이 배우임을 분명히 하고, 연극 전체를 배우 중심으로 통합하는 과정이라고도 할 수 있다.

행동의 정의와 전제, 특성, 그리고 행동이 구체적으로 적용된 시스템의 기술들까지를 살펴보면서 행동이 시스템을 이루는 모든 것의 시작이자 중심임을 확인할 수 있었다. 그러나 메소드에서 행동은 시스템에서만큼 주요한 것이 아니다. 오히려 부차적인 요소로 취급되거나 필요 없는 것이라고도 한다. 이제 메소드에서의 행동에 관한 논의로 넘어가 그 구체적인 차이를 확인하기로 한다.

메소드의 행동에 대해서는 스트라스버그가 아니라 그의 감정 중심 연기에 대한 반대로 그룹 시어터와 분리되어 다른 길을 걷기 시작한 애들러, 마이즈너, 루이스에 대해 먼저 논하기로 한다. 그 시작은 애들러가 되는 것이 마땅하다 할 것이다. 스타니슬랍스키를 직접 만나 들은 행동

로 러시아에서 공부하고 돌아온 학자들에 의해 소개될 뿐이어서 그 모호함은 더 가중되었다. 좀 더 자세한 능동적 분석에 관한 정보는 스타니슬랍스키의 마지막 작업에 관한 기록인 바실리 오시포비치 토포르코프(Vasily Osipovich Toporkov)가 쓴 *Stanislavski in Rehearsal: The Final Years* (1979) 참조.

에 관한 생각을 미국에 처음으로 전하고 스트라스버그와 대척점을 이루며 행동에 집중해야 한다고 주장하기 시작한 이가 애들러이고, 그로 인해 다른 메소드 교사들의 행동에 관한 관심도 시작되었기 때문이다. 애들러는 1934년 파리에서 스타니슬랍스키를 만나고 돌아온 직후 그룹 시어터에서 이루어진 발표에서부터 주어진 상황과 행동과의 관계를 설명하며 행동의 중요성을 강조한다. 이후에도 그는 자신의 연기론을 만들면서 "연극에서 하는 모든 일은 행동이다. 연기는 그런 의미이다"(*The Art of Acting* 53)라며 행동이 연기의 중심임을 밝히고, 스타니슬랍스키를 만난 지 30여 년이 지난 후에 이루어진 인터뷰에서도 "감정은 행동 자체에 대한 참조의 틀로 사용될 뿐이다. 모든 감정은 행동 속에 담겨 있다"(Gray 208)라며 행동의 중요성을 강조한다. 그는 스타니슬랍스키를 만난 이후 생의 마지막까지 행동 중심의 연기론을 펼쳤다.

그룹 시어터에서 애들러의 영향을 받았던 마이즈너는 행동이란 용어를 사용하지는 않지만,[216] 그의 훈련법을 정리한 래리 실버그(Larry Silverberg)가 "연기는 감정이입이 아니다. 연기는 무언가를 하는 것이다. [⋯] 당신은 그것을 행하는 척이 아니라, 정말로 행하는 것이다"(*The Sanford Meisner Approach* 4, 6)라고 하였듯이 마이즈너는 연기의 중심으로 행동을 인식하고 있었다. 또한, 그의 대표적 훈련이라고 할 수 있는 '반복연습(Repetition exercise)'에서 희곡의 선 암기와 지적인 분석의 작업을 배제한 것은, 시스템의 능동적 분석과 유사함을 드러낸다고 할 수 있다.

---

216 마이즈너는 행동이라는 단어를 사용하지 않고 'Do', 'Doing'을 사용한다.

그룹 시어터 시절 애들러의 발표로 시스템과 메소드에 차이를 인지하고, 공개 강의를 통해 스트라스버그를 비판하기도 했던 루이스는 행동에 대해 시스템과 가장 근접한 이해를 보여주는 교사라 할 수 있다. 시스템과 루이스의 연기론을 비교 연구한 루델 허니 달바스(Ruthel Honey Darvas)는 루이스가 행동이라는 말 대신 '의도·목적'이라고 해석되는 'Intention'을 사용하긴 했지만, 극의 가장 중요한 요소로 행동을 지지했다고 하며 그가 행동을 동사로 표현해야 하고, 행동에 강력한 촉매제인 '만약에'와 '주어진 상황'이 필요하다는 것을 인식한 것은 다른 메소드 교사들보다 시스템의 행동 개념에 가까웠다는 것을 의미한다고 한다(57–59). 이처럼 애들러가 촉발한 시스템의 행동에 관한 논의는 마이즈너, 루이스로 이어졌고, 이들은 미국의 행동 개념 이해에 영향을 끼치게 된다.

그러나 이들의 주장이 미국에서 시스템의 행동 개념을 완전히 이해할 수 있게 하는 것은 아니다. 이들이 행동의 중요성을 주장하였으나 영향력 자체가 메소드의 중심인 스트라스버그에 비해 상대적으로 약했을 뿐만 아니라, 이들이 주장한 행동 개념은 시스템의 행동과 분명한 차이가 있기 때문이다.

애들러는 행동을 강조하면서도 결코 행동을 구체적으로 설명하지는 않는다. 기술적으로 행동에 접근해야 한다고 주장하면서 행동이 정확히 무엇이고, 어떤 특성이 있는지 설명하지 않음으로써 애들러가 주장한 행동의 개념은 모호해진다. 심지어 "과거의 행동을 사용하는 것은 개인적인 과거가 연극에 반영될 수 있는 것이다. […] 행동과 당신이 있었던 구체적 상황으로 돌아가라. […] 그리고 그 상황에서 당신이 한 일을 기억하라"(*The Technique of Acting* 41, 47)라고 한 것은 행동이 아닌 정서 기억의 설명에 가깝다. 애들러는 행동을 강조한 것이라기보다는 스트라스버 그의 정서 기억을 대체할 용어로 행동을 선택한 것으로 보이기까지 한다. 또한, 행동보다 주어진 상황에 더 집중하면서 지적인 방식으로 변해간다. 이는 스타니슬랍스키가 행동으로 테이블 분석에서 벗어나고자 했던 것과 는 정반대되는 것이라 하겠다.

마이즈너는 행동의 '목적'을 극도로 경계하면서 애들러보다 시스템에 서 더 멀어진다. 실버버그의 다음 글을 통해 확인할 수 있다.

> 전국의 모든 연기 수업에서 배우들 대부분이 "행동하는 것"을 배운다. 그 리고 많은 연기 수업이 행동하는 것이나 "목적을 추구하는 것"에 주된 초 점을 둔다. 이것은 내가 말하는 "목적 배우"라는 배우들을 창조하는 결과 를 낳는다. 그들은 지적으로 "행동"을 연기하기로 선택했지만, 왜 그것을 하는지 진짜 알지는 못한다. 내 말은 그들이 왜 자신들이 그 일을 하는지 정말로 알지 못한다는 것이다. [⋯] 그들이 하는 말은 공허하고 그들의 행 동은 거짓이다. [⋯] 나에게 행동과 목적이라는 단어는 너무 차갑고 기술 적인 표현이다. (*The Sanford Meisner Approach: Workbook Four* 157–158)

마이즈너가 행동에 목적을 둔다는 자체가 지적인 과정이라 하며 반대 한 것은 자신이 추구했던 '반복연습'과 같이 상대의 반응에서 행동이 유 발되지 않는다면, 행동 자체는 무의미하다고 주장하는 것이다. 즉, 그는 정해진 목표가 아닌 상대의 반응에 따라 변화될 수 있는 것이 진정한 연 기라고 생각하면서, 반응에 따라 유발되는 행동만을 의미 있게 여긴 것 이라 하겠다.

행동의 특성 중 많은 부분을 시스템과 공유하고 있었던 루이스 역시 자세히 들여다보면 시스템의 행동과는 다른 개념으로 행동을 말하고 있음을 알 수 있다. 루이스가 행동을 '의도'라고 칭하면서 외적 행동이 아닌 내적 행동에 대해서만 논한 것은 행동보다는 '목표'나 '내재된 의미'에 집중했다는 것을 의미한다. 시스템의 행동이 내·외적 행동 모두를 인정하고 그 목적을 인식하는 것과는 다른 의미라 할 것이다. 또한, 에쮸드를 통한 공연 연습은 능동적 분석에 가까운 방법을 택한 것이라 볼 수 있으면서도, 최종 움직임을 연출이 결정해야 한다고 한 것은 배우에 의해 창조되는 능동적 분석과는 오히려 반대되는 다른 것이라 하겠다.

이처럼 세 명의 교사 모두는 행동에 대해 인지하고 자신들의 연기론에 일정 부분을 연계시키고자 하였으나, 이들이 말하는 행동은 시스템의 행동 개념과는 다른 모습이라 할 수 있다. '연기는 행동', '시스템은 행동'이라 하며 행동을 시스템의 중심으로 인정할 수밖에 없는 것은 시스템에서 가장 중요한 특징인 '심리·신체적 유기성'과 시스템의 전제인 '행동을 통한 감정'이라는 인과 과정이 있기 때문이라고 이미 설명하였다. 그러나 이들 모두는 이 중요한 사실을 간과하였기에 부분적으로 시스템 행동의 특징을 공유한다고 해서 행동이라는 개념 자체가 유사한 것이라 할 수 없는 것이다. 이것은 시스템에 대한 정확한 이해 부족일 뿐만 아니라, 메소드의 중심인 스트라스버그의 영향권 아래서 완전히 벗어나지 못한 것이라 하겠다. 이제 이들이 행동 개념을 받아들인 당시 환경과 스트라스버그의 행동에 대한 이해를 확인하면, 이들이 왜 이런 한계에 머문 것인지 분명해질 것이다.

메소드 교사들이 시스템을 흡수한 미국 실험극장의 행동에 관한 태도에서 먼저 그 원인을 확인하기로 한다. 미국 실험극장은 행동이 수동적인 상태에 머무를 수 없는 정신적 움직임이라는 것과 'to 부정사'를 사용하여 행동의 '목적'을 분명히 했고, 역할의 주요 행동을 찾으며 '일관된 흐름'을 파악하는데 많은 시간을 투자했다고 한다(Fergusson 85). 그러나 볼레슬랍스키가 은유적으로 표현한 그의 행동 개념은 실제 적극적인 적용과는 다르게 모호하다.

> 저 나무를 보라. 그것은 모든 예술의 주인공이다. 그것은 행동의 이상적인 구조다. 상향 운동과 측면 저항, 균형과 성장이 있다. [...] 나무의 나머지 부분과 조화를 이루며 곧고 균형을 이루고 나무의 모든 부분을 지지하는 줄기를 보라. 그것은 긴장을 주도하고 있다. 음악에서의 "라이트 모티프(Leitmotif)", 연극에서 연출의 행동에 관한 생각, 건축가의 기초, 소네트(Sonnet)에 담긴 시인의 생각이다. (Boleslavsky 56)

이전 장에서 논의되었던 정서 기억을 설명하면서 살인을 모기 죽이는 것에 비유하며 극단적으로 쉽게 접근할 수 있는 것으로 표현했던 것에 반해, 행동에 대해서는 전혀 다른 태도를 보인 것이다. 스타니슬랍스키가 다른 요소들에 비해 행동을 직접적이고 자세하게 설명한 것과도 대조적이라 할 수 있다. 또한, 퍼거슨은 미국 실험극장이 행동을 강조하였지만, 교사들의 언어적 한계로 연기 시연으로만 행동을 이해해야 했다고 한다(85). 모호한 설명과 언어적 한계에서 만들어진 미국 실험극장의 행동에 관한 이해는 행동을 강조하면서도 구체적으로 설명하지 않은 메소드 교사들의 태도를 이해할 수 있게 한다.

다음으로 저술 출판에 관한 영향이다. 『배우 수업』에 행동, 비트와 과제에 대한 설명이 나오기는 하지만 시스템의 행동을 온전히 이해하기 위해서는 외적 부분과 템포와 리듬 등이 설명된 『성격 구축』, 그리고 행동을 통한 분석 방법을 논한 『역할 창조』까지의 세 권에 책이 모두 필요하다. 특히, 신체적 행동법은 대부분의 이민 교사가 신체적 행동법을 경험한 적이 없는 상황에서 1961년 『역할 창조』가 출판되기 전까지 미국에 거의 알려지지 않게 된다(Carnicke, *Stanislavsky in Focus* 151). 그러나 마지막 책인 『역할 창조』[217]까지 출판이 완료된 이후에도 일부 학자들을 제외한 대부분이 행동에 대한 전반적인 이해를 이루지 못한다. 햅굿에 자의적 편집과 오역의 한계를 안은 『배우 수업』의 출판 이후 깊숙이 자리 잡은 감정에 대한 당연한 우선시가 이후의 출판들로 달라지지 않은 것이다. 『배우 수업』이 큰 반향을 일으키고 이를 바탕으로 한 메소드가 자리를 잡으면서, 이후의 출판물은 부수적인 것으로 취급되어 이해 완성에 큰 도움이 되지 못한 것이라 할 수 있다.

이제 메소드의 중심인 스트라스버그의 행동에 관한 이해를 논할 차례이다. 스트라스버그 역시 "행동은 작가의 말을 그대로 하는 것도 아니고 무대 위에서 일어나는 일의 동의어도 아니며 장면의 논리적 분석도 아니다. 배우라는 단어 자체가 그것을 의미한다. 모든 배우는 한두 가지 종류의 행동을 한다"(*A Dream of Passion* 75)라며 다른 메소드 교사들과 마찬가지로 행동에 대해 인식하며 행동을 정의하고 있다. 그러나 스트라

---

217 『역할 창조』는 그 자체로 이미 한계를 안고 있는 책이다. 1914년부터 1937년까지 미완성된 초안을 모아 만든 것으로 약 20년 동안의 자료가 뒤섞여 있으며, 실용적 응용 방법에 대해서도 구체적으로 논하지 않았기 때문이다. 게다가 러시아와 미국에서 편집을 달리하여 출판되면서 이해의 혼란이 가중된 것이라 하겠다.

스버그는 행동을 분명히 정의했으면서도 그 중요성을 부정한다. 그의 행동에 대한 부정적인 태도는 애들러의 행동에 관한 새로운 접근으로부터 자신의 메소드를 지키기 위해 시작된 것으로 보인다. 그는 그룹 시어터에서 애들러의 발표 직후 이에 대한 반격에 나서면서 1934년 러시아 방문 당시 모스크바 예술극장의 공연이 실망스러웠고, 스타니슬랍스키의 새로운 생각이라는 행동에 관한 주장은 틀렸다고 한다. 그는 "우리가 항상 사용해 온 행동들이지만 주된 추진력으로서 행동들에 대해 강조한 것은 아니다. 감정을 불러일으킬 수 없다면, 행동의 요점은 무엇인가? […] 당신에게 행동만 있고 다른 것들이 없다면 효과 없는 것이다"(Smith 181)라며 행동을 감정의 부차적인 것으로 취급한다. 즉, 그가 추구해 온 정서 기억의 방법으로 감정에 다다를 수 있다면 행동은 필요 없게 되는 것이다. 그는 또한 행동이나 의도라는 단어 사용이 배우에게 기계적인 감각을 너무 많이 준다고 하였고(*The Lee Strasberg Notes* 45), 더 나아가 스타니슬랍스키가 말기에 만든 새로운 방법들은 역할 창조에 어려움을 겪으면서 만든 것이나, 자신은 정서 기억을 사용하는데 전혀 문제를 겪지 않는다고 한다. 오히려 명확한 절차를 개발해 세계 여러 나라에 선보이면서 그 효과를 입증했다며 자신이 만든 메소드의 우월성을 말한다(*A Dream of Passion* 151). 이는 애들러를 통해 전해진 행동 개념이 시스템과 메소드를 분리하는 계기를 만들어 스트라스버그가 시스템의 미국 계승자 자리에서 벗어나 자신만의 길로 나아가게 된 것이라고도 할 수 있다.

스트라스버그의 행동에 관한 관점은 연기의 주도권도 변화시켰다. 그는 배우의 행동을 연출과 공유할 수 있는 것, 혹은 이를 넘어 연출의 통제안에 있는 것으로 만든다. 행동이 연출에 의해 지정될 수 있다고 하며 연출이 지정한 행동에 이유와 목적은 배우가 채워야 한다고 한다 (*Strasberg at the Actors Studio* 136–137). 행동이 연출에 의해 지정될 수 있다는 것은 연기의 주도권을 연출과 공유하는 것이고, 이는 배우의 연기가 타의에 의해 역할과 분리되는 순간이 있을 수 있음을 인정하는 것이기도 하다. 이 같은 스트라스버그의 생각은 행동에 연출뿐만 아니라, 정서 기억을 비롯한 배우의 사적 논리가 개입할 수 있게 한다. 이는 다시 그가 행동을 외적인 것, 혹은 감정의 부차적인 것으로 취급한 것을 보여준 것이라 할 수 있다. 정서 기억을 통한 감정을 최우선으로 하는 그에게 행동은 감정을 방해하지 않고, 연기를 실행에 옮길 수만 있으면 되는 요소이다. 이러한 그의 행동에 관한 관점은 모든 것이 빠르게 진행되는 상업 영화에 메소드가 적용되면서 생긴 선택으로 보인다. 촬영 현장에는 스트라스버그의 논리가 적용될 수밖에 없는 상황들이 계속해서 존재한다. 장면들은 연속적으로 연결되어 촬영되지 않으며, 심각한 경우는 전체 대본을 모른 채로 연기할 수도 있다. 때때로 배우는 상대역이 없이 카메라를 보며 연기해야 하고, 현대에는 더 심각해져 존재하지 않는 시공간을 상상하며 아무것도 없는 공간에서 연기해야 하는 순간이 생기기도 한다. 음향과 특수효과는 배우가 아닌 관객들을 위해 촬영이 끝나고 편집 과정에서 결합하는 것이기에 때문이다. 즉, 스타니슬랍스키가 말하는 행동이 배우가 주어진 상황을 바탕으로 연속적으로 만들어 가는 것이라면, 영화에서는 이를 연출의 편집으로 완성하는 것이다. 스트라스버그는 이러한 영화 현장의 특성에 맞춰 자신의 연기론에 중심인 배우의 감정만은 지키면서도, 즉각적으로 실행할 방법을 찾은 것이라 할 수 있다. 행동의 타당성을 개인적이고도 사적인 논리로 채움으로써 주어진 상황, 연속적 흐름, 상대 배역이 배제된 속에서도 배우가 작품에 적응할 수 있게 한 것이다. 이는 다시 연기의 책임에 관한 문제로 생각해 볼 수 있다. 극의 구조에 대한 행동의 접근인 신체적 행동법을 포함한 능동적 분석은 배우가 극의 중심임을 말하는 동시에, 그 책임도 배우에게 있음을 의미한다. 그러나 메소드 배우들은 최종적 결정을 연출가와 공유함으로써 완전한 책임은 면제받는다. 배우 행동의 흐름이 편집이라는 기술로 완성되는 영화에서는 연기와 극의 최종적 책임을 연출에게 미룰 수 있는 것이다. 배우가 연극의 중심이라는 것에 초점을 맞춘 시스템의 행동 개념이 연기와 극의 주도권과 책임 모두를 배우에게 준 것이라면, 작업 환경과 연출의 지시 등에 적응하며 실행되는 스트라스버그의 행동은 이를 연출과 나눈 것이라 하겠다.

감정을 중심으로 한 스트라스버그 메소드가 영화에서 두각을 나타내면서 미국에서 시스템의 핵심인 행동 개념이 부차적인 것으로 취급되고, 그로 인해 연기와 극의 중심도 배우에서 연출로 기울었음을 지금까지 논의로 확인할 수 있었다.[218] 애들러, 마이즈너, 루이스 등이 행동을 강조하였으나 그들의 행동에 관한 이해와 영향력, 그리고 시대의 흐름으로 인해 미국에서 시스템의 행동은 자리를 잡을 수 없는 개념이었다. 미국 실험극장의 불분명한 행동에 대한 설명과 시스템 이론으로 『배우 수업』 한 권의 내용만이 지배적인 상황에서 그들의 행동에 관한 이해는 스타니슬

---

218 위에 설명된 스트라스버그의 영향력은 영화가 자리 잡기 시작한 액터스 스튜디오 부흥기라 할 수 있는 시기의 일이고, 후에는 점차 마이즈너의 영향력이 커졌다. 뉴욕의 주요 연기 학교와 스튜디오를 소개한 *Back Stage*(미국에서 발행되는 연극전문 주간신문) 2005년 1월 3일 기사에 따르면 마이즈너 방법론을 표방하는 곳은 26개이지만 스트라스버그는 5개, 애들러는 2개에 불과하며, 마이즈너와 스트라스버그를 동시에 표방하는 곳은 4개, 마이즈너와 애들러는 1개, 스트라스버그와 애들러는 전무하다(한진수 355-356 재인용).

랍스키와 같을 수 없었으며, 자신만의 연기론으로 영화에서 굳건히 자리 잡은 스트라스버그를 이길 수도 없었다. 또한, 영화에 메소드를 적극적으로 적용하기 시작하면서 행동을 외적인 것, 연출에 의해 관여될 수 있는 것으로 만들었다. 행동의 연속성, 주어진 상황 등이 고려되지 않은 상황에서 즉시 실행해야 하는 영화 작업 환경은 행동이 단순한 외적 움직임으로 치부될 수밖에 없는 상황을 만들어 연기의 주체를 연출과 공유하게 된 것이라 하겠다.

행동을 마지막으로 한 Ⅳ장은 시스템과 메소드를 체험과 배우의 이중 의식, 정서 기억, 행동으로 나누어 양자 간의 비교분석을 시도하였다. 세 부분으로 나누어 확인한 것은 시스템에서 메소드로의 변곡점이 되는 부분일 뿐만 아니라, 시스템의 체계, 내용, 전달 언어와 이에 대응하는 메소드를 이루는 주요 구조를 비교한 것이며, 두 연기론의 내·외적인 측면에 관한 비교이기도 하다. 이 과정에서 각각의 개념들에 대한 이해와 함께 양자 간의 차이점과 시스템의 계승으로 시작된 메소드가 현재의 전혀 다른 성격의 연기론으로 진화한 이유도 확인할 수 있었다.

시스템을 유지하는 축인 체험과 배우의 이중 의식에 대한 이해 결여로 메소드는 감정과 배우 자신에 집중하면서 심리·신체적 유기성을 담고 있는 시스템의 기술 중 하나인 정서 기억을 감정적인 부분만을 강조한 채 메소드의 모든 것이라 할 만큼 중요하게 받아들인다. 또한, 행동에 대한 전혀 다른 이해는 행동을 감정의 부차적인 요소로 만들었을 뿐만 아니라, 연기와 극의 중심을 배우에서 연출로 이동시키는 결과를 가져왔다. 즉, 시스템이 '역할'을 위한 '체험'을 목표로 하는 체계라면 메소드는 배우 '자신'을 위한 '감정'으로 향하는 즉각적인 실행법이고, 시스템이 '심리·

신체적 유기성'을 강조하며 '체험을 통한 구현'이라는 인과 관계로 구조와 내용을 만들었다면, 메소드는 '정서 기억'을 통한 '감정'이 주된 내용이자 구조라 할 수 있다. 또한, 시스템의 언어라 할 수 있으며 '배우'의 존재를 부각하는 '행동'은 메소드에서 '감정'과 '연출'에 많은 부분을 내주었음을 확인할 수 있었다. 이는 시스템이 내·외적인 측면 모두를 아우르는 연기론이라면 메소드는 내적 측면에 집중한 연기론이라는 것을 말해주는 것이라 하겠다.

시스템과 메소드의 극단적인 차이가 만들어지게 된 것은 햅굿의 오역과 자의적 편집, 미국에서 활동한 러시아 교사들의 언어적 한계로 생긴 시스템에 대한 총체적 이해 부족이 그 연유라 할 수 있다. 그러나 무엇보다 가장 큰 이유는 시대적 변화이다. 시스템이 형성된 시기는 영화가 대중적으로 자리 잡기 이전이다. 그러나 미국이 시스템을 받아들인 시기는 영화의 부흥이 시작된 시기였고, 그에 맞는 실용적이고 즉각적인 연기론으로 변모한 것이라 할 수 있다. 또한, 행동주의를 선호한 공산주의 국가 러시아와 프로이트에 빠진 경제 대국 미국은 시스템에서 각자의 입맛에 맞는 부분만을 도출하고 확대하여 각 나라에 정착시킨다. 여기에 오랫동안 지속된 냉전 시대 갈등은 출판물 교환을 비롯한 두 나라 간의 교류를 막으며, 두 연기론이 전혀 다른 성격으로 굳혀지는 데 일조하게 된 것이다.

이 지점에서 시스템이 온전히 스타니슬랍스키의 뜻대로 전달되었다면 지금의 메소드는 다른 모습이었을지 의문을 가지게 된다. 스타니슬랍스키의 저술 출판이 모두 완료된 1960년대 이후에도 메소드의 중심은 여전히 정서 기억이었기 때문이다. 이후 오히려 심리적인 부분으로 극단에 치달은 스트라스버그 후계라 할 수 있는 교사들의 연기론이 영상 매체가 발달한 현대에 더 주요하게 쓰이고 있고, 러시아에서는 여전히 행동에 집중하고 있다.

인간의 삶은 그 시대의 영향 아래 있으며, 삶에 흔적이라 할 수 있는 습관과 기억은 인간이 앞으로 나아가는 데 영향을 줄 수밖에 없다. 이러한 인간의 삶을 담아내는 연기에 삶의 모든 영향이 묻어나는 것은 당연하다 할 것이다. 이전 장에 정서 기억이 연기론의 나아갈 방향을 고민하게 한 것이라면, 행동을 다룬 이번 장에서는 시스템으로 시작하였으나 연기 수용 매체와 시대적 변화의 요구를 그대로 담아낸 메소드를 통해 연기론과 시대, 사회의 관계를 생각하게 한다.

콘스탄틴 스타니슬랍스키   리 스트라스버그

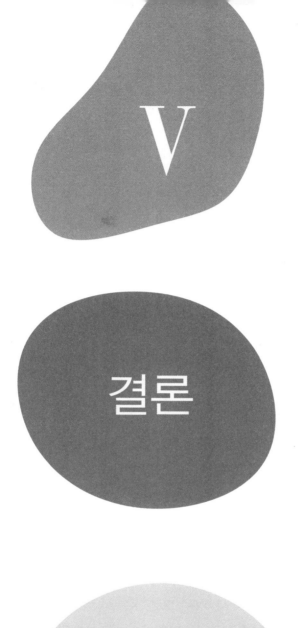

V

결론

어린 시절 말리 극장의 배우들을 보면서 생긴 '어떻게 역할은 창조되는가'라는 질문에서 시작한 연기에 관한 스타니슬랍스키의 고민은 예술–문학 협회와 모스크바 예술극장의 작업을 통해 '매번 원하는 역할을 창조하는 방법은 무엇인가'로 이어졌고, 그 답이라 할 수 있는 시스템을 만들었다. 시스템은 어느 순간에 나타난 획기적인 방법이 아닌 스타니슬랍스키 일생의 작업인 것이다. 그가 살아내야 했던 시대적 상황, 수많은 사상과 이론들, 함께 한 예술가들의 영향 속에서 본인이 경험하고 관찰한 모든 것이 시스템의 내용이 되었다. 그리고 이것이 미국으로 전해져 스트라스버그에 의해 미국만의 색깔을 덧씌운 아메리칸 액팅 메소드로 완성된다. 현재 시스템과 메소드는 세계적으로 널리 활용·연구되고 있다.

본 연구는 이러한 시스템의 형성부터 메소드까지의 변화를 중심으로 시스템의 지형을 분석·정리하고자 하는 시도이다. 시스템부터 메소드로의 흐름을 주요 사건과 작업 과정으로 짚어가며 시스템에서 메소드로의 진화에 대한 이해를 구축했다. 그리고 이를 바탕으로 한 비교분석에서는 시스템에서 메소드로의 변곡점이라 할 수 있는 '체험'과 배우의 '이중 의식', '정서 기억', '행동'을 중심으로 양자를 비교하여 연기론으로서 체계를 유지하는 전제, 내용, 전달 언어, 즉 내·외적 측면 모두의 차이를 확인했다. 이것은 두 연기론의 진화 과정과 그 연유까지를 파악하여 시스템의 지형학적 이해를 마련하고자 한 것이다. 이 과정은 시스템과 메소드를 이해하는 길이었을 뿐만 아니라, 지금도 세계적으로 널리 쓰이고 있는 두 연기론의 탄생 과정을 살펴보는 것으로써 근본적인 연기론에 관한 정의를 생각하고, 앞으로 우리가 맞이할 연기론이 나아가야 할 방향을 고민하는 계기가 되었다.

이제까지의 논의를 바탕으로 시스템에서 메소드로의 진화에서 두 연기론이 큰 차이를 보이는 원인을 정리해 보면, 먼저 가장 큰 것은 감정과 행동의 위치에 있다. 메소드는 햅굿 번역본과 미국 실험극장의 영향 아래 체험과 배우의 이중 의식이란 시스템의 체계를 유지하는 전제가 배제된 채 시스템을 받아들이게 된다. 그로 인해 시스템에서 역할의 감정을 체험하는 것은 배우 자신의 감정을 적용하는 것이 되었고, 스트라스버그는 이를 발전시켜 정서 기억에 집중한 감정을 위한 즉각적인 반응을 만들어 내는 연기론을 구축한다. 시스템이 행동을 중심으로 체험과 구현이라는 체계를 통해 감정에 이르는 것이라면, 메소드는 정서 기억을 중심으로 감정을 향해 돌진하는 것이 되면서 메소드에서는 감정 이외의 모든 것은 부차적으로 취급된다. 즉, 시스템은 행동으로부터 감정이 나타나기를 기다리는 것이라면, 메소드는 감정을 전면에 내세우면서 행동을 움직임으로 치부하게 된 것이라 할 수 있다.

다음으로 시스템 발전에 대한 이해의 문제다. 흔히 행동의 강조 문제로 시스템을 전기·후기로 나눈다. 무어는 극단적으로 "신체적 행동법을 통해 스타니슬랍스키가 자신의 초기 가르침을 뒤집었다"(*Stanislavski Revealed* 7)고 하고, 레슬리 아일린 코커(Leslie Irene Coger)는 "Stanislavski Changes his mind"란 제목의 기사에서 스타니슬랍스키 시스템은 행동을 중심으로 전기와 후기로 나눌 수 있다고 한다(64). 그러나 누누이 강조하였듯 스타니슬랍스키가 감정이 통제하기 어렵다는 사실을 인지하고 통제할 수 있는 다양한 방법의 하나로 신체적 행동에 집중했던 것은 사실이나, 이것은 시스템의 강조점이 변화한 정도이지 그가 감정에서 행동으로 자신의 연기론 중심을 뒤집은 것은 아니다. 능동적 분석을 적용한 스타니슬랍스키의 마지막 작품인 몰리에르의 〈따르튀프〉를 함께한 바실리 오시포비치 토포르코프(Vasily Osipovich Toporkov)가 "스타니슬랍스키가 자신의 이전 개념과는 다른 전혀 새로운 것을 마지막 작품에 가져왔다고 말할 수는 없다. […] 그는 단지 시스템을 더 구체화했을 뿐이다"(157)라고 했듯이 스타니슬랍스키 생의 후반 작업은 급격한 변화가 아닌, 계속된 실험 과정 중 하나로서 이전까지의 연구를 통합하고 구체화하는 시도였다. 그러나 스트라스버그는 스타니슬랍스키가 연기론을 완전히 전환한 것으로 받아들여, 이를 거부하고 자신만의 길을 걷게 된다. 또한, 애들러, 마이즈너, 루이스 등에 아메리칸 액팅 메소드의 다른 흐름이라 할 수 있는 이들은 스트라스버그와 같은 연유로 시스템의 행동을 지지하는 반대의 결과를 가져왔다. 즉, 전기와 후기로 이해된 시스템의 발전은 시스템과 메소드를 분리했을 뿐만 아니라, 메소드를 분열시킨 것이라 하겠다.

마지막으로 서로 다른 정치·사회적 상황과 이에 따른 요구다. 최초에 시스템과 메소드가 서로 다른 길을 가게 된 것은 햅굿 번역의 오류와 러시아 교사들의 잘못된 전달을 그 이유로 들지만, 더 큰 문제는 그 이후에 시스템의 각기 다른 요소들이 상반되게 강조될 수밖에 없었던 시대적 상황이다. 러시아는 그들이 추구하는 마르크스주의(Marxism)에 맞게 시스템에서 정신보다 신체를 특권화하고, 행동주의 이론에 의존하며 배우의 분석적 관점까지도 변증법적(Dialectic) 과정으로 간주하였다(Carnicke, *Stanislavsky in Focus* 150). 이와는 반대로 미국은 프로이트의 정신분석학에 매료되어 개인의 감정에 집중했던 당시 사회적 분위기와 경제 대국으로 올라서면서 생긴 자신들만의 전통을 만들고자 하는 열망으로 메소드를 탄생시킨다. 또한, 미국은 실용적인 접근도 절실했다. 즉각적인 효과가 필요한 영화를 비롯한 영상 매체들이 활기를 띠기 시작하면서 퍼거슨이 "스타니슬랍스키의 기술적인 용어들이 무엇을 의미하는지 확신하는 것은 어렵기로 악명 높다"(85)고 했을 정도로 철학과 같은 이론으로 오랜 시간 연습을 통해서 이해해야 성과를 보여줄 수 있는 시스템이 그대로 받아질 수 없었음은 어쩌면 당연하다 할 것이다. 이처럼 시스템과 메소드는 각국의 편의에 따라 전혀 다른 모습의 연기론이 된 것이며, 이를 명확히 보여주는 예는 '행동'과 '정서 기억'의 개념 이해와 실제 적용이다. 상반된 입장이 되어버린 시스템과 메소드는 '러시아 대 미국', '행동 대 감정', 또 이 과정에서 스트라스버그에 대한 반대로 시스템을 옹호하는 이들에 의해 '스트라스버그 대 비(非) 스트라스버그' 등으로 양극화된 연구를 낳는다. 이제까지 우리나라 시스템과 메소드 연구의 대표적 특징이라 할 수 있는 부분적 단순 비교도 이러한 영향 아래 만들어진 것이라 하겠다.

시스템에서 메소드로의 진화 과정에서 비롯된 양자의 차이와 그 원인을 정리하면서 그에 따른 시스템의 지형을 다시 한번 확인할 수 있었다. 이와 같은 시스템 지형의 이해는 다시 두 가지 결론을 만든다. 먼저, 시스템과 메소드는 재평가, 재인식되어야 한다는 것이다. 포스트모더니즘으로 넘어오면서 시스템은 인과적 구조로 인해 근대적 산물이라고 비판받아 왔다. 그러나 연기는 무형의 것이어서 그 방법을 찾는 것은 오직 배우의 본능에 기대야 한다는 한계를 넘어서 연기에 관한 방법들을 고민하기 시작한 것은 스타니슬랍스키부터다. 구조주의적 사고의 인과 관계로 형성된 그의 연기론에 기초하지 않았다면, 지금의 다양한 논의들은 형성될 수 없었다. 스타니슬랍스키를 비판할 수 있는 토대도 실상은 그의 연기론에 관한 정의와 체계가 있었기에 가능한 것이라 할 수 있는 것이다. 또한, 현대 연기의 논의에서 큰 화두 중 하나로 자리 잡은 배우 '존재'에 관한 논의도 스타니슬랍스키가 톨스토이의 예술에 정의를 발판으로 배우를 공연의 중심이자 예술가로 만들지 않았다면 불가능했을 것이다. 인지과학으로 연기를 연구하는 이강임이 스타니슬랍스키의 연기론을 문법이라 부를 수 있는 이유는 인간의 기본적인 작용에 대한 과학적 성찰에 기인한다고 하면서 시스템을 낡은 패러다임이라 부정할 것이 아니라 재구성되어야 한다고 주장했듯이(126) 시스템은 유행이 지난 과거의 연기론이 아니라 현대 연기론의 시작이자 바탕이라 할 수 있는, 변화가 가능한 '연기의 기초'이다. 그러므로 메소드가 박탄코프 이론과의 융합으로 그 실제를 보여준 것처럼 시스템은 변화하고 진화할 수 있는 살아있는 연기론으로서 여전히 유효함을 인식해야 한다.

시스템이 근대적 산물로 비판의 대상이 되었다면, 메소드의 가장 큰 비판 원인은 시스템을 올바르게 수용하지 못했다는 것이다. 그러나 시스템을 변화 가능한 기초로 재인식하면 메소드는 비판의 대상이 아니라 그 가치를 인정받을 수 있는 존재가 된다. 메소드에 시대적 요구가 담겨 있음을 확인하였듯이 메소드의 시스템 수용은 단순 오류 적용이 아니다. 처음 시작은 그러할 수 있으나 시스템과의 차이를 인식한 이후 그들이 지금까지 메소드를 발전시켜 온 모습은 시스템 수용을 넘어서 메소드 자체의 가치를 입증한다. 특히, 실제 적용에서 탁월한 성과를 보여줌으로써 그 어떤 연기론보다 효용의 면에서 메소드는 앞선다고 할 수 있다. 메소드는 '시스템의 발전적 계승'인 동시에 하나의 '독립적 연기론'으로서도 평가, 인정되어야 하는 것이다.

시스템에서 메소드로의 변화, 즉 하나의 연기론이 탄생하고 진화하여 다른 하나의 연기론으로 변모하는 과정은 연기론의 이상적 방향성에 관한 고민이라는 두 번째 결론에 다다르게 한다. 시스템이 스타니슬랍스키가 연기로 향하는 여정의 이상을 보여준 것이라면, 메소드는 스트라스버그가 그린 실전의 지도다. 이는 시스템이 모호한 것이라면 메소드는 구체적인 방향이 제시된 것이고, 시스템이 배우에게 열린 결말을 보여준 것이라면 메소드의 정확한 방향성은 일정한 한계에 배우를 가둔 것이라고도 표현할 수 있다. 두 연기론의 이와 같은 연기에 관한 서로 다른 태도는 연기론이 근본적으로 가야 할 길을 생각해 보게 한다.

이상과 철학이 없는 연기론은 배우가 본인의 매력을 발산하기 위해 화면에 잡히는 각도를 계산하는 것이나 전달을 위해서만 강조되는 발음 연습과 다르다 할 수 없는 '기술'이다. 연기론이 기술이 아닌 '론'이 될 수 있는 이유는 인간의 삶을 담아내는 연기에 관한 본질적인 사유와 철학이 담겨 있고, 학문으로서 연구할 가치를 지니고 있음이라 할 것이다. 그러나 이것은 아이러니하게도 배우들을 설득하는 힘인 동시에 배우들을 어렵게 하는 이유다. 연기는 이상에만 머무를 수 없는 실제 무대에서 적용되어야 하는 일이기 때문이다.

연극의 일부, 기술의 하나로 치부되던 연기가 스타니슬랍스키 이후 연극의 중심으로 이동하면서 예술이 되었다. 연기가 예술로 존재하기 위해서는 그가 만든 연극적 이상을 포기할 수 없다. 또한, 연기론은 실용적으로 배우들에게 적용될 수 없다면 그 존재 의미를 잃기에 메소드와 같은 효과적이고 구체적인 실용 방안도 놓칠 수 없다. 결국, 시스템과 메소드는 그 어느 쪽도 완벽한 연기론이라 할 수 없는 것이 된다. 스타니슬랍스키가 시스템의 보편성을 입증하고자 생의 마지막 4년 동안 과학자들과 교류하였고, 스트라스버그가 여러 책을 탐독하며 자신의 연기론과 비교를 꾀한 것에서 알 수 있듯이 그들 자신도 인정하고 있었을 것이다. 양자는 장점과 명확한 한계를 동시에 안고, 이제 우리 세대에게로 넘겨져 연기론에 관한 근본적인 고민을 만들어 낸 것이라 하겠다.

시스템의 지형학을 논의한 이 연구는 이제까지 우리나라의 시스템에 관한 이해와 연구의 한계를 극복하고자 하는 시작점에 있다. 이것이 새로운 연구를 이끄는 자극이 되어 지금의 한계를 넘어서는 시스템 연구를 양산할 수 있다면, 시스템은 계속해서 재해석·재구성되어 새롭고 다양한 연기 논의의 바탕이 될 수 있을 것이다. 이 과정에서 메소드가 시스템의 계승이자 독립적인 연기론이 되었듯이 새로운 연기론의 모색도 가능하다. 이는 다시, 시스템을 재인식하고 이상적인 연기론을 고민한 연구의 결과물이라 할 것이다. 시스템과 메소드로의 진화에 대한 이해를 하나하나 쌓아나가며, 그 변화의 연유를 분석하고 정리하여 시스템 이해의 새로운 시각을 마련하고자 한 연구자의 시도가 우리나라 기존 연구 양상의 한계를 극복하는 시작이 되어 앞으로 시스템 연구 발전에, 새로운 연기론 탄생에 디딤돌로 위치할 수 있기를 기대해 본다.

참고 문헌

〈국내 단행본〉

김미혜. 『브로드웨이를 넘어』. 서울: 연극과인간, 2018.

김상환. 『해체론 시대의 철학』. 서울: 문학과지성사, 1996.

김석만. 『인간의 마음을 사로잡는 연기의 세계』. 서울: 연극과인간, 2001.

김태훈. 『현장에서 통일되어야 하는 스따니슬랍스끼의 연기학 전문 용어: 개념과 원리의 활용』. 서울: 예니, 2013.

나상만. 『스타니스랍스키 전집 1: 스타니스랍스키, 어떻게 볼 것인가?』. 서울: 예니, 2002.

단첸코, 네미로비치. 『모스크바 예술극단의 회상』. 권세호 역. 서울: 연극과인간, 2000.

동아출판 사서편집국. 『동아 새국어사전』. 서울: 동아출판, 2020.

디드로, 드니. 『배우에 관한 역설』. 주미사 역. 서울: 문학과지성사, 2001.

루빈, 장—자크. 『연극 이론의 역사』. 김애련 역. 서울: 폴리미디어, 1993.

박준성 외. 『용어로 읽는 심리학』. 경기: 교육과학사, 2017.

베네데티, 진—노만 외. 『스타니슬랍스키 연극론』. 김석만 편역. 서울: 연극과인간, 2015.

브로켓, 오스카 G. 외. 『연극의 역사 Ⅰ』. 전준택 외 공역. 서울: 연극과인간, 2005.

_____ . 『연극의 역사 Ⅱ』. 전준택 외 공역. 서울: 연극과인간, 2005.

살로비에바, 인나. 『스따니슬랍스끼의 삶과 예술』. 김태훈 편역. 서울: 태학사, 1999.

르제프스키, 니콜라스. 『러시아 문화사 강의: 키예프 루시부터 포스트소비에트까지』. 최진석 외 공역. 서울: 그린비, 2011.

스타니슬라프스키, 콘스딴찐 세르게예비치. 『나의 예술인생: 스타니슬라프스키 자서전』. 강량원 역. 서울: 이론과실천, 2000.

_____. 『스타니스랍스키 전집 2: 배우 수업』. 신겸수 역. 서울: 예니, 2014.

_____. 『스타니스랍스키 전집 3: 성격 구축』. 이대영 역. 서울: 예니, 2001.

_____. 『스타니스랍스키 전집 5: 액터스 북』. 김동규 역. 서울: 예니, 2001.

_____. 『체험의 창조적 과정에서 자신에 대한 배우의 작업 천줄읽기』. 이진아 역. 서울: 지만지드라마, 2019.

아론슨, 아놀드. 『미국의 아방가르드 연극』. 김미혜 역. 서울: 연극과인간, 2015.

안또니나, M 외. 김문욱 감수. 『러시아어-한국어 사전』. 경기: 문예림, 2018.

양돈규. 『제2판: 심리학사전』. 서울: 박영사, 2017.

오순한. 『시학 & 배우에 관한 역설』. 서울: 유아트, 2013.

인명사전편찬위원회. 『민중판 인명사전』. 서울: 민중서관, 2002.

체홉, 미하일. 『미하일 체홉의 배우에게』. 김선 외 공역. 서울: 동인, 2015.

칙센트미하이, 미하이. 『몰입 Flow: 미치도록 행복한 나를 만난다』. 최인수 역. 서울: 한울림, 2004.

크레이그, E. 고든. 『연극예술론』. 남상식 역. 서울: 현대미학사, 1999.

크리스티, G. 『스타니슬랍스키 배우교육 I』. 박상하 외 공역. 서울: 동인, 2000.

스즈키 타다시. 『스즈키 연극론』. 김의경 역. 서울: 현대미학사, 1993.

타타르키비츠, W. 『미학의 기본 개념사』. 손효주 역. 서울: 미술문화, 1999.

하겐, 우타. 『산연기』. 김윤철 역. 서울: 퍼스트북, 2015.

한국문화예술진흥원. 『공연예술총서 4: 연기』. 서울: 예니, 1981.

〈국내 학위 논문〉

강민호. 「Lee Strasberg's Method 훈련의 실제에 관한 연구: 연극 '장군 슈퍼' 공연을
　　　중심으로」. 석사학위논문, 중앙대학교 예술대학원, 2013.

김소희. 「박탕코프(Evgeny Vakhtangov)의 후기작품에 나타난 연기양식의 특성 고
　　　찰」. 석사학위논문, 동국대학교 대학원, 1998.

서나영. 「배우의 이중 의식과 연기 훈련: 스타니슬랍스키·브레히트·그로토프스키
　　　를 중심으로」. 박사학위논문, 서울대학교 대학원, 2019.

신현주. 「미국의 영화산업 발전과 배우 양성시스템 연구: 액터스 스튜디오의 연기
　　　훈련법을 중심으로」. 박사학위논문, 청주대학교 대학원, 2016.

이현빈. 「네미로비치 단첸코의 '제2플랜(the second plan)'을 통한 연출의 무대 형상
　　　화 연구: 〈벚나무 동산〉을 중심으로」. 석사학위논문, 세종대학교 대학원,
　　　2010.

〈국내 학술 논문과 기사〉

김대현. 「스타니슬랍스키 연구사: 국내 스타니슬랍스키 수용·번역·연구의 제 문제
　　　를 중심으로」. 『한국연극학』 40, 2010, 345-400.

_____ . 「'-되기'의 배역창조와 '행위 현장'의 생성성」. 『연극교육연구』 16, 2010, 5-30.

김방옥. 「몸의 연기론(I)」. 『한국연극학』 15, 2000, 5-52.

김태훈. 「살아있는 Stanislavsky System, 그 실제적 활용에 대한 연구」. 『한국연극연
　　　구』 2, 1999, 327-362.

_____ . 「스타니슬랍스키의 신체적 행위법(The Method of Physical Action)을 통한 연
　　　기교육 교수법 모형개발에 대한 연구」. 『한국연극학』 26, 2005, 111-160.

_____ . 「연기교육, 기초훈련과정에 대한 연구(2): '체험(Переживание)'을 전제한
　　　실천적 연기론의 기초토대」. 『연극교육연구』 9, 2003, 129-165.

남상식. 「스타니슬랍스키: '체험의 연극'을 위한 연기」. 『20세기 전반기 유럽의 연출
　　　가들』. 서울: 연극과인간, 2001, 87-128.

백승무. 「스타니슬랍스키의 모순에 대한 소고: 오류와 진실 사이에서」. 『드라마연구』 42, 2014, 125-155.

서나영. 「배우훈련과 젠더: 페미니즘의 관점에서 살펴본 연기 언어」. 『한국연극학』 67, 2018, 75-117.

_____. 「스타니슬랍스키 연기론의 비판적 고찰」. 『연극교육연구』 30, 2017, 97-130.

신대식. 「한국 연극계의 사실주의 연기에 대한 오해와 새롭게 인식되어야 할 중요한 개념들」. 『연기예술연구』 2, 2010, 55-111.

안재범. 「연기개념의 '포스트'적 변환에 관한 고찰: 스타니슬랍스키의 '행동', '교감', '역할'을 중심으로」. 『한국극예술연구』 46, 2014, 267-303.

이강임. 「인지과학의 패러다임으로 살펴본 연기예술의 창조과정과 방법론 연구: 체계적이고 과학적인 공연학의 정립을 위하여」. 『한국연극학』 38, 2009, 123-182.

이재민. 「뜨거운 배우와 차가운 배우」. 『한국연극학』 54, 2014, 241-278.

이진아. 「스타니슬랍스키 연극론에 있어서 배우와 역할의 관계: 『역할에 대한 배우의 작업』을 중심으로」. 『드라마연구』 42, 2014, 185-219.

이찬복. 「로버트 드니로 연기 세계 연구」. 『미래예술연구』 1, 2004, 1-28.

한진수. 「샌포드 마이스너(Sanford Meisner) 연기론: 훈련과정을 중심으로」. 『한국연극학』 32, 2007, 323-361.

함영준. 「모스크바 예술극장 탄생과 발전 연구: 연극 교육 프로그램으로서 스튜디오」. 『동유럽발칸학』 13(2), 2011, 183-200.

홍재범. 「〈극적'인 것〉의 체험: 에쮸드 연행」. 『스타니슬랍스키 시스템과 한국 극예술의 접점』. 서울: 연극과 인간, 2006, 44-70.

_____. 「에쮸드 연행의 자기치료 과정과 문학적 상상력」. 『겨레어문학』 48, 2012, 249-278.

〈국외 단행본〉

Adler, Stella. *The Art of Acting*. edited by Howard Kissel. New York: Applause Theatre Books, 2000.

_____ . *The Technique of Acting*. New York: A Bantam Book, 1988.

Auslander, Philip. *Presence and Resistance: Postmodernism and Cultural Politics in Contemporary American Performance*. Michigan: University of Michigan, 1992.

Balme, Christopher B. *The Cambridge Introduction to Theatre Studies*. Cambridge: Cambridge University Press, 2008.

Bartow, Arthur. *Training of the American Actor*. New York: Theatre Communications Group, 2006.

Boleslavsky, Richard. *Acting: The First Six Lessons*. Victoria: Must Have Books, 2021.

Benedetti, Jean. *Stanislavski and the Actor*. New York: Routledge/Theatre Art Books, 1998.

_____ . *Stanislavski: An Introduction*. 4th ed., London: Methuen Drama, 2008.

_____ . *Stanislavski: His Life and Art: A Biography*. London: Methuen Drama, 1999.

Brestoff, Richard. *The Great Acting Teachers and Their Method*. Lyme: Smith and Kraus, 1995.

Carnicke, Sharon Marie. *Stanislavsky in Focus*. Reading: Harwood Academic publisher, 1998.

_____ . *Stanislavsky in Focus: An Acting Master for the Twenty-First Century*. 2nd ed., London and New York: Routledge, 2009.

Chubbuck, Ivana. *The Power of the Actor: The Chubbuck Technique*. New York: Avery, 2005.

Clurman, Harold. *The Collected works of Harold Clurman*. New York: Applause Theatre books, 1994.

_____ . *The Fervent Years*. New York: Da Capo Press, 1983.

Cole, Toby. and Chinoy, Helen Krich. *Actors on Acting*. 4th ed., New York: Crown Trade Paperbacks, 1970.

Easty, Edward Dwight. *On Method Acting*. New York: Ballantine Books, 1981.

Garfield, David. *A Player's Place: The Story of The Actors Studio*. New York: Macmillan Publishing, 1980.

Gordon, Mel. *Stanislavsky in America: An Actor's Workbook*. London and New York: Routledge, 2010.

_____ . *The Stanislavsky Technique: Russia: A Workbook for Actors*. New York: Applause Theatre books, 1987.

Hirsch, Foster. *A Method to Their Madness: The History of the Actors Studio*. London and New York: W. W. Norton & Company, 1984.

Harrop, John. *Acting*. London and New York: Routledge, 1992.

Hornby, Richard. *The End of Acting: A Radical View*. New York: Applause Theatre books, 1992.

Hull, S. Loraine. *Strasberg's Method: As Taught by Lorrie Hull: A Practical Guide for Actors, Teachers and Directors*. New York: Ox Bow Publishing, 2012.

Kazan, Elia. *A Life*. New York: Da Capo Press, 1988.

Lewis, Robert. *Advice to the Players*. New York: Theatre Communications Group, 1980.

_____ . *Method - or Madness?*. New York: Samuel French, 1958.

_____ . *Slings and Arrows: Theatre in My Life*. New York: Applause Theatre books, 1996.

Logan, Joshua. *Josh: My Up and Down, In and Out Life*. New York: Delacorte Press, 1976.

London, Todd. *An Ideal Theater: Founding Visions for a New American Art*. New

York: Theatre Communications Group, 2013.

Meisner, Sanford. and Longwell, Dennis. *Sanford Meisner on Acting.* New York: Vintage Books, 1987.

Mekler, Eva. *The New Generation of Acting Teachers: More than 20 revealing interviews with today's master teachers on the art and craft of acting.* London: Penguin Group, 1987.

Merlin, Bella. *Konstantin Stanislavsky.* 2nd ed., London and New York: Routledge, 2003.

Moore, Sonia. *Stanislavski Revealed: The Actor's Guide to Spontaneity on Stage.* New York: Applause Theatre Books, 1984.

_____ . *The Stanislavski System: The Professional Training of an Actor.* 2nd ed., London: the Penguin Group, 1984.

Ribot, Th. *The Psychology of the Emotions.* New York: Charles Scribner's Sons, 1898.

Roach, Joseph R. *The Player's Passion: Studies in the Science of Acting.* Michigan: University of Michigan Press, 1993.

Roberts, J. W. *Richard Boleslavsky: His Life and Work in the Theatre.* Michigan: UMI Research Press, 1981.

Silverberg, Larry. *The Sanford Meisner Approach: An Actor's Workbook.* Lymn: A Smith and Kraus Book, 1994.

_____ . *The Sanford Meisner Approach: Workbook Four, Playing the part.* Lymn: A Smith and Kraus Book, 2000.

Smith, Wendy. *Real Life Drama: The Group Theatre and America, 1931—1940.* New York: Grove Weidenfeld, 1990.

Stanislavski, Constantin. *An Actor Prepares.* translated by Elizabeth Reynolds Hapgood. New York: Routledge/Theatre Arts Books, 1964.

_____ . *An Actor's Work: A Student's Diary.* translated and edited by Jean Benedetti.

London and New York: Routledge, 2008.

___. *An Actor's Work on a Role.* translated and edited by Jean Benedetti. London and New York: Routledge, 2010.

_____. *Building a Character.* translated by Elizabeth Reynolds Hapgood. New York: Methuen Drama, 1988.

_____. *Creating a Role.* translated by Elizabeth Reynolds Hapgood. New York: Theatre Arts Books, 1961.

_____. *Stanislavsky: a Life in Letters.* translated and edited by Laurence Senelick. London and New York: Routledge, 2014.

Strasberg, Lee. *A Dream of Passion: the Development of the Method.* edited by Evangeline Morphos. New York: Plume Book, 1988.

_____. *Strasberg at the Actors Studio: Tape-recorded Sessions.* edited by Robert H. Hethmon. New York: Theatre Communications Group, 1965.

_____. *The Lee Strasberg Notes.* edited by Lola Cohen. London and New York: Routledge, 2010.

Tolstoy, Leo. *What is Art?.* London: Penguin Books, 1995.

Toporkov, Vasily Osipovich. *Stanislavski in Rehearsal: The Final Years.* translated by Christine Edwards. New York: Theatre Arts Books, 1979.

Whyman, Rose. *The Stanislavsky System of Acting: Legacy and Influence in Modern Performance.* Cambridge: Cambridge University Press, 2008.

Zarrilli, Phillip B. *Acting (Re)Considered: Theories and Practices.* London and New York: Routledge, 1995.

〈국외 학위 논문〉

Darvas, Ruthel Honey. *A Comparative Study of Robert Lewis, Lee Strasberg, Stella Adler and Sanford Meisner in the Context of Current Research about the*

Stanislavsky System. 2010, Wayne State University, PhD dissertation.

Ivins, Jerry R. *The Training of Stage Actors in Film/Video Acting Techniques: an Interdisciplinary Approach.* 1993, Texas Tech University, PhD dissertation.

Malcolm, Devin E. *An Actor Remembers: Memory's Role in the Training of the United States Actor.* 2012, University of Pittsburgh, PhD dissertation.

Robinson, Valleri J. *Beyond Stanislavsky: The Influence of Russian Modernism on the American Theatre.* 2001, Ohio State University, PhD dissertation.

Scheeder, Louis. *American Performance and the Cold War, 1947-1961.* 2004, New York University, PhD dissertation.

〈국외 학술 논문과 기사〉

Baron, Cynthia. "The Method Moment: Situating the Rise of Method Acting in the 1950s." *Popular Culture Review.* vol. 9, no. 2, Aug. 1998, pp. 89-106.

Bentley, Eric. "Who Was Ribot? or Did Stanislavsky Know any Psychology?." *The Tulane Drama Review.* vol. 7, no. 2, 1962, pp. 127-129.

Boleslavsky, Richard. "The First Six Lesson in Acting." *Theatre Arts Magazine.* vol. 7, no. 4, Oct. 1923, pp. 284-292.

Brinton, Christian. "Idols of the Russian Masses." *Cosmopolitan Magazine.* vol. 40, no. 6, Apr. 1906, pp. 613-620.

Carnicke, Sharon Marie. "Stanislavsky's System: Pathways for the Actor." in *Twentieth Century Actor Training.* edited by Alison Hodge. London and New York: Routledge, 2000, pp. 11-36.

Coger, Leslie Irene. "Stanislavski Changes His Mind." in *Stanislavski and America.* edited by Erika Munk. New York: A Fawcett Premier Book, 1967, pp. 60-65.

Corbin, John. "A Comparison between The Moscow Art Theatre and Broadway." *New York Times.* 28 Jan. 1923. in *Chekhov: The Critical Heritage.* edited by Victor

Emeljanow. London, Boston and Henley: Routledge and Kegan Paul, 1981, pp. 232-235.

Conroy, Marianne. "Acting Out: Method Acting, the National Culture, and the Middlebrow Disposition in Cold War America." *Criticism.* vol. 35, no. 5, 1993, pp. 239-263.

Douglas, Ann. "50th Anniversary for Actors Studio And Its 'Streetcar' Ride to Renown." *The New York Times.* 3 Oct. 1997.

Fergusson, Francis. "The Notion of "Action"." in *Stanislavski and America.* edited by Erika Munk. New York: A Fawcett Premier Book, 1967, pp. 85-88.

Fyfe, Hamilton. "Thinks Chekhov Overrated." *English Review.* vol. 24, May 1917, pp. 408-414. in *Chekhov: The Critical Heritage.* edited by Victor Emeljanow. London, Boston and Henley: Routledge and Kegan Paul, 1981, pp. 156-159.

Gray, Paul. "The Reality of Doing." in *Stanislavski and America.* edited by Erika Munk. New York: A Fawcett Premier Book, 1967, pp. 201-218.

Hammond, Percy. "The Cherry Orchard." *New York Tribune.* 23 Jan. 1923, p. 8. in *Chekhov: The Critical Heritage.* edited by Victor Emeljanow. London, Boston and Henley: Routledge and Kegan Paul, 1981, pp. 230-231.

Hobgood, Burnet M. "Central Conceptions in Stanislavsky's System." *Educational Theatre Journal.* vol. 25, no. 2, 1973, pp. 147-159.

Hope, Nicholas. "Happiness as a Quality of Dramatic Performance: the Chubbuck Technique: Struggle, Conflict, and Stasis." *Performance Paradigm.* 7 Jul. 2011, pp. 1-23.

Krasner, David. "Strasberg, Adler and Meisner: Method Acting." in *Twentieth Century Actor Training.* edited by Alison Hodge. London and New York: Routledge, 2000, pp. 129-150.

Love, Lauren. "Resisting the 'Organic': A Feminist Actor's Approach." in *Acting (Re)*

Considered: *Theories and Practices.* edited by Phillip B. Zarrilli. London and New York: Routledge, 1995, pp. 275-288.

MacGowan, Kenneth. "And Again Repertory: The Moscow Art Theatre and Shakespeare Divide New York Honors." *Theatre Arts Magazine.* vol. 7, no. 2, Apr. 1923, pp. 89-105.

McConachie, Bruce. "Method Acting and the Cold War." *Theatre Survey.* vol. 41, no. 1, 2000, pp. 47-67.

Ruhl, Arthur. "The Moscow Art Theatre." *Collier's Weekly.* 28 Jul. 1917, pp. 18-22. in *Chekhov: The Critical Heritage.* edited by Victor Emeljanow. London, Boston and Henley: Routledge and Kegan Paul, 1981, pp. 159-161.

Schechner, Richard. "Working with Live Material." in *Stanislavski and America.* edited by Erika Munk. New York: A Fawcett Premier Book, 1967, pp. 183-200.

Watson, Ian. "Culture, Memory, and American Performer Training." *New Theatre Quarterly.* vol. 19, no. 1, 2003, pp. 33-40.

Wilson, Edmund. "The Theatre." *Dial.* vol. 74, Jan. 1923, pp. 319-320.

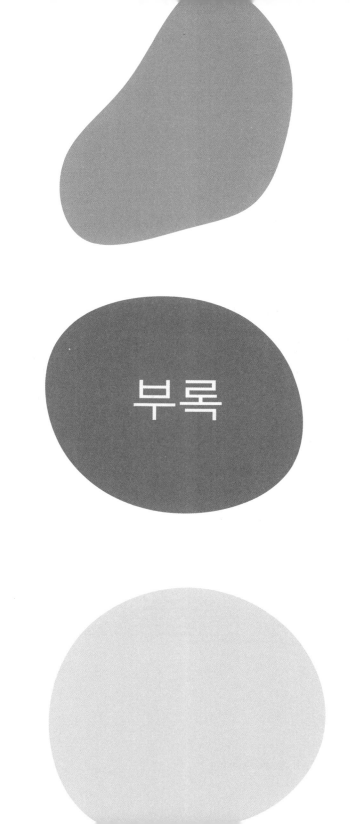

부록

1. 시스템 도표(스타니슬랍스키, 루이스, 베네데티, 멀린)

[표 5] 스타니슬랍스키의 시스템 도표

(Carnicke, *Stanislavsky in Focus 2nd Edition* 123 재인용)

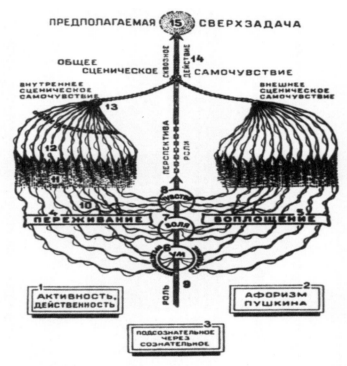

Figure 17 Stanislavsky's drawing of the System. From bottom to top: 1. "Dynamism";
2. "Pushkin's Aphorism" (i.e. Given Circumstances); 3. "The Subconscious by means of
the Conscious"; 4. "Experiencing"; 5. "Embodiment"; 6. "Mind"; 7. "Will"; 8. "Feeling";
9. "The Role"; Running along the line. "Perspective of the Role" and "Through Action";
Between 12 and 13. "abcdefghijk" (i.e. subtle reference to all the lures and techniques in the
System); Either side of 14. "General Theatrical Sense of Self"; Left of 14. "Inner Theatrical
Sense of Self"; Right of 14. "Outer Theatrical Sense of Self"; 15. "Proposed Supertask".
Notice that the drawing looks like lungs, suggesting the rhythmic breathing exercises from
Yoga that Stanislavsky adapted for actors.

[표 6] 루이스의 시스템 도표

(Lewis, *Method – or Madness?* 34–35)

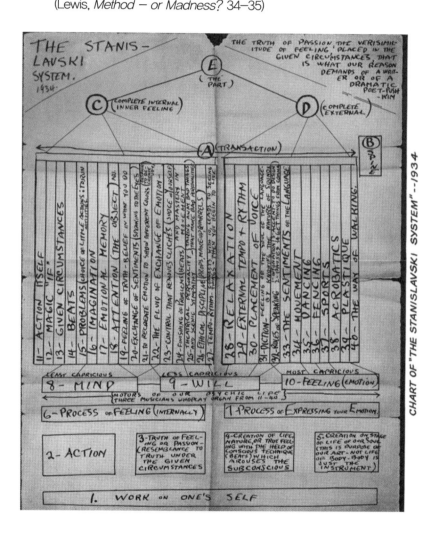

CHART OF "THE STANISLAVSKI SYSTEM" --1934

255

[표 7] 베네데티의 시스템 도표
(Benedetti, *Stanislavski: An Introduction* 58)

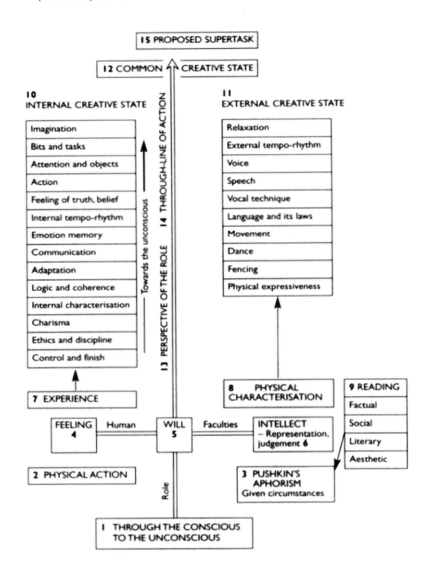

[표 8] 멀린의 시스템 도표

(Merlin, *Konstantin Stanislavsky* 81)

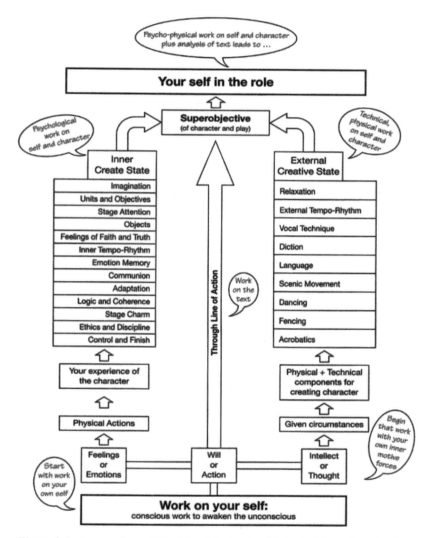

Figure 2.5 An overview of Stanislavsky's 'system' (adapted from Benedetti (1994: 61) and Lewis (1986))

2. 스타니슬랍스키 관련 국내출판 현황

[표 9] 스타니슬랍스키 관련 국내출판 현황

분류 년도		번역서		국내저술
1970	러 ⇓ 미 ⇓ 일 ⇓ 한	스타니슬라프스키, 콘스탄틴	『배우수업』 오사량 역 (성문각)	
1985		스타니슬라프스키, 콘스탄틴	『배우의 성격구축』 오사량 역 (한국프뢰벨사)	
1986	미 ⇓ 한	이스티,에드워드.D	『메소드 연기』 이강렬 역 (경서원)	
1990	러 ⇓ 미 ⇓ 일 ⇓ 한	스타니스랍스키, 콘스탄틴	『〈갈매기〉연출 노트』 오사량 역 (예니)	
1993	미 ⇓ 한	베네데티, 진-노만 외	『스타니슬랍스키 연극론』 김석만 편역 (연극과인간)	
		스트라스버그, 리	『연기의 방법을 찾아서: 메소드 연 기의 탄생』 하태진 역 (현대미학사)	

연도	언어	저자	번역서	저자2	번역서2
1996				나상만	『스타니스랍스키 전집1: 스타니스랍스키, 어떻게 볼 것인가?』 (예니)
1999	러⇩미⇩한	스타니슬라브스키, 콘스탄틴	『역할구성』 김균형 역 (소명출판)		
1999		살로비에바, 인나	『스따니슬랍스끼의 삶과 예술』 김태훈 편역 (태학사)		
2000	러⇩한	스타니슬라브스키, K. S	『역에 대한 배우의 작업』 양혁철 역 (신아출판사)		
2000		크리스티, G	『스타니슬랍스키 배우교육 Ⅰ』 박상하 외 공역 (동인)		
2000		스타니슬라프스키, 콘스딴찐 세르게예비치	『나의 예술인생: 스타니슬라프스키 자서전』 강량원 역 (이론과실천)		
2000	러⇩미⇩한	단첸코, 네미로비치	『모스크바 예술극단의 회상』 권세호 역 (연극과인간)		
2000	미⇩한	체홉, 미카엘	『미카엘 체홉의 테크닉 연기』 윤광진 역 (예니)		

259

2001	러 ⇓ 미 ⇓ 한	스타니스랍스키, 콘스탄틴	『스타니스랍스키 전집2: 배우 수업』 신겸수 역 (예니)	오순한	『열린메소드의 길 I: 몸 심리행동법』 (극단열린)
		스타니스랍스키, 콘스탄틴	『스타니스랍스키 전집3: 성격 구축』 이대영 역 (예니)		
		스타니스랍스키, 콘스탄틴	『스타니스랍스키 전집5: 액터스 북』 김동규 역 (예니)		
		스타니스랍스키, 콘스탄틴	『스타니스랍스키 전집4: 역할 창조』 신은수 역 (예니)		
		스타니슬라브스키, 콘스탄틴	『배우훈련』 김균형 역 (소명출판)		
2002	미 ⇓ 한	스타니슬라브스키, 콘스탄틴	『역할창조』 김균형 역 (소명출판)	오순한	『열린메소드의 길 II: 언어심리행동법』 (극단열린)
		무어, 소냐	『소나무어의 스타니슬랍스키 연기수업: 배우의 자발성을 위한 무대 지침서』 한은주 역 (예니)		

2004		한진수	『메소드 연기의 이해』 (연극과인간)
2006		홍재범	『스타니슬랍스키 시스템과 한국 극예술의 접점』 (연극과인간)
2008		김준삼	『메소드 연기로 가는 길』 (동인)
		신대식	『한국에서 하는 러시아 연기 유학: 한국에는 아직 생소한 연기의 진실』 (연극과인간)
		정인숙	『아메리칸 액팅 메소드 Ⅰ: 스텔라 애들러의 인물 구축』 (연극과인간)
		정인숙	『아메리칸 액팅 메소드 Ⅱ: 미국 연기이론의 단절과 지속』 (연극과인간)
2009		김태훈	『현장에서 통일되어 야 하는 스따니슬랍 스끼의 연기학 전문 용어: 개념과 원리의 활용』 (예니)
		박상하	『연기교육자, 연출가 박탄코프』 (동인)
2011		박리디 아	『박리디아의 스타니슬라브스키 시스템 즉흥연기 훈련노트』 (리빙북스)

연도	방향	저자	책 제목	저자	책 제목
2013	미⇓한	패리스, 배리	『스텔라 애들러: 입센, 스트린드베리, 체홉에 대하여』 정윤경 역 (연극과인간)	나상만	『나상만의 연기학: 어떻게 볼 것인가?』 (예니) *스타니슬랍스키 유고 포함
2014	러⇓한	쉬흐마토프, Л. М. 외	『무대 에튜드: 배우를 위한 연기 지침서』 박상하 역 (한국문화사)	정인숙	『아메리칸 액팅 메소드의 이해』 (연극과인간)
2015		크리스티, G	『스타니슬랍스키 배우교육 II』 박상하 외 공역 (동인)		
2015	미⇓한	체홉, 미하일	『미하일 체홉의 배우에게』 김선 외 공역 (동인)	강만홍	『강만홍 연기 메소드』 (연극과인간)
		하겐, 우타	『산연기』 김윤철 역 (퍼스트북)		
2017				박상하	『배우 예술: 자신으로 행동하는 자연인』 (동인)
				장성식	『투비 오어 낫투비: 아메리칸 액팅 메소드 융합형 연기수업』 (온크미디어)
				홍재범 편저	『스타니슬랍스키 시스템과 《조선예술》』 (호모루덴스)

연도	원어	저자	서명/역자	저자	서명
2018	러⇓한	고르차코프, H. M	『박탄코프 연출 수업』 김영선 역 (동인)	박상하	『배우 예술: 역할로 행동하는 자연인』 (동인)
			『박탄코프 연출 수업』 김영선 역 (동인)	오순한	『배우 수업 오디세이: 서, 여행의 시작』 (미래사)
2019		스타니슬랍스키, 콘스탄틴	『체험의 창조적 과정에서 자신에 대한 배우의 작업 천줄읽기』 이진아 역 (지만지드라마)	오순한	『오순한의 「갈매기」 연출노트』 (미래사)
		체호프, 미하일	『배우의 길 천줄 읽기』 이진아 역 (지만지드라마)		
2020				김영래	『인간의 본질을 추구한 미하일 체홉의 연기론』 (동인)
				신대식	『과학적 연기의 세계를 향한 메소드 연기』 (연극과인간)
2021	미⇓한	크루즈, 제러미	『나의 첫 배우 수업』 방진이 역 (지식의편집)		
		페티, 레너드	『배우를 위한 미하일 체홉 핸드북』 김영래 역 (동인)		

2022				김준삼	『연기와 예술 그리고 인생: 메소드 연기로 가는 길 2』 (동인)
				이종한	『스타니슬랍스키 시스템』 (솔과학)
2023	미 ⇓ 한	처벅, 이바나	『배우의 힘: 처벅 테크닉』 Elise Moon 역 (퍼스트북)		

※ [표 9]의 범주는 시스템과 메소드와 직접적으로 관련된 서적 이외에도 사실주의 연기, 미카엘 체홉, 유진 박탄코프 등에 넓은 의미의 시스템 관련 출판물까지를 포함.

※ 한재수의 『신·배우술』(한일출판사, 1967), 양광남의 『연기론』(창안사, 1971), 김홍우의 『현대연기론』(동학출판사, 1973), 한국문예진흥원의 『연기』(우성문화사, 1980), 이광래 공역의 『새론 배우예술』(우성문화사, 1985), 김민채 역의 『배우훈련』(동인, 2017) 등에 개략적인 소개나 부분적인 번역에 머문 출판물은 제외.

※ 표에서 각 출판물이 위치 한 년도는 초판 발행 시기이고, 번역서에 표기된 '러'는 러시아, '미'는 미국, '일'은 일본, '한'은 한국을 간단히 줄여 표기한 것이며 '⇒'는 번역의 순차 구분을 위해 표기.

※ 미국에서 출판이 시작된 출판물도 러시아어 원고를 번역하여 출판한 출판물은 번역의 시작을 러시아로 표기.

3. 스타니슬랍스키 관련 국내연구 현황

[표 10] 70년대 이후 스타니슬랍스키 관련 국내연구 현황

년도 내용	종류	분야	저자	제목	출처
1973	학술지	연극 연기	마가샤르크, 데이비드	스타니슬랍스키의 課業 (김흥우 역)	『연극학보』
	학술지	연극 연출	벤틀리, 에릭	특집(特輯), 연출론(演出論): 스타니슬랍스키와 브레히트 (정진수 역)	『연극평론』
1975	학술지	연극 이론	루즈- 에번즈, 제임즈	현대연극의 실험: 스타니슬랍스키에서 현대 (現代)까지 (여석기 역)	『연극평론』
1976	학술지	연극 이론	무어, 소냐	스타니슬랍스키 시스템 (김의경, 김윤철 공역)	『한국연극』
1980	학위 (석사)	연극 연기	김윤철	Constantin Stanislavsky의 성격 창조에 관한 연구	중앙대학교
1981	학위 (석사)	연극 연기	김정례	연기에 있어서 정서와 신체적 행동의 상호의존관계에 대한 연구: 스타니슬라브스키의 역할창조기법을 중심으로	동국대학교
1983	학위 (석사)	연극 연기	이윤희	배우의 성격 창조에 관한 연구: 욕망이라는 이름의 전차를 중심으로	중앙대학교
1984	학술지	연극 이론	김동규	연기이론에 관한 역사적 연구: 스타니슬랍스키에서 그로톱스키까지	『경성대학교 논문집』
	학술지	연극 연출	이창구	현대 연출가론: 20세기 초를 중심으로	『청주대학교 논문집』
1985	학술지	연극 연기	안민수	연기양식에 있어서 정서와 외적 행동의 상호관계	『한국연극학』

1986	학술지	연극 연기	베네디티, 로버트	20세기 연기예술 (윤광진 역)	『한국연극』
1988	단행본	연극 연기	장민호	연기론: Constantin Stanislavsky의 성격창조기법을 중심으로	『대한민국예술원』
	학술지	연극 연출	허영	Stanislavsky의 사실주의적인 연출기법: 지방연극의 활성화를 위하여	『영미어문학』
1991	학위 (석사)	무용 이론	안혜정	Constantin Stanislavski 연기론이 극적 발레에 미친 영향	이화여자대학교
	학위 (석사)	연극 연기	이종한	연기술의 변천과 그 한국적 수용에 관한 연구	중앙대학교
	학위 (석사)	연극 연기	주미숙	Lee Strasberg의 배우훈련방법에 관한 연구	한양대학교
1992	학위 (석사)	연극 연기	최 란	스타니슬라브스키 연기론에 있어서 Magic If에 관한 분석적 연구	중앙대학교
1994	학위 (석사)	연극 이론	안숙현	韓國 近代劇에 미친 러시아文學과 演劇의 影響에 관한 硏究: 19C 러시아 文學과 演劇의 受容을 中心으로	단국대학교
1995	학위 (석사)	연극 이론	남승연	스타니슬랍스키 연극론이 한국 근대극 형성에 미친 영향 연구	숙명여자대학교
1996	학술지	연극 이론	명인서	나타샤스트라와 스타니슬라브스키: 그 합일점	『한국연극학』
	학위 (석사)	연극 연기	홍인표	피터 브룩의 「한 여름밤의 꿈」에 나타난 신체적 접근을 통한 역할 창조 연구: 스타니슬라브스키의 〈신체적 행동법〉과 관련하여	동국대학교

1997	학위(석사)	연극연기	박용수	Stanislavsky System에 나타난 신체적 행동의 방법 연구	한양대학교
	학술지	연극연기	홍인표	피터 브룩의 「한 여름밤의 꿈」에 나타난 신체적 접근을 통한 역할 창조 연구: 스타니슬라브스키의 〈신체적 행동법〉과 관련하여	『연극학보』
1998	학위(석사)	연극연기	김소희	박탕코프(Evgeny Vakhtangov)의 後期作品에 나타난 演技樣式의 特性考	동국대학교
	학위(석사)	연극연기	김우진	배우 훈련의 실제적 방법에 관한 연구	경성대학교
	학위(석사)	무용연기	윤병주	무용즉흥작업의 내적 표현력발달을 위한 연구: 스타니슬라브스키 이론을 중심으로	이화여자대학교
	학술지	연극이론	이상복	브레히트와 스타니슬라브스키의 비교	『한국연극학』
	학위(석사)	연극이론	정상순	스타니슬랍스키 시스템의 한국 유입 양태에 관한 연구	동국대학교
	학위(석사)	영상연기	최진석	현대 영화 연기에 적용된 Method Acting에 관한 연구	동국대학교
1999	학술지	연극연기	김대현	배역창조에 있어서의 '행동'에 관한 연구	『연극교육연구』
	학술지	연극연기	김태훈	살아있는 Stanislavsky System, 그 실제적 활용에 대한 연구	『한국연극연구』
	단행본(중)	연극연기	김태훈	Stanislavsky System, 신체적 행동법의 원리와 활용	『스따니슬랍스끼의 삶과 예술』
	학위(석사)	무용연기	김향진	극적(theatrical) 공간을 통한 무용수 상호관계에 관한 연구: 스타니슬라브키의 교감이론을 중심으로	이화여자대학교

267

2000	학술지	연극 연기	김방옥	몸의 연기론(Ⅰ)	『한국연극학』
	학술지	연극 이론	양혁철 외	스타니슬라브스키 시스템의 생명력	『공연과이론』
	학술지	연극 연기	윤광진	연기훈련방법론– 신체 이미지를 통한 인물접근 방법: 미카엘 체홉의 '연기테크닉'을 中心으로	『연극교육연구』
	학술지	연극 이론	정상순	스타니슬랍스키 시스템의 韓國 流入 樣態에 관한 研究	『연극학보』
2001	학술지	연극 연기	김태훈	만들어진 더러움, 에쮸드 (Etude)의 한국화를 위한 임상실험	『공연과이론』
	단행본 (중)	연극 연기	남상식	스타니슬랍스키: '체험의 연극'을 위한 연기	『20세기 전반기 유럽의 연출가들』
	학위 (석사)	연극 연기	이영애	스타니스랍스키와 브레히트의 연기론에 관한 비교연구	중앙대학교
	학술지	연극 이론	함영준	러시아: 스타니슬랍스키부터 고진까지, 그리고 새로운 물결	『공연과이론』
	학술지	연극 연기	홍재범	스타니슬랍스키 시스템 연기용어에 대한 고찰 (1): 한국어판 『배우수업』을 중심으로	『한국연극학』
	학술지	연극 연기	김균형	연기에서 무의식과 상상의 상관관계에 대한 연구	『드라마연구』
	학술지	연극 연기	김방옥	몸의 연기론(Ⅱ)	『한국연극학』
	학술지	연극 교육	김태훈	연기교육, 기초훈련과정에 대한 연구(1)	『한국연극연구』

	학술지	연극 이론	이정하	스타니슬라브스키 시스템과 러시아의 교육제도	『한국희곡』
	학위 (석사)	연극 연기	임유영	Michael Chekhov의 연기 테크닉 연구	한양대학교
	학술지	연극 연기	한진수	메소드 연기의 감각훈련 연구	『한국연극학』
2002	학술지	연극 연기	홍재범	스타니슬랍스키 시스템 연기용어에 대한 고찰(2): 현장 적용 방식을 중심으로	『한국연극학』
	학술지	연극 교육	홍재범	스타니슬랍스키 시스템의 '주어진 상황'에 대한 교수- 학습 모형(1): 시텍스트를 매개로 하여	『한국연극학』
	학술지	연극 이론	황희재	리 스트라스버그의 '메소드'에 나타난 스타니슬라브스키 초기 '시스템'의 영향연구	한양대학교
2003	학술지	연극 교육	김태훈	연기교육, 기초훈련과정에 대한 연구(2): 체험 (Переживание)을 전제한 실천적 연기론의 기초토대	『연극교육연구』
	학술지	무용 교육	이옥경	스타니슬라브스키의 연기방법이 내재된 피나 바우쉬 작품에 관한 연구	『한국무용 교육학회지』
	학위 (석사)	연극 이론	이명일	사카타 도주로(坂田藤十郎)의 '耳塵集'에 나타난 歌舞伎의 사실적 연기 연구: 특히 스타니슬랍스키 연기론과의 비교를 중심으로	중앙대학교

	학위 (석사)	무용 연기	임혜리	움직임 개발에 있어 무용수 상상력 확대를 위한 연구: 스타니슬라브스키 magic if 연기론을 중심으로	한국예술종합학교
	학위 (석사)	연극 이론	지유리	스타니슬라브스키와 무대 위의 '셰익스피어'	연세대학교
	학위 (석사)	영상 연기	조한철	영화의 매체적 특성에 따른 영화연기 연구: 아메리칸 메소드 액팅(American Method Acting)에 대한 비판적 고찰을 중심으로	한국예술종합학교
	학술지	연극 이론	홍재범	극 텍스트 읽기 방법론(1): 연기자의 작업을 중심으로	『한국극예술연구』
	학술지	연극 교육	홍재범	스타니슬랍스키 시스템의 '주어진 상황'에 대한 교수- 학습 모형(2): 소설텍스트를 매개로	『한국연극학』
	학위 (학사)	연극 이론	권현수	한국영화의 연기 양식적 특성고찰: 1990년대 후반 이후 나타난 신체성 강화를 중심으로	동국대학교
	학술지	연극 이론	김방옥	한국연극의 사실주의적 연기론 연구: 그 수용과 전개양상을 중심으로	『한국연극학』
2004	단행본 (중)	연극 연기	오순한	러시아 연기 방법의 현대적 수용	『연극, 그 다양한 얼굴』
	학술지	연극 연기	임주현	ETUDE를 활용한 배우의 인물 구축에 관한 연구	『드라마연구』
	학위 (석사)	연극 연기	정인숙	스텔라 애들러(Stella Adler) 의 배우 훈련방법: 주어진 상황과 외적 조건을 주요 요소로 하는 인물 구축 작업	청주대학교

학술지	연극 연기	홍재범	스타니슬랍스키 시스템의 '심적 체험'과 '행위'에 의한 극 텍스트 읽기 방법	『한국연극학』
학술지	연극 교육	홍재범	스타니슬랍스키 시스템의 '인식의 시기'와 〈시련〉 읽기	『한국극예술연구』
2005	학위 (석사)	연극 이론	권현수	한국영화의 연기 양식적 특성고찰: 1990년대 후반 이후 나타난 신체성 강화를 중심으로	동국대학교
	학술지	연극 연기	김대현	신체적 행동의 방법론과 게스투스(Gestus) 연기법	『연극교육연구』
	학술지	연극 교육	김태훈	스타니슬랍스키의 신체적 행위법(The Method of Physical Action)을 통한 연기교육 교수법 모형개발에 대한 연구	『한국연극학』
	학술지	연극 연기	윤광진	스타니슬랍스키의 마지막 연습테크닉: 행동분석(Active Analysis)을 중심으로	『연극교육연구』
	학위 (석사)	무용 교육	이미리	스타니슬라브스키 연기법을 적용한 즉흥무용지도법에 관한 연구	한양대학교
	학술지	연극 이론	이진아	미하일 체홉 연기론의 형성 과정 연구: 《햄릿》(1924)을 중심으로	『한국연극학』
	학위 (석사)	연극 연기	임주현	ETUDE를 활용한 배우의 인물구축에 관한 연구: 안톤 체홉의 〈바냐 아저씨〉를 중심으로	세종대학교
	학술지	연극 이론	정선혜	스타니슬랍스키 신체행동법 및 행동분석법의 운용	『연극교육연구』
	학술지	연극 연기	허순자	연기훈련 패러다임의 변화에 대한 고찰: 시스템, 메소드 그리고 그 이후	『연극교육연구』

				스타니슬랍스키 시스템의 '구현의 시기'와 에쮸드 연행에 의한 극 텍스트 읽기: '서사적 채워 넣기' 과정을 중심으로	
	학술지	연극 연기	홍재범	스타니슬랍스키 시스템의 '구현의 시기'와 에쮸드 연행에 의한 극 텍스트 읽기: '서사적 채워 넣기' 과정을 중심으로	『한국극예술연구』
2006	학위 (석사)	연극 연기	김길혜	배우훈련 방법에 관한 메소드(Methods) 비교 연구: Lee Strasberg, Stella Adler, Sanford Meisner를 중심으로	서강대학교
	학술지	연극 연기	박근수	샌포드 마이즈너(Sanford Mesiner)의 연기 방법론에 관한 연구	『한국연극학』
	학술지	연극 연기	오진호	스타니슬랍스키 3기 시스템 연구: 실행방법을 중심으로	『한국산학기술 학회논문지』
	학술지	영상 연기	조성덕	연기이론의 유동성에 대한 고찰: 후기 메소드 연기이론의 방향과 응용연기 이론의 몇 가지 예를 통해	『디지털영상 학술지』
	학위 (박사)	영상 연기	조성덕	영화연기로서의 '메소드'	한양대학교
	학위 (석사)	연극 연기	하병훈	스타니스랍스키 시스템에서 행동요소의 훈련방법과 유기적 활용방안에 관한 연구: 스타니스랍스키의 배우교육 프로그램을 중심으로	중앙대학교
	학술지	무용 연기	홍선미	연극의 Etude를 활용한 무용수 훈련 프로그램에 관한 연구	대한무용학회 논문집
	학위 (석사)	연극 연기	이창현	스타니슬라브스키 시스템의 '정서기억법'을 응용한 연기훈련 방법 연구	단국대학교

2007	학위 (석사)	연극 교육	이하나	교육연극을 위한 스타니슬랍스키의 '신체적 행위법' 활용방안 연구: 초등학생을 대상으로	세종대학교
	학위 (석사)	연극 연출	최영재	연극연출에 있어서 즉흥연기의 활용방안 연구	단국대학교
	학술지	연극 연기	한진수	샌포드 마이스너(Sanford Meisner) 연기론: 훈련과정을 중심으로	『한국연극학』
2008	학술지	연극 연기	김관	미국에서의 신체적 행위법 수용 연구: 소냐 무어, 우타 하겐, 그리고 샌포드 마이즈너의 연기방법론에 대한 비교	『연극학연구』
	학술지	연극 연기	김대현	배역창조와 "되기" 그리고 "자감(自感)"	『연극교육연구』
	학위 (석사)	연극 연기	김영수	스타니슬랍스키시스템의 에쮸드 활용사례 연구	동국대학교
	학술지	연극 연기	남정섭	협업을 통한 미국적 연기 창조: 동맹극단과 말론 브란도를 중심으로	『영미문화』
	학위 (석사)	연극 연기	조한준	리 스트라스버그(Lee Strasberg)와 스텔라 애들러(Stella Adler)의 연기 방법론 비교 연구	한양대학교
	학위 (박사)	무용 연기	홍선미	Etude를 활용한 즉흥적 표현방법이 무용수의 character 창조에 미치는 참여효과 분석	세종대학교
	학위 (석사)	연극 연기	홍교진	해롤드 핀터의 『가벼운 통증』 인물 형상화 연구: "에드워드"를 중심으로	상명대학교

학위 (석사)	영상 연기	고영기	한국영화에서의 메소드 연기 연구: 배우 김승호를 중심으로	한양대학교
학술지	연극 연기	김선권	무대움직임을 위한 배우의 몸훈련: 러시아 슈킨연극대 수업을 중심으로	『연기예술연구』
학위 (석사)	연극 이론	김선영	자의식에 따른 배우의 심리연기훈련방법 연구	단국대학교
학술지	연극 이론	김철홍	초기 사실주의 연기양식의 형성과정 고찰: '앙트완느' 에서 '스타니슬랍스키'까지 (1870–1905)	『한국연극학』
학술지	연극 이론	김철홍	홍해성 연기론 연구: 「무대예술과 배우」에 나타난 스타니슬랍스키의 영향관계 재론	『어문학』
2009 학술지	연극 연출	남상식	신체적 연기술의 연출: 강량원과 극단 동의 작업을 중심으로	『한국연극학』
학술지	영상 연기	박근수, 김석래	미국 메소드 연기의 태동을 바탕으로 한 카메라 연기의 제안: 샌포드 마이즈너의 연기방법을 중심으로	『Journal of Digital Interaction Design』
학술지	연극 연기	박호영	스타니슬라브스키 연기시스템과 미하일 체홉 연기테크닉의 경계	『한국콘텐츠 학회논문지』
학술지	연극 연기	이강임	인지과학의 패러다임으로 살펴본 연기예술의 창조과정과 방법론 연구: 체계적이고 과학적인 공연학의 정립을 위하여	『한국연극학』
학위 (석사)	연극 연기	이민우	시각적 상상력이 배우의 충동에 미치는 영향에 관한 연구	한국예술종합학교

학술지	영상 연기	조성덕	'모션 캡처' 과정에서 나타난 '디지털 액팅'의 연기미학과 연기 훈련 방법론에 대한 고찰: 메소드 연기 분석 툴을 중심으로	『디지털영상 학술지』
학위 (석사)	영상 연기	채희재	'메소드 연기'의 본질과 영화연기에 영향을 미치는 현장구성요소에 대한 연구	중앙대학교
학술지	연극 연기	홍재범	창조적 자감을 위한 시각적 상상력 훈련 방법	『한국연극학』
학위 (석사)	연극 연기	홍지민	뮤지컬 〈드림걸즈〉의 '에피 멜로디 화이트(Effie Melody White)' 인물 구축을 위한 연기 방법론 연구: 2009년 한국 프로덕션 창작과정 및 공연을 중심으로	단국대학교
학술지	연극 이론	김대현	스타니슬랍스키 연구사: 국내 스타니슬랍스키 수용 · 번역 · 연구의 제 문제를 중심으로	『한국연극학』
학위 (석사)	연극 연기	김종만	배우훈련에 있어서 '감각기억'의 활용 연구: Lee Strasberg 메소드(Method)를 중심으로	성균관대학교
학위 (석사)	연극 연기	김종태	자아에 대한 인식이 역할창조에 미치는 영향 연구: '관찰자적 자아'의 역할을 중심으로	한국예술종합학교
학위 (석사)	연극 연기	김형태	아메리칸 액팅 메소드의 트레이닝을 통한 연기 훈련 방법 연구: 샌포드 마이즈너, 스텔라 애들러, 리 스트라스버그 훈련을 중심으로	중앙대학교

2010

학위 (석사)	연극 연기	문현정	에튀드를 활용한 배우 훈련 방법 및 사례 연구: 기초 훈련에서 인물 구축까지 (국민대 알렉세이 드미도프 교수의 수업을 중심으로)	국민대학교
학위 (석사)	연극 연기	박리디아	기초연기훈련을 위한 즉흥연기 사례연구: 스타니슬라브스키 시스템 신체적 행동요소를 중심으로	중앙대학교
학술지	연극 연기	박영숙	마당놀이에서의 Stanislavsky: 1999년 MBC 마당놀이 '변학도뎐'을 중심으로	『연기예술연구』
학술지	연극 연기	백은아	창조적 연기자를 위한 연기훈련 방안으로서의 오이리트미: 체홉의 연기훈련 방법론을 중심으로	『연극교육연구』
학술지	연극 이론	신대식	한국 연극계의 사실주의 연기에 대한 오해와 새롭게 인식되어야 할 중요한 개념들	『연기예술연구』
학술지	연극 이론	오광석	V. E. Meyerhold의 생체역학(Biomechanics)이 스타니슬랍스키 3기 시스템인 〈신체행동법〉, 〈행동분석법〉에 끼친 영향 연구	『연기예술연구』
학위 (석사)	연극 연출	오일영	'심리/신체적 행위법'을 활용한 창작품〈왼손잡이들〉의 공연 제작 연출노트	세종대학교
학술지	영상 연기	이용희	미국 드라마 수업에 연기법 활용하기: 우타 하겐의 자기 역할 파악의 단계를 중심으로	『영어영문학연구』

학술지	영상 연기	이정국	영화 연기와 연출을 위한 훈련 프로그램 방법	『한국콘텐츠 학회논문지』
학위 (석사)	연극 연기	이현빈	네미로비치 단첸코의 '제2플랜(the second plan)'을 통한 연출의 무대 형상화 연구: 〈벚나무 동산〉을 중심으로	세종대학교
학위 (석사)	연극 연기	장제혁	배우훈련 방법론에 관한 연구: 배우의 '역할과 행동분석'을 중심으로	전주대학교
학술지	연극 연기	하병훈	스타니스랍스키 학파의 배우교육 프로그램의 극장주의 연기양식 적용방법에 관한 연구: 손튼 와일더의 "행복한 여행"을 중심으로	『연기예술연구』
학술지	연극 연기	한진수	연기접근 방법론으로서 스타니슬라브스키의 '신체적 행동'의 효용성	『한국콘텐츠 학회논문지』
2011	학위 (석사)	영상 연기	김수연	'성격 구축의 퍼스펙티브'를 통한 영화연기의 불연속성 극복 연구: 한국 영화배우들의 사례분석을 중심으로	한국예술종합학교
	학술지	연극 이론	노승희	이해랑의 낭만적 사실주의 연기술의 정착과정 연구: '내적 진실' 개념의 변용과정과 관련하여	『한국극예술연구』
	학위 (석사)	연극 연기	민성기	극의 '주어진 상황'으로 들어가기 위한 배우 훈련방법 연구	한양대학교
	학위 (석사)	영상 연기	박서연	'메소드 연기'를 통한 영화 연기교육	건국대학교

학술지	영상 교육	박서연	'메소드 연기'를 통한 영화 연기교육: '스텔라 애들러' 와 영화 〈욕망이라는 이름의 전차〉의 '말론 브란도'를 중심으로	『디지털 영상학술지』
학위 (석사)	영상 연기	이동환	스타니슬라브스키 시스템의 영화연기 적용 연구: 영화 〈올드보이〉의 주인공 오대수 역할을 중심으로	중앙대학교
학위 (석사)	영상 연기	이인영	아메리칸 액팅 메소드 훈련법의 고찰을 통한 한국적 영화연기 메소드의 발전방안 연구: 샌포드 마이즈너 연기방법론을 중심으로	한양대학교
학술지	연극 연기	조성덕	피터 브룩과 예지 그로토프스키 연기 훈련법의 실증적 비교 고찰: 스타니슬랍스키와 브레히트 연기론 관점에서	『브레히트와 현대연극』
학술지	연극 이론	함영준	모스크바 예술극장 탄생과 발전 연구: 연극 교육 프로그램으로서 스튜디오	『동유럽발칸학』
학술지	연극 이론	김대현	스타니슬랍스키와 "시스템": 시스템 형성의 과정과 그 특성을 중심으로	『연극교육연구』
2012 학위 (석사)	연극 연기	김연하	하이너 뮐러의 〈햄릿머신〉 인물형상화 연구: Michael Chekhov의 'Imaginary Body and Center'를 중심으로	세종대학교
학위 (석사)	연극 연기	김희준	꽃: 연기 메소드 응용	서강대학교

학위 (석사)	무용 연기	양시은	Constantin Stanislavsky의 연기이론을 적용한 무용수의 표현력 향상을 위한 연구	한양대학교
학위 (석사)	연극 연기	윤원재	배우의 심리적 방해요소와 해결 방법에 관한 메소드 연구: 충동과 존재에 대하여	단국대학교
학위 (석사)	연극 교육	이지혜	배우의 '창조적 자감'을 위한 기초훈련프로그램 개발 연구: '영상을 보는 내면의 눈'을 중심으로	세종대학교
학술지	연극 교육	이하나	교육연극을 위한 스타니슬랍스키 '신체적 행위법' 활용방안 연구	『연극교육연구』
학술지	연극 이론	임유영	심리적 제스처(Psychological Gesture)의 효용성과 적용의 한계	『연극교육연구』
학위 (석사)	연극 연기	정수정	리 스트라스버그와 스텔라 애들러의 연기훈련법 비교연구	한서대학교
학술지	영상 교육	차서연	초,중등 영화교육 시행 10년을 바라보며 아메리칸 액팅 메소드의 서막: 1950년대 엘리 아 카잔 영화를 중심으로	『영화교육연구』
학술지	연극 치료	홍재범	에쮸드 연행의 자기치료 과정과 문학적 상상력	『겨레어문학』
학위 (석사)	연극 연기	황연희	배우의 인물 창조과정과 방법에 관한 연구: 〈리어왕〉중 리건의 인물 창조를 중심으로	대진대학교

	학위 (석사)	연극 연기	강민호	Lee Strasberg's Method 훈련의 실제에 관한 연구: 연극 '장군 슈퍼' 공연을 중심으로	중앙대학교
	학술지	연극 이론	김태훈	창조적 일류전의 공간, 판타스틱 혹은 드라마틱 리얼리즘의 경계지대: 스타니슬랍스키의 비사실주의적 경향 연구	『연극교육연구』
	학술지	연극 연기	김현희	템포와 리듬을 통한 배우훈련	『한국극예술연구』
	학술지	연극 이론	남명지	스타니슬랍스키의 전통을 잇는 러시아 서브리멘닉극장	『연기예술연구』
2013	학위 (석사)	영상 이론	박민정	1950년대 할리우드 영화에서 나타난 영화연기 스타일 분석 연구: 아메리칸 액팅 메소드를 중심으로	한양대학교
	학위 (석사)	연극 연기	박찬국	'에튜드'를 통한 배우의 '자연스런 자기 말하기' 방법론 연구: 역할 전단계 훈련방법을 중심으로	한국예술종합학교
	학위 (박사)	연극 이론	송선호	1920–1930년대 한국의 사실주의 연극 수용 연구	성균관대학교
	학위 (석사)	연극 연기	어재원	스타니슬라브스키 연구: 스타니슬라브스키 성격구축 시스템에 체홉과 셰익스피어 적용	단국대학교
	학위 (석사)	연극 교육	이동현	이미지 구축과 행동계획을 활용한 연기교육 방안: 미카엘 체홉의 연기론을 중심으로	건국대학교
	학위 (석사)	무용 연기	이명욱	이명욱의 무용 창작작품 "The table"에서의 감정이입에 관한 훈련방법	동덕여자대학교

학술지	무용이론	윤정아	피나 바우쉬 작품 「러프 컷(Rough Cut)」에 나타난 스타니슬라브스키 시스템 요소 분석	『대한무용학회 논문집』
학위(석사)	연극교육	전성훈	예술고등학교 연기교육과정에 있어서 즉흥연기 활용에 관한 연구: 전주예술고등학교 연극제작실기 교과수업을 중심으로	동국대학교
학위(석사)	연극연기	정지영	스텔라 애들러의 방법론을 응용한 인물의 '주어진 환경(the Given Circumstances)' 창조: 〈므슝 부띠크〉 공연을 중심으로	성균관대학교
학술지	영상연기	조성덕	마이클 체홉 연기술과 아메리칸 메소드 연기술의 비교연구: 비 메소드 연기술을 적용한 할리우드 장르 캐릭터 연기 고찰	『영화연구』
학술지	영상연기	조성덕	영화연기 고유성 측면에서 바라본 할리우드 메소드 연기의 반작용	『영화연구』
학술지	영상연기	조성덕	후기 메소드 영화연기 훈련기술을 응용한 영상연기 훈련법: 마이스너와 애들러 연기론의 고찰 및 융합 가능성 중심으로	『영상기술연구』
학위(석사)	연극연기	조헌정	안톤 체홉 〈갈매기〉 중 '니나'의 역할창조를 위한 배우의 접근방법 연구: 스타니슬라브스키와 미하일 체홉의 에튜드(Etude)를 활용한 워크숍을 중심으로	중앙대학교

학술지	연극 이론	천효범	스타니슬랍스키의 한국 유입과정과 인식: 러시아 유학파의 등장 이전을 중심으로	『한국엔터테인먼트 산업학회논문지』
학위 (석사)	연극 이론	황선영	1980년대 이후 한국연극에 나타난 '자연스러운 연기' 에 대한 연구: 수용과 발전 과정에 나타난 오해와 한계, 그 보완점에 대한 제시	한국예술종합학교
학위 (석사)	무용 연기	김효정	무용즉흥 표현영역의 확장을 위한 스타니슬라브스키의 신체행동론 활용에 관한 연구	대구가톨릭대학교.
학술지	연극 이론	박재완	스텔라 애들러가 말하는 사실주의 기술	『연극평론』
학술지	연극 교육	박정주	교육연극 수업에 있어 러시아 연극 대학의 교육 활용 방법	『교육연극학』
학위 (석사)	연극 연기	배문주	뮤지컬발성법과 연기테크닉의 유기적인 활용에 관한 연구: 세스릭스와 조에스틸, 스타니슬랍스키의 초목표와 관통행동, 미카엘 체홉의 심리제스처와 중심, 오이리트미를 중심으로	단국대학교
학위 (석사)	연극 연기	백송이	안톤 체홉의 「세 자매」 공연에서 '이리나'역 연기 접근 방법 연구	동국대학교
학술지	연극 이론	백승무	스타니슬랍스키의 모순에 대한 소고: 오류와 진실 사이에서	『드라마연구』

2014는 "학위(석사) 무용연기 김효정" 행부터 시작되는 연도 구분이다.

학술지	연극 이론	안재범	연기개념의 '포스트' 적 변환에 관한 고찰: 스타니슬랍스키의 '행동', '교감', '역할'을 중심으로	『한국극예술연구』
학술지	영상 연기	유동혁	디지털영상연기방법 고찰: 스타니슬랍스키의 주의집중의 범위를 중심으로	『한국정보통신 학회논문지』
학술지	영상 연기	유동혁	아메리칸 메소드를 통한 디지털영상연기 연구: 리 스트라스버그의 감정의 기억을 중심으로	『한국정보통신 학회논문지』
학위 (석사)	연극 연기	유병조	안톤 체홉 作《세 자매》의 '안드레이' 역 연기 접근 방법 연구: 미하일 체홉의 연기 접근 방법을 중심으로	동국대학교
학술지	영상 연기	윤용아	Modification of the Method for Screen Acting Considering Korean Sense and Sensibility	『영상기술연구』
학술지	연극 연기	이강임	연기 예술에 있어서의 영감의 과학: 영감의 원천인 상상력과 이미지에 대한 과학적 접근을 통한 연기 방법론과 훈련 모델 계발	『한국연극학』
학위 (석사)	연극 연기	이동영	한국 배우들의 메소드 연기에 대한 이해	서강대학교
학술지	연극 연기	이진아	스타니슬랍스키 연극론에 있어서 배우와 역할의 관계: 『역할에 대한 배우의 작업』을 중심으로	『드라마연구』
학위 (석사)	연극 연기	이환의	스타니슬라브스키 시스템을 활용한 역할 창조 연구: 창작극 '도조'를 중심으로	단국대학교

	학위 (석사)	연극 연기	조연호	연기자의 감정 생성을 위한 정서이론의 고찰 및 활용 연구: 정서이론과 현대연기이론의 영향 관계	한양대학교
	학위 (석사)	연극 연기	조정민	마이즈너와 보거트의 상호적 훈련법의 교차시행에 따른 시너지효과 연구	중앙대학교
	학술지	연극 이론	조한준	배우 훈련 방법의 대안으로서 메이어홀드 '인체역학'의 효용성 Ⅰ: '인체역학'의 형성 배경과 이론적 원리를 중심으로	『한국콘텐츠 학회논문지』
	학술지	연극 이론	조한준	배우 훈련 방법의 대안으로서 메이어홀드 '인체역학'의 효용성 Ⅱ: '인체역학'의 실제 훈련 프로그램을 중심으로	『한국콘텐츠 학회논문지』
	학위 (석사)	무용 연기	주정림	교감체험을 통한 무용작품 「당신은 행복했습니까?」의 창작과정 연구	동덕여자대학교
	학술지	연극 이론	홍재범	멜로드라마와 사실주의 연기술의 변별적 자질: 입센 〈유령〉을 대상으로	『한국극예술연구』
2015	학술지	연극 이론	김그네	연기에 있어 사회적 행위에 대한 연구: 스텔라 애들러의 연기론을 중심으로	『공연예술연구』
	학위 (석사)	연극 교육	김윤주	스텔라 애들러(Stella Adler) 의 연기 방법론 적용 연구: 〈벚꽃동산〉 장면실연 훈련을 중심으로	홍익대학교
	단행본 (중)	연극 교육	김태훈	에튀드를 통한 기초 연기 실기교육	『몸과 마음의 연기』
	학술지	연극 교육	김현희	무대에서의 현존을 위한 배우훈련: 무대동작을 중심으로	『연극교육연구』

학술지	영상 이론	박서연, 송낙원	즉흥연기의 이론과 방법론 연구	『영상기술연구』
학술지	영상 이론	송낙원	아메리칸 메소드 연기의 기원과 발전	『영상기술연구』
학위 (석사)	연극 이론	신소현	배우의 역할 구축에 있어서 '행동 동사(Actable Verb)' 사용에 관한 연구	중앙대학교
학술지	영상 연기	신현주	배우 알파치노의 인물창조방법연구: 리 스트라스버그의 메소드 연기술을 중심으로	『한국엔터테인먼트 산업학회논문지』
학술지	연극 교육	안숙현	스타니슬랍스키의 'Magic if' 를 활용한 대학 교양 글쓰기 교육	『한국문예창작』
학술지	연극 이론	안정민	지각하는 몸의 원리: 미하일 체홉의 제스처 현상학적 관점을 통한 배우와 역할 사이의 거리와 캐릭터 창조	『연극교육연구』
학위 (석사)	연극 연기	윤국희	다양한 에쮸드를 활용한 인물형상화 방법연구: 연극 "돈데보이(donde voy)"를 중심으로	동국대학교
학위 (석사)	영상 연기	이동영	한국 배우들의 메소드 연기에 대한 이해	서강대학교
학술지	연극 이론	이성곤	1950년대 일본 신극계의 스타니슬라프스키시스템 수용에 관한 연구	『한국연극학회』
학술지	연극 연기	이정하	에쮸드(Etude)를 활용한 안톤 체홉 ≪결혼피로연≫ 창작과정 사례 연구	『한국엔터테인먼트 산업학회논문지』
학위 (석사)	연극 교육	임주희	'메소드'연기 교육에 있어 체호프 텍스트의 유용성 고찰: 〈이바노프〉를 중심으로	건국대학교

	학위 (석사)	연극 연기	조민철	서양연기술의 수용과 적용에 관한 연구: 연기술의 변천과 대안을 중심으로	전주대학교
	학술지	영상 연기	조준희	영상연기방법론에 대한 재인식 연구: 메소드 연기를 중심으로	『공연문화연구』
	학위 (박사)	연극 연기	조한준	미하일 체홉 연기 테크닉의 실제와 적용에 관한 연구: 연극 〈심벨린〉(셰익스피어 작, 톰 콘포드 연출)의 배역화 과정을 중심으로	한양대학교
	학술지	연극 이론	최재오, 신소현	연출가와 배우의 "행동 동사" 사용 방법에 관한 연구	『연극교육연구』
	학위 (석사)	연극 연기	한상호	에쮸드(Etude)를 활용한 뮤지컬 창작 과정 연구: 창작 뮤지컬 〈Love & Life〉 제작 노트	세종대학교
	학위 (석사)	영상 연기	홍정민	애니메이션 캐릭터 감정표현을 위한 메소드 연기방법론	중앙대학교
2016	학위 (석사)	연극 연기	김보예	스타니슬랍스키 미하일 체홉 우타 하겐 연기론의 고찰을 통한 연기훈련방법 연구: 신체적 행동을 위한 요소 훈련을 중심으로	청주대학교
	학술지	연극 연기	김영이	A Comparative Analysis of the American Method Styles of Acting: Lee Strasberg, Stella Adler and Sanford Meisner	『공연예술연구』
	학위 (석사)	연극 이론	김재원	19세기 리얼리즘이 스타니슬랍스키 시스템 이론 중 '행동'에 끼친 영향에 관한 연구	단국대학교

	학술지	영상 연기	김종국, 조성덕	국내 영화연기의 연구 현황과 전망	『애니메이션연구』
	학술지	연극 연기	김현숙	배우 역할 구축에서의 상상력의 적용: 리 스트라스버그의 '즉흥' 을 활용한 〈타클라마칸〉의 김현숙 역을 중심으로	『공연예술연구』
	학술지	연극 교육	김현희	영화연기를 위한 배우훈련방법연구: 신체훈련을 중심으로	『연극교육연구』
	학위 (박사)	영상 연기	박서연	영화 연기의 이론과 방법론 연구	건국대학교
	학위 (석사)	연극 연기	배지예	스타니슬랍스키 시스템: 배역의 성격구축을 위한 화술 훈련 방법 연구	청주대학교
	학위 (박사)	영상 이론	신현주	미국의 영화산업 발전과 배우 양성시스템 연구: 액터스 스튜디오의 연기 훈련법을 중심으로	청주대학교
	학위 (석사)	연극 연기	이희석	DAVID MAMET "American Buffalo" '도니 더브로우'의 인물창조	대진대학교
	학위 (석사)	영상 연기	정의갑	Etude를 활용한 영화연기의 역할 창조 연구: 영화 〈만찬〉 을 중심으로	세종대학교
	학위 (석사)	연극 연기	최우형	샌포드 마이즈너의 액팅 메쏘드 실제 연구: 배우의 내적 충동과 교류를 중심으로	세종대학교
2017	학술지	영상 연기	김경우	스타니슬랍스키 시스템을 활용한 3D애니메이션 동작 연구: 〈겨울왕국〉, 〈월 E〉, 〈니모를 찾아서〉를 중심으로	『한국 애니메이션학회 학술대회지』

학위 (석사)	영상 연기	김승민	극 영화 '졸업영화'를 통한 아메리칸액팅메소드의 응용: 이바나처벅 테크닉과 NLP 기법 차별화 방안 중심으로	서강대학교
학술지	무용 연기	김승환	스타니슬라브스키의 에쮸드를 활용한 즉흥 훈련방법이 캐릭터 창조 안무에 미치는 영향	『한국엔터테인먼트 산업학회논문지』
학위 (박사)	무용 연기	김승환	무용수의 캐릭터 창조를 위한 연극의 에쮸드 활용에 관한 연구	청주대학교
학술지	연극 이론	김영래	언어 오이리트미를 통한 미하일 체홉의 심리 제스처 재발견	『연극교육연구』
학술지	연극 연기	박서연	배우의 캐릭터 구축에 대한 방법론 연구	『영상기술연구』
학위 (석사)	실용 음악	박유나	보컬 교육의 감정 표현 기술 연구: '콘스탄틴 스타니슬랍스키'(Konstantin Stanislavskii)의 '에쮸드' (etude)를 활용하여	한양대학교
학술지	연극 이론	서나영	스타니슬랍스키 연기론의 비판적 고찰	『연극교육연구』
학술지	종교 철학	서민정	스타니슬랍스키의 '인물 구축'으로 접근한 성경 읽기의 신학적 조망: 케빈 밴후저의 삼위일체 소통 원리를 중심으로	『기독교철학』
학위 (박사)	종교 철학	서민정	성격의 연극적 읽기	백석대학교
학위 (박사)	영상 교육	이남훈	'영상연기' 관련 교과교육을 위한 학습모형 개발연구: 대학의 전공교과를 중심으로	세종대학교

	학위 (석사)	연극 연기	장웅진	죽음과 소녀: American Acting Method 응용을 통한 역할 창조	서강대학교
	학위 (석사)	연극 연기	장지은	'인물의 조망(전망)'을 활용한 역할창조 훈련 연기교수법 연구: 장면극을 통해	세종대학교
	학술지	영상 교육	정민영	영화에서 배우의 인물 구축 및 즉흥성을 위한 교육법 연구	『한국엔터테인먼트 산업학회논문지』
	학위 (석사)	영상 연기	정예지	극 영화 'Road' 연기 메소드 응용	서강대학교
	학술지	영상 연기	정준호, 신지호	미하일 체홉의 심리 제스처 이론을 통해서 본 디즈니 12가지 원리의 재해석 연구	『애니메이션연구』
	학술지	영상 이론	주희	무대 연기를 수용한 카메라 연기 연구	『한국엔터테인먼트 산업학회논문지』
	학위 (석사)	연극 연기	최윤정	공연준비를 통한 연기훈련 연구: 연극제작 실기 수업을 '에쮸드' 중심으로	건국대학교
	학술지	연극 교육	조한준	연기 교수법 모형 개발 연구: 미하일 체홉의 '분위기' (atmosphere) 원리를 중심으로 I	『한국엔터테인먼트 산업학회논문지』
	학술지	연극 연기	하병훈	역할 창조를 위한 스타니슬랍스키 학파의 관찰훈련 연구	『한국콘텐츠 학회논문지』
2018	학술지	연극 연기	강민재	신체적 배역 접근: 국내 배우 훈련에서의 '행동 동사' 활용 방안	『유라시아연구』
	학술지	연극 이론	김대현	"자감" 연구	『연극교육연구』
	학위 (석사)	무용 연기	김성후	무용 즉흥 수업이 연기 전공자들에게 미치는 영향	중앙대학교

학술지	연극 연기	김영래	미하일 체홉의 영감의 연기에 관한 연구	『한국엔터테인먼트 산업학회논문지』
학술지	영상 연기	소신육	말론 브란도(Marlon Brando) 의 메소드 연기(Method Acting) 기법 활용에 대한 분석 연구	『한국엔터테인먼트 산업학회논문지』
학술지	연극 이론	서나영	배우 훈련과 젠더: 페미니즘의 관점에서 살펴본 연기 언어	『한국연극학』
학위 (석사)	영상 연기	신강하	단편영화 '나는 장님이다'의 영화연기연구	건국대학교
학위 (석사)	연극 연기	안진영	안톤체홉 作 〈갈매기〉의 '마샤' 연기 접근 방법 연구: 액셔닝(Actioning)의 적용	동국대학교
학술지	연극 연기	엄옥란	샌포드 마이즈너(Sanford Meisner)의 연기훈련에 있어 주어진 상황의 인식 방법에 관한 연구	『연기예술연구』
학위 (석사)	연극 교육	장우현	박탄고프의 연기메소드를 활용한 '역할 창조' 교육 프로그램 연구: 러시아 슈킨연극대의 커리큘럼을 기초로	세종대학교
학술지	연극 이론	전정옥	러시아 연극스튜디오운동의 전개 양상: "1910–1920년대 바흐탄코프 스튜디오를 중심으로"	『한국연극학』
학위 (박사)	영상 교육	정민영	영화 연기 테크닉의 특성을 활용한 교육 프로그램 개발 연구	청주대학교
학술지	연극 이론	진현정	미카엘 체홉 연기 테크닉에 대한 인지심리학적 고찰	『공연문화연구』
학위 (석사)	연극 연기	한동원	뮤지컬 넘버 가창 시 극중 인물로 접근하기 위한 훈련 방안 연구: 연기 테크닉을 중심으로	국민대학교

	학위 (석사)	영상 연기	황순정	단편영화 '틈'(American Acting Method) 응용을 통한 역할 창조)	서강대학교
2019	학위 (석사)	연극 연기	권로	캐릭터 역할창조를 위한 접근 방법: 연극 〈절대사절〉의 캐릭터 '주희'를 통하여	성균관대학교
	학위 (석사)	연극 이론	김경재	스텔라 애들러 연기방법론의 실증주의 연구	건국대학교
	학위 (박사)	연극 이론	김영래	루돌프 슈타이너의 인지학을 수용한 미하일 체홉의 연기방법론 연구	한양대학교
	학위 (석사)	연극 연기	김예지	In-Us의 조안역에 대한 역할창조 및 연기 방법	서강대학교
	학술지	영상 이론	김종국	한국영화의 할리우드메소드에 관한 인식 양상	『한국엔터테인먼트 산업학회논문지』
	학술지	연극 연기	까오광위엔	스타니슬랍스키 시스템은 오페라연출에서의 운용과 탐구	『엔터테인먼트연구』
	학위 (석사)	연극 연기	박이슬	미카엘 체홉의 테크닉 연기 훈련 방법 연구 〈Noraism〉 공연에서 노라의 역할 창조를 중심으로	청주대학교
	학위 (석사)	영상 연기	박종현	영화매체에서 '기계적 연기'의 완화 방안 연구: 샌포드 마이즈너 훈련의 활용을 중심으로	한국예술종합학교
	학술지	영상 연기	박종현	영화매체에서 배우의 주의집중을 강화하기 위한 방안 연구: 샌포드 마이즈너의 말 반복 게임(Word Repetition Game)을 중심으로	『예술 · 디자인학 연구』
	학위 (석사)	영상 연기	백소미	카메라 연기 접근 연구	국민대학교

학술지	연극 연기	백승무	스타니슬랍스키의 신체행위법 전회	『외국학연구』
학술지	연극 이론	백승무	연극윤리학으로서 스타니슬랍스키의 시스템	『러시아학』
학위 (박사)	연극 연기	서나영	배우의 이중 의식과 연기 훈련: 스타니슬랍스키· 브레히트·그로토프스키를 중심으로	서울대학교
학술지	종교 철학	서민정	삼위일체 해석원리를 구현하는 성경의 연극적 읽기 원리: 밴후저의 삼위일체 소통원리와 스타니슬랍스키의 연기방법론을 중심으로	『신앙과학문』
학술지	종교 철학	서민정	메타이야기로서의 성경과 연극적 접근의 신학적 이해	『영산신학저널』
학위 (석사)	연극 교육	서희	배우훈련 에쮸드를 활용한 자유학기제의 연극수업에 관한 사례연구	한양대학교
학위 (박사)	영상 연기	손보민	영화와 함께 나타난 연기 변천 연구: 클래식 영화에서의 '영화적 신체' 개념을 중심으로	서강대학교
학술지	영상 연기	신현주, 한정수	로버트 드 니로(Robert De niro)의 인물 창조에 관한 연구	『연기예술연구』
학술지	연극 치료	여영주, 홍재범	에쮸드 연행 체험과 치료적 자기이해	『한국연극학』
학술지	연극 이론	왕훙슈어	리 스타라스버그와 스텔라 애들러에 관한 비교 연구	『엔터테인먼트연구』
학술지	연극 연기	이민섭	『갈매기』의 트레플레프 인물 행동 구축 연구: 두 가지 성격장애의 관점과 심리적 제스처 적용을 중심으로	『예술교육연구』

학술지	연극 연기	이정하	에쮜드(Etude)를 활용한 배우의 역할창조 사례연구: 연극 〈춤추며 간다〉를 중심으로	『한국엔터테인먼트 산업학회논문지』
학위 (석사)	연극 연기	이현민	아돌후가드 작 '아일랜드' 존 역할 창조: 리스트라스버그 방법론의 적용을 통하여	경성대학교
학위 (석사)	영상 연기	전다솔	잭 니콜슨의 연기와 아메리칸 메소드연기 방법론 연구	건국대학교
학위 (석사)	연극 교육	주현정	커뮤니티 씨어터(community theatre)의 예술적 역량 향상을 위한 연기 훈련법 연구	동국대학교
학술지	영상 연출	진승현	영화 속의 메소드연기 연출에 의한 효과적 표현 연구와 응용 방식 연구: 홍상수 영화와 영화 〈전주에서 길을 묻다〉 제작과정을 중심으로	『영상기술연구』
학위 (석사)	연극 이론	최윤경	연기론과 배우의 심리적 고통: 사실주의 연기론과 트라우마 이론을 중심으로	서울대학교
학술지	연극 연기	최정근	극 중 상황 속 연기자의 감정에 관한 연구: 샌포드 마이즈너의 연기론을 중심으로	『드라마연구』
학술지	연극 연기	최정근	샌포드 마이즈너(Sanford Meisner)의 감정연기론 연구	『한국드라마학회 정기학술대회 발표자료집』
학술지	연극 이론	홍재범	북한의 스타니슬랍스키 시스템 수용 양상: 행동분석법 논쟁을 중심으로	『한국극예술연구』

			공연을 위한 리허설 과정에서 즉흥훈련 활용 방법 연구: 〈로베르토 쥬코〉를 중심으로	청주대학교
학위 (석사)	연극 연기	곽재준	공연을 위한 리허설 과정에서 즉흥훈련 활용 방법 연구: 〈로베르토 쥬코〉를 중심으로	청주대학교
학위 (석사)	영상 연기	김나현	영상연기에서 배우의 주의집중을 위한 '액셔닝(Actioning)' 활용 방안 연구: 매체적 특성을 고려한 인물의 행동방안과 장면사례 분석을 중심으로	한국예술종합학교
학술지	연극 연기	김대현	'내면 연기' 연구	『연극교육연구』
학술지	연극 이론	김영래	원형 이론의 연극학적 고찰을 통한 미하일 체홉의 심리제스처 연구	『한국엔터테인먼트 산업학회논문지』
학위 (석사)	영상 연기	김초롱	사각관계: Love Rectangle	서강대학교
학위 (박사)	연극 연기	김한아	배우의 신체적 언어로서의 움직임 확장을 위한 연기훈련 방안 연구: 메이어홀드, 미하일 체홉, 스즈키 타다시의 연기 훈련을 기반 한 실험극 「Fish-shaped? bun can swim!」을 중심으로	서강대학교
학위 (석사)	영상 연기	노수진	사각관계 Love Rectangle: American Acting Method 응용을 통한 역할 창조	서강대학교
학술지	연극 이론	도정님, 박이슬	박탄고프와 미카엘 체홉의 연기론 고찰	『한국엔터테인먼트 산업학회논문지』
학위 (석사)	연극 연기	박소연	신체와 심리의 상관관계에 기반한 음성훈련 방법론 연구: 시실리 베리와 미카엘 체홉의 훈련 요소를 중심으로	한양대학교

학위 (석사)	연극 치료	박시현	샌포드 마이즈너(Sanford Meisner) 훈련의 심리치료적 특징 고찰: 충동과 교류의 개념을 중심으로	중앙대학교
학술지	연극 이론	백승무	스타니슬랍스키의 '시스템': 정전의 허상, 혹은 정전 없는 정전화	『슬라브연구』
학위 (석사)	연극 연기	봉다룬	샌포드 마이즈너의 메소드를 활용한 인물구축 방법에 관한 연구: 연극 '이 생을 다시 한번'의 조은태역을 중심으로	중앙대학교
학술지	영상 연기	신현주	잭 니콜슨의 연기 접근 방법 및 연기 표현 양상: 스탠리 큐브릭 감독의 영화 〈샤이닝〉을 중심으로	『연기예술연구』
학술지	연극 이론	오동일	캐릭터 애니메이션의 효과적인 연기와 연출을 위한 교육 방법론 연구	『한국디지털콘텐츠학회논문지』
학술지	연극 이론	윤현숙	연기 이론서에 나타난 중역 양상 고찰: 스타니슬랍스키 전집 중 2권을 중심으로	『한국노어노문학회 학술대회 발표집』
학위 (석사)	영상 연기	이예지	6 Feet	서강대학교
학위 (석사)	연극 연기	이유진	風林茶房: 사실주의 연기 테크닉의 응용	서강대학교
학위 (석사)	무용 연기	이이슬	무용즉흥(Dance Improvisation) 교육을 위한 연기 훈련 방법론: Stannislavski 연기론을 중심으로	공주대학교
학위 (석사)	연극 연기	이한나	風林茶房: 연기 메소드 응용을 통한 역할 창조	서강대학교

학술지	영상 연기	조성희	아메리칸 액팅 메소드에 기반한 메릴 스트립의 연기 분석	『한국엔터테인먼트 산업학회논문지』
학술지	연극 연기	조성희	연기 훈련을 위한 아메리칸 액팅 메소드의 도입 및 적용 효과 연구	『한국엔터테인먼트 산업학회논문지』
학위 (박사)	영상 연기	조성희	메릴 스트립(Meryl Streep)의 연기 분석을 통한 연기훈련방법 연구	청주대학교
학술지	연극 교육	조한준	연기 교수법 모형 개발 연구 미하일 체홉의 '분위기'(atmosphere) 원리를 중심으로 II	『연극교육연구』
학위 (석사)	연극 교육	한송이	집중력과 상상력 발달을 위한 "에튜드놀이연극" 연구: 초등학교 사례를 중심으로	국민대학교
학술지	무용 연기	황미숙	춤의 표현을 위한 연기: 아메리칸 액팅 메소드	『댄스포럼』
학술지	무용 연기	황미숙	춤의 표현을 위한 연기: 아메리칸 액팅 메소드 2	『댄스포럼』
학술지	무용 연기	황미숙	춤의 표현을 위한 연기: 아메리칸 액팅 메소드 3	『댄스포럼』
2021	학위 (석사)	연극 연기	강주성	카프카 〈변신〉을 통한 신체적 행동법의 적용	경성대학교
	학술지	연극 연기	고연주	심리적 제스처의 메타인지적 활용 연구:『Sweat』트레이시 인물구축 사례를 중심으로	『예술교육연구』
	학술지	연극 연기	김규진	배우를 위한 심리제스처 훈련의 실제적 한계와 대안	『연기예술연구』
	학술지	연극 연기	김동완	배우의 인물구축 과정에서의 문제들과 해결법 연구	『연기예술연구』

학위 (석사)	연극 연기	김민상	스텔라 애들러(Stella Adler)의 '자기화 과정'(Personalization)을 통한 배우 역할 창조: 뮤지컬 〈사의 찬미〉를 중심으로	국민대학교
학술지	연극 이론	김영래	상대를 인식하는 눈, 나의 고차적 자아 만나기: 인지학(Anthroposophy)의 영향을 받은 미하일 체홉의 문지방 넘기를 중심으로	『한국연극 예술치료학회 학술대회지』
학위 (석사)	연극 교육	김지은	'사회적 유형'과 '신체적 행동'을 활용한 인물 창조 연기 교수법 연구: 스텔라 애들러의 연기방법론을 중심으로	세종대학교
학위 (석사)	연극 연기	김진영	샌포드 마이즈너 테크닉을 활용한 2인극 연기훈련 적용방법 연구: 아돌 후가드의 〈아일랜드〉를 중심으로	청주대학교
학술지	연극 이론	박리디아	우타 하겐 연기술의 원리: 역할 행동 구현을 위한 '전이'를 중심으로	『연기예술연구』
학술지	영상 이론	박서연, 송낙원	메소드 영화연기의 역사와 방법론 연구	『영상기술연구』
학위 (석사)	영상 연기	박재랑	영상매체에서 매너리즘 화술 극복을 위한 연구: 에튜드 훈련의 활용을 중심으로	한국예술종합학교
학술지	영상 연기	박희복, 최민수	영화연기를 위한 연기방법론연구: 스텔라 애들러의 훈련을 중점으로	『연기예술연구』

학술지	연극 연기	배민희	스타니슬랍스키 시스템에서 아메리칸 액팅 메소드로의 변곡점에 관한 연구: 체험 (Experiencing)과 배우의 이중 의식(Double consciousness)을 중심으로	『한국콘텐츠 학회논문지』
학술지	영상 연기	손보민	이바나 처벅(Ivana Chubbck)의 연기방법론에 관한 연구: 공포, 섹슈얼 케미스트리에 대한 훈련 방법을 중심으로	『연기예술연구』
학술지	영상 연기	손보민	1940–50년대 '연기' 문제를 통해 본 미국영화에 있어서의 '사실'의 의미: 헐리우드 클래식과 사실주의를 중심으로	『연기예술연구』
학술지	연극 이론	송선호	스타니슬랍스키 시스템의 수용적 관점에서 본 한재수의 『신·배우술』	『문화와융합』
학위 (석사)	영상 연기	심기환	예술영화 '한 여름 밤의 꿈' 에서 심 윤재 캐릭터 영화 연기 연구	건국대학교
학위 (석사)	연극 연기	안경호	행동 동사와 심리 제스처를 활용한 배우의 역할 창조 연구: 연극 〈클러디어스 비하인드〉의 햄릿을 중심으로	중앙대학교
학위 (석사)	영상 연기	양은혜	영화연기에서 즉흥연기 활용의 유용성 연구: 스타니슬랍스키의 에쮸드 (Etude) 활용을 중심으로	중앙대학교
학술지	연극 이론	윤용아	한국의 사실적 연기법 적용방안 연구	『영상기술연구』

	학술지	연극 연기	윤원재	잠재된 공포와 분노의 연극적 표현 분석 연구: 1인 화자 연극 '수탉'중심으로	『조형미디어학』
	학술지	연극 연기	이은혜	뮤지컬 노래와 연기를 위한 노래 분석법의 제시와 적용	『한국엔터테인먼트 산업학회논문지』
	학술지	연극 연기	이항나	잠재의식을 이끄는 심리· 신체적 훈련 도구로서 '호흡 에쮸드(ЭТЮД)': '호흡 에쮸드' 학습 모형을 중심으로	『연기예술연구』
	학위 (석사)	연극 연기	조강연	인물의 충동강화를 위한 '심리제스처'의 활용연구: 공연 「레이디 맥베스」에의 적용을 중심으로	한국예술종합학교
	학위 (석사)	무용 연기	한지은	스타니슬랍스키의 연기 시스템을 적용한 무용 창작: 작품 메피스토펠레스를 중심으로	국민대학교
	학위 (석사)	연극 연기	홍은정	정서체험을 통한 제스처 형상화 연구: 미하일 체홉의 '심리 제스처(Psychological Gesture)'를 중심으로	중앙대학교
	학위 (석사)	연극 연기	강희준	배우의 '살아있는' 역할창조를 위한 접근방법 연구: 스타니슬랍스키 시스템의 국내 수용과정에 주목하여	가천대학교
2022	학술지	연극 연기	김규진	역할 창조를 위한 미카엘 체홉 테크닉의 활용	『문화와 융합』
	학술지	연극 연기	김규진, 이영석	스타니슬랍스키 시스템 속 '내적 행동'의 복원	『연기예술연구』
	학술지	연극 이론	김규진, 이영석	영감의 연기를 위한 미하일 체홉 테크닉의 고찰	『예술·디자인학 연구』

학위 (석사)	연극 연기	김세정	배우의 연기 방법론과 기억의 연관성 연구: 다니엘 샥터(Daniel Schacter)와 엔델 툴빙(Endel Tulving) 의 '메모리 시스템'(Memory System) 개념을 중심으로	한양대학교
학술지	연극 이론	김영래	신체와 심리의 연결에 관한 미하일 체홉의 Four Brothers 연구	『연극예술치료연구』
학술지	연극 이론	김영래	배우의 창조적 연기를 위한 미하일 체홉의 '문지방 넘기' 연구	『연기예술연구』
학위 (석사)	연극 연기	김주환	아서 밀러 『The Crucible』의 '존 프락터' 역할 창조 방법 연구: 신체적 행동 반응을 중심으로	세종대학교
학위 (석사)	연극 연기	마야원	배우의 신체훈련을 위한 즉흥창작방법 연구: 라이성촨의 〈주검〉과 공연 〈남가기〉를 중심으로	대진대학교
학위 (석사)	연극 연기	박윤정	배역 창조 과정의 충동과 행동: 2010/2012 《안티고네》를 중심으로	호서대학교
학위 (박사)	연극 연기	박이슬	배우의 신체 훈련을 통한 장면 창조 연구: 그로토프스키, 미카엘 체홉, 박탄고프, 우타하겐을 중심으로	청주대학교
학위 (석사)	연극 연기	박정환	스타니슬라프스키 방법론을 도입한 코미디 연기의 가능성과 한계 연구: 〈우리…결혼 할까요?〉를 중심으로	서강대학교

학위 (박사)	연극 연기	배민희	스타니슬랍스키 시스템 (Stanislavsky's System) 의 지형학 연구: 시스템에서 메소드(Method)로의 진화를 중심으로	중앙대학교
학위 (석사)	연극 연기	안소림	〈사천의 선인〉 '센테'의 이중역할 역할창조 접근법 연구: 브레히트의 '게스투스', 미하일 체홉의 '심리제스처' 를 중심으로	세종대학교
학술지	연극 연기	어일선, 이새로미	대본분석을 통한 캐릭터 구축 방안에 대한 연구	『연기예술연구』
학술지	연극 이론	이승억	M. 불가코프의 드라마 『위선자들의 카발라』의 무대화 문제 연구: 1936년 모스크바예술극장의 공연을 중심으로	『노어노문학』
학위 (석사)	연극 연기	이예솔	연극 〈완벽한 타인〉 캐릭터 창조와 구현 과정: '앨리' 역할을 중심으로	성균관대학교
학술지	연극 연기	이은지	연기자의 효율적 인물형상화 작업을 위한 대본분석과 적용 체계에 관한 연구	『연기예술연구』
학술지	연극 연기	이은혜	뮤지컬 〈스위니 토드〉를 통한 뮤지컬 노래 분석법의 적용	『한국엔터테인먼트 산업학회 학술대회논문집』
학술지	연극 연기	이정하	배우의 인물 구축을 위한 '에쮸드'(Etude) 적용 사례연구: 연극 〈미스테리 맘〉 을 중심으로	『예술교육연구』
학위 (석사)	연극 연기	임광진	배우의 역할창조를 위한 관계의 중요성 연구: 샌포드 마이즈너 연기 방법론을 중심으로	중앙대학교

학술지	연극 교육	임주현, 김병주	참여자 주체적 시민연극 프로그램 개발의 방향성에 대한 소고: 연극 및 예술교육 패러다임 변화를 중심으로	『교육연극학』
학위 (석사)	연극 연기	양훈철	이바나 처벅(Ivana Chubbuck)의 연기훈련법을 활용한 역할 창조 연구: 연극 〈시선〉을 중심으로	중앙대학교
학술지	연극 이론	윤현숙	스타니슬랍스키 전집 중 2 권의 중역본에 나타난 번역 오류	『통번역학연구』
학술지	연극 교육	장우현	스타니슬랍스키 시스템의 에튜드(Etude) 프로그램 구조화 연구	『연극교육연구』
학술지	연극 교육	장우현, 이지연	실시간 온라인 교육의 상호작용 증진을 위한 실습모형 개발 연구: 스타니슬랍스키 시스템의 에튜드를 기반으로	『한국콘텐츠 학회논문지』
학위 (석사)	영상 연기	정영광	리 스트라스버그의 감정기억법을 통한 영화연기연구: 단편영화 〈말 이쁘게 하는 남자〉 제작 사례를 중심으로	건국대학교
학술지	영상 연기	조창열	다르덴 형제의 영화 연기 연출 방법	『한국엔터테인먼트 산업학회논문지』
학위 (박사)	연극 연기	최민수	뮤지컬 인물 형상화 방법 연구: 뮤지컬 창극 〈꽃신〉의 서경훈을 중심으로	청주대학교
학술지	연극 이론	펑타오	스타니슬랍스키 시스템의 중국 전파(1940~2000)	『한국연극학』

	학술지	연극 연기	표현섭, 백진기	동물훈련을 통한 성격구축 방법연구: 백진기의 〈빨간피터의 고백〉을 중심으로	『연기예술연구』
	학술지	연극 연기	하경화	연기자를 위한 리얼과 리얼리티에 관한 연구: Mother & Women을 중심으로	『국제문화예술』
	학위 (석사)	연극 연기	한솔	신체적 행위법 중 에쮸드를 활용한 역할창조 방법 연구: 안톤 체홉 作〈갈매기〉중 '마샤'의 역할창조를 중심으로	가천대학교
2023	학위 (석사)	연극 연기	김덕수	스텔라 애들러의 연기 훈련법을 활용한 인물창조 연구: 후안 마요르가 작 〈비평가〉볼로디아 역을 중심으로	중원대학교
	학술지	영상 연기	김선	영화 연기에서 미하일 체홉 연기 방법론의 적용성 연구	『디지털영상 학술지』
	학술지	연극 연기	김영래	배우의 인물 구축과 연기 훈련을 위한 미하일 체홉의 가상의 신체 연구	『한국엔터테인먼트 산업학회논문지』
	학위 (석사)	영상 연기	나우혜	영화 연기의 변천과 연기 디렉팅에 관한 연구: 작가주의 관점을 중심으로	부산대학교
	학위 (석사)	영상 연기	류정	애니메이션 캐릭터 연기와 메소드 연기의 관계에 대한 연구	상명대학교
	학위 (석사)	연극 연기	이동섭	역할창조의 즉흥연기 활용 방법 연구: 연극〈포석은 유죄다〉를 중심으로	청주대학교

[표 11] 70년대 이후 스타니슬랍스키 관련 국내연구 현황 분석

분야＼내용	연기	연출	이론	교육
연극 (276)	167	6	75	28
영상 (71)	58	1	7	5
무용 (21)	17	·	2	2
기타 (8)	연극치료: 3, 종교철학: 4, 실용음악: 1			

※ [표 10], [표 11]의 범주는 [표 9]와 동일.